市场营销实战系列教材

市场营销实务

（第2版）

刘昱涛　主　编

杜　晓　任　雯　副主编

電子工業出版社
Publishing House of Electronics Industry
北京·BEIJING

内 容 简 介

本教材从营销工作的实际需要出发，以培养营销职业能力和职业素养为目的，整合序化了教学内容，凸显了"工学结合、知行合一"的人才培养理念；通过对市场营销人员的工作内容及能力素质要求的分析与重构，确定了认知营销、发现市场机会、开发目标市场、制定营销策略、营销组织管理、"互联网+"营销创新6个营销活动模块。本教材主要内容如下：认识市场营销；树立现代市场营销观念；市场营销调研；营销环境分析；消费者行为分析；组织购买行为研究；市场竞争分析；市场细分与目标市场选择；市场定位；制定产品策略；制定价格策略；确定分销渠道；设计促销方案；构建市场营销组织；市场营销管理与控制；"互联网+"营销创新理念及创新模式应用。为了便于学习，每个项目配有项目导入案例，任务中除了配有相应的小案例和技能训练，还有帮助学习的视频资源，项目后附有项目总结（其中包括内容要点、实务重点）和项目综合实训。

本教材既可供高等职业技术学院和成人高等院校市场营销专业、营销与策划专业、工商管理专业及相关专业的学生学习使用，又可供企业营销人员和管理人员参考使用。

图书在版编目（CIP）数据

市场营销实务 / 刘昱涛主编. — 2版. — 北京 ：电子工业出版社，2020.3

ISBN 978-7-121-37790-7

Ⅰ. ①市… Ⅱ. ①刘… Ⅲ. ①市场营销学－高等学校－教材 Ⅳ. ①F713.50

中国版本图书馆CIP数据核字（2019）第240725号

责任编辑：张云怡　　　特约编辑：田学清
印　　刷：河北鑫兆源印刷有限公司
装　　订：河北鑫兆源印刷有限公司
出版发行：电子工业出版社
　　　　　北京市海淀区万寿路173信箱　　　邮编：100036
开　　本：787×1092　1/16　印张：20　　字数：512千字
版　　次：2013年2月第1版
　　　　　2020年3月第2版
印　　次：2021年4月第2次印刷
定　　价：59.80元

凡所购买电子工业出版社图书有缺损问题，请向购买书店调换。若书店售缺，请与本社发行部联系，联系及邮购电话：（010）88254888，88258888。

质量投诉请发邮件至zlts@phei.com.cn，盗版侵权举报请发邮件至dbqq@phei.com.cn。

本书咨询联系方式：（010）88254573，zyy@phei.com.cn。

前言

《市场营销实务》教材第1版自2013年2月出版以来，获得了高职院校师生、企业营销人员的大力支持与好评。本教材仍然坚持第1版教材的编写思路和风格，从营销工作的实际需要出发，以培养营销职业能力和职业素养为目的，以工学结合、任务驱动、项目化教学为指导思想，整合序化教学内容，构建教材体例，凸显高等职业教育特色。

本教材根据当前市场营销理论和实践的新发展、新特点，立足全球化、网络化的时代背景及我国企业实际，对第1版教材的内容进行了调整、充实和拓展。本教材的主要特征有以下几点。

1．凸显“工学结合、知行合一”的人才培养理念

本教材从营销工作的实际需要出发，以培养营销职业能力和职业素养为目的，整合序化了教学内容，凸显了“工学结合、知行合一”的人才培养理念。

2．重构知识体例与内容

本教材通过对市场营销人员的工作内容及能力素质要求的分析与重构，确定了认知营销、发现市场机会、开发目标市场、制定营销策略、营销组织管理、“互联网+”营销创新6个营销活动模块，特别是新增了“互联网+”营销创新方面的内容。每个模块根据工作内容或流程设置了相应的营销活动项目，每个项目下设置了具体的工作任务。为了促进基本理论与核心技能的融合，本教材还配备了相应的小案例及技能训练。

3．强化实践促学，突出市场营销实践性

本教材基于“知行合一，项目导向，任务驱动”的指导思路，突出理论与实践一体化的教学设计，注重营销实用方法及技能的引入，并在企业专家的精心指导下，将真实的营销实践融入教学，突出了市场营销的实践性。

本教材修订提纲由刘昱涛拟订，具体分工如下：刘昱涛负责模块一、模块五及模块二中的项目四、五、六；杜晓负责模块四及模块二中的项目七；任雯负责模块三、模块六及模块二中的项目三。最后由刘昱涛协调统稿。在编写本教材的过程中，编者得到了重庆安博汽车销售公司胡泽润先生、重庆桐君阁药厂股份有限公司刘超先生、重庆工商大学石道元教授及重庆航天职业技术学院刘旻溟副教授的指导与支持，在此深表谢意！

另外，编者还参考借鉴了国内外营销学者的最新研究成果，特向相关单位及个人表示诚挚的谢意！

我国高等职业教育改革日益深入，再加上编者水平有限，教材中难免有不尽如人意之处，敬请广大读者提出宝贵意见。

编　者

2019年9月

目 录

模块一 认知营销

模块描述

【知识目标】

- 理解市场和市场营销的概念。
- 掌握市场营销观念的演变过程。
- 把握新经济形势下市场营销的新发展。

【能力目标】

- 树立现代市场营销观念，并能在营销实践中加以运用。

模块分析

【知识点】

- 市场、市场营销。
- 市场营销观念。

【技能点】

- 树立正确的市场营销观念。

认识市场营销

项目目标

【知识目标】

- 掌握市场、市场营销的含义。
- 理解市场营销的核心概念。

【能力目标】

- 具备分析市场营销任务的能力。

【素质目标】

- 树立以顾客为中心，以竞争为导向，以企业能力为基础的营销价值观念。

HW公司从事汽车产品生产经营多年，企业规模大、实力雄厚，在市场上占有重要份额。随着汽车行业及互联网的发展，市场及消费者需求的变化，HW公司应如何充分把握市场，开展有效的市场营销活动？

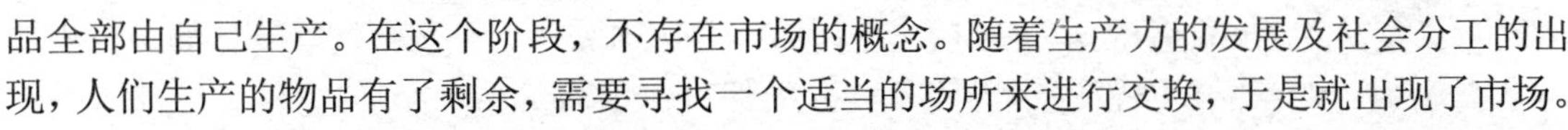

根据导入项目，首先要正确理解什么是市场与市场营销，再着手把握市场，开展有效的市场营销活动。

市场

（一）市场

市场是商品经济发展的产物，市场的概念随着商品经济的发展而不断变化。在人类社会初期，生产力水平低下，人们吃、穿、用的物品全部由自己生产。在这个阶段，不存在市场的概念。随着生产力的发展及社会分工的出现，人们生产的物品有了剩余，需要寻找一个适当的场所来进行交换，于是就出现了市场。

市场不仅是具体的交换场所，还是所有卖方和买方实现商品让渡的交换关系的总和。在现代社会，商品交换活动日益频繁和广泛，渗透到社会生活的各个方面，因此此时的市场存在于生活中的各个角落，如生活中常见的菜市场等。

在市场营销中，对市场的理解是站在企业或卖方角度而言的。在买方市场条件下，卖方要研究如何适应和满足买方的需求，如何组织整体营销活动，最终实现自己的经营目标。因此，“市场”是由需求一方，即买方构成的。从企业或卖方的角度来看，市场由3个要素构成：有某种需要的人、满足这种需要的购买能力和购买欲望。

市场=人口+购买力+购买欲望

上述3个要素相互制约，缺一不可。其中，人口是构成市场的基本要素，人口的多少是决定市场规模大小的基本前提；购买力是指买方购买的能力，一般是由买方的收入状况决定的；购买欲望是指买方购买的内在动机、愿望。如果购买力、购买欲望这两个要素不能同时具备，那么市场只能称为潜在市场。例如，当人口众多，其购买力又很高时，才会形成一个有潜力的大市场，但如果企业提供的产品不能激起人们的购买欲望，对企业而言，这个有潜力的大市场仍不能成为一个现实的市场。只有3个要素同时具备、有效结合，才能构成企业现实的市场，另外这3个要素决定了市场的规模和容量。

（二）市场营销

“市场营销”是由英文“marketing”一词翻译而来的。“marketing”有两层含义：一是指企业依据消费者需求，生产适销对路的产品，扩大市场销售所进行的一系列经济活动；二是指建立在经济科学、行为科学、现代管理理论基础之上的应用学科。它是经济学、行为科学、心理学、社会学、现代管理学、广告学、公共关系学等多种学科密切结合的一门综合性、边缘性的经营管理学科。当“marketing”指经济活动时，称为“市场营销”或“营销活动”；当“marketing”指学科时，则称为“市场营销学”。

1. 市场营销学的产生和发展

市场营销学于20世纪初产生于美国。随着社会经济及市场经济的发展，市场营销学也在不断变化着。如今，市场营销学已成为与企业管理、经济学、行为科学等学科相结合的应用边缘管理学科。其产生和发展大体可划分为4个阶段。

（1）第一阶段（19世纪末到20世纪初）是市场营销学的初创阶段。在这一阶段，市场营销学的研究特点是注重推销术和广告术，没有出现现代市场营销的理论、概念和原则，营销理论还没有得到社会和企业界的重视。

（2）第二阶段（20世纪20年代到第二次世界大战结束）是市场营销学的应用阶段。在这一阶段，市场营销的发展表现在应用上，市场营销理论研究开始走向社会，被企业界所重视。

（3）第三阶段（20世纪50年代至80年代）是市场营销学的形成发展阶段。在这一阶段，市场开始出现供过于求的现象，发源和成长于美国的市场营销学在全世界得到广泛的传播。尤其是20世纪50年代以后，在美国等发达国家中，市场营销学著作如雨后春笋般大量出版，对商品经济的发展起到了积极的促进作用。

（4）第四阶段（20世纪80年代至今）是市场营销学的成熟阶段。随着社会生产的迅速发展，科技的不断进步，市场营销学进一步与现代管理理论相结合，同时融入经济学、社会学、心理学、统计学等学科内容，发展成为一门新兴的学科。其具体特点表现在两个方面：与其他学科关联；开始形成自身的理论体系。20世纪80年代是市场营销学的革命时期，其开始进入现代营销领域，面貌焕然一新。

2. 市场营销的含义

在市场营销学发展的不同阶段，市场营销的定义也是不同的。

美国市场营销学会在1960年对市场营销所下的定义为，市场营销是将货物和劳务从生产者流转到消费者过程中的一切企业活动。这一定义把“营销”等同于“销售”，强调了销售在企业经营中的突出地位。

美国市场营销学会在1985年对市场营销所下的定义为，市场营销是对思想、产品及劳务进行设计、定价、促销及分销的计划和实施的过程，从而产生满足个人和组织目标的交换。在这一定义中，市场营销活动已超越了流通过程，是一个包含了分析、计划、执行与控制的管理活动。

美国市场营销学会在 2004 年对市场营销的概念进行了进一步的完善，将其定义为市场营销既是一种组织职能，又是为了组织自身及相关者的利益而创造、传播、传递客户价值，以及管理客户关系的一系列过程。这一定义的核心概念是客户价值，企业主要是围绕客户价值来开展一系列活动的。客户构成市场，市场决定企业的成败，无论何时何地争取客户支持、千方百计满足客户意愿永远是企业市场营销活动的中心。

西方市场营销学者也从不同角度对市场营销下了不同的定义。

美国的市场营销专家菲利普·科特勒关于市场营销的定义："市场营销是企业的一种活动，旨在识别目前市场尚未得到满足的需求和欲望，估量和确定其需求量的大小，选择和决定本企业能最好地为其服务的目标市场，并决定适当的产品、服务和计划，以便为目标市场服务。"

菲利普·科特勒曾经写到，市场营销是"创造价值及提高全世界的生活水准"的关键所在，它能在"盈利的同时满足人们的需求"。他一直试图将有关市场营销的探讨提升到产品与服务之上。

格隆罗斯说，营销是指在一种利益为上的原则下，通过相互交换和承诺，建立、维持、巩固与消费者及其他参与者的关系，从而实现各方的目的。他强调了营销的目的。

美国哈佛大学教授马尔康·麦克纳尔认为，市场营销是创造和传递新的生活标准给社会。这一定义从社会功效的角度表达了市场营销活动的深层内涵和其所追求的理想境界。

从上面的定义可以看出，随着社会经济的发展和人类认识的深化，市场营销的内涵和外延得到了极大的丰富和发展。其内容扩大到市场调研、市场细分、产品开发、价格确定、渠道选择、促销、售后服务、信息反馈等多个方面；其目的演绎为满足消费者需求，并为社会创造更高的生活标准；其运行表现为在现代市场营销观念的指导下，有计划、有组织地自觉加以调节和控制的理性活动。

3. 理解市场营销的核心概念

市场营销涉及以下核心概念：需要、欲望和需求；产品；效用、价值和满足；交换、交易和关系等。

（1）需要、欲望和需求。人类的需要和欲望是市场营销活动的出发点。需要是指人们没有得到某些基本满足的感受状态，是人的自然性的表现；欲望是人们想得到基本需要的具体满足物的愿望。而需求是人们对于有能力购买并且愿意购买的某个具体产品的欲望。人类为了生存，需要食物、衣服、住所、安全、归属、受人尊重等，这些需要可用不同方式来满足。人类的需要有限，但欲望却很多。当其具有购买能力时，欲望便转化为需求。

将需要、欲望和需求加以区分，其重要意义就在于阐明：市场营销者并不创造需要；需要存在于市场营销活动出现之前；市场营销者，连同社会中的其他因素，只是影响了人们的欲望，并试图向人们指出何种特定产品可以满足其特定需要，进而通过使产品富有吸引力，适应消费者的支付能力且使之容易得到，以此影响需求。

【小案例 1-1】

进口锅具大都价格不菲，其刚开始进入内陆市场时，许多消费者只是将其作为一个新鲜事物看看而已，真正购买的人并不多。商家为了打开市场，聘请专人演示锅具的使用方法。新鲜的食材，富有创意的料理，鲜美的味道，加上优质的锅具，给人一种艺术享受，这使进口锅具成了生活品质的象征。于是，进口锅具成功打开市场，一直保持着稳定优良的销售业绩。

【分析提示】

这是一个通过创新生活方式而创造消费者需求的案例，因为从本质上看，消费者购买的是对某种“需求”的满足，而不仅仅是产品。

（2）产品。人类靠产品来满足自己的各种需要和欲望。因此，可将产品表述为能够用以满足人类某种需要或欲望的任何东西。

产品包括有形产品与无形产品、可触摸产品与不可触摸产品。有形产品是为消费者提供服务的载体；无形产品或服务是通过其他载体，如人、活动、组织和观念等来提供的。例如，人们购买小汽车，不是为了观赏，而是因为它可以提供交通服务。所以，有形产品实际上是向消费者传送服务的工具。如果企业关心产品甚于关心产品所提供的服务，往往就会忽略消费者购买产品是为了满足某种需要这样一个事实，从而在市场营销管理中缺乏远见，最终使企业经营陷入困境。

人们不是为了产品的实体而购买产品，而是因为产品实体是服务的外壳，即通过购买某种产品实体能够获得自己所需要的服务。市场营销者的任务，是向市场展示产品实体中所包含的利益或服务，而不能仅限于描述产品的实体形貌。

（3）效用、价值和满足。在对能够满足某一特定需要的一组产品进行选择时，人们所依据的标准是产品的效用和价值。效用最大化是消费者选择产品的首要原则。

所谓效用，是消费者对满足其需要的产品的全部效能的估价，是指产品满足人们欲望的能力。效用实际上是一个人的自我心理感受，它来自人的主观评价。

例如，某消费者到某地去可选择自行车、汽车、飞机等交通工具。这些可供选择的产品构成了产品的选择组合。假设消费者要求满足不同的需求，即速度、安全及节约成本等，这些就构成了其需求组合。这样，每种产品有不同能力来满足其不同需求，如自行车成本低，但速度慢；汽车速度较快，但欠安全；飞机速度快、安全，但成本高。如果消费者到某地所选择理想产品的标准是安全、速度，他可能会选择飞机。

消费者选择所需的产品除会考虑效用因素外，还会考虑产品价格的高低。如果消费者追求效用最大化，他就不会简单地只看产品表面价格的高低，而会看每一元钱能产生的最大效用，如汽车，其价格比自行车昂贵，但由于速度更快，相对于自行车更安全、舒适，其效用更大，从而更能满足消费者需求。这就涉及价值的概念。

对于消费者而言，在选择购买的产品时，产品所带来的价值即为其所得与付出之比，也就是：

价值=利益/成本

=（产品价值+服务价值+人员价值+形象价值等）/（货币成本+时间成本+精神成本+体力成本等）

消费者在选购产品时，往往会选择价值高的。这样，在购买以后，他会感觉到自己购买的是性价比高的产品，就会形成满意的购买体验，这就是顾客满意。因此，企业不仅要为消费者提供他们需要的产品，还要让消费者在购买中得到较高的价值感，增强消费者的满足感，实现顾客满意。

【小案例 1-2】

在学校门口，一家经营儿童玩具的商店旁边，一群孩子正围着一个成年人看热闹，里三层外三层的，还不时发出鼓掌声和叫好声。孩子们看得越起劲，玩玩具的成年人就越发愿意展示他高超的技术，一会儿这个花样，一会儿又是那个花样，让围观的孩子们看得津津有味。

最后，他在玩过几个花样后，也不说话就走进了他的小店。一群孩子尾随而入，不一会儿就有几个稍微大一点儿的孩子手里拿着和他之前玩的一样的玩具走了出来。而在旁边紧挨着的那家店里，相同的玩具却无人问津。

资料来源：深圳人才网 www.0755rc.com。

【分析提示】

产品价值的属性表现在满足目标群体的某种需求的过程中，而其中的关键则在于如何让目标消费者切实感受到这种价值，并能将其中正面和积极的价值较为充分地体现出来。这是营销人员要做的核心工作。

（4）交换、交易和关系。所谓交换，是指通过提供某种物品作为回报，从他人那里取得所需物品的行为。交换的发生必须具备 5 个条件：至少有两方；每一方都有被对方认为有价值的物品；每一方都能沟通信息和传送物品；每一方都可以自由接受或拒绝对方的物品；每一方都认为与另一方进行交换是适当的或称心如意的。

具备了上述条件，就有可能发生交换行为。但交换能否真正发生，取决于双方能否找到交换条件，即交换以后双方都比交换以前好（至少不比交换以前差）。

交换是一个过程而不是一个事件。如果双方正在进行谈判，并趋于达成协议，这就意味着他们正在进行交换。一旦达成协议，就意味着发生了交易行为。交易是交换的基本单元，是由双方之间的价值交换所构成的行为。一次交易包括 3 个可以量度的实质内容：第一，至少有两个有价值的物品；第二，双方都同意的条件；第三，协议时间和地点。

精明的企业总是试图与其顾客、分销商、经销商、供应商等建立起长期的互信互利关系。企业与顾客之间的长期关系是关系市场营销的核心概念。处理好企业与顾客关系的最终结果是建立起市场营销网络。市场营销管理也正由过去追求单项交易的利润最大化，日益转变为追求与对方互利关系的最佳化。

任务二 明确市场营销任务

根据项目导入，HW 公司首先需要进行市场需求分析，明确企业的市场营销任务，然后对所要进入的市场做出正确的营销决策。只有这样，HW 公司才能把握市场，并开展有效的市场营销活动。

（一）市场需求分析

市场需求分析

1. 市场需求状态

（1）否定需求，又称为“负需求”，是指市场对某种商品或服务不但没有需求，而且有厌恶情绪的一种需求状态。

其形成原因既包括商品或服务本身的原因，又包括消费者的信念、文化思想、风俗习惯等原因。例如，消费者因为担心飞机不安全而不敢乘坐，在这种情况下，积极宣传航空事故为小概率事件，改变消费者的某些误解，可以促使负需求向肯定需求转化。

（2）无需求是指目标市场消费者对某种商品或服务毫无兴趣或漠不关心的一种需求状态。

在无需求的情况下，市场营销管理的任务是刺激市场营销，即通过大力促销及其他市场营销措施，努力将商品所能提供的利益与人的自然需要和兴趣联系起来。营销人员必须针对性地采取有效的措施来创造需求。

例如，在没有江河湖泊的地区建造人工湖，使小船在该地区变得有价值，从而改变市场营销环境，创造需求；在商品知名度不高或刚开发出来时，通过大力宣传等手段，来激发消费者的购买兴趣等。

（3）退却需求，亦称“不足需求”，是指消费者对某种商品或服务的兴趣逐渐减退，购买量下降的一种需求状态。其主要包括 3 种类型。

①处于衰退期的老商品，市场需求已经饱和，消费者不再购买。

②被另一种功能更为先进的同类商品所替代的商品，当同类先进商品进入市场时，其购买力发生了转移。

③质量不稳定、价格不合理、促销措施不得力、分销渠道不合理的商品，由于消费者不信任、不了解，以致购买力下降。

（4）不规则需求是指某种商品或服务的市场需求在不同季节，或一周的不同日子，甚至一天内的不同时间上下波动很大的一种需求状态。运输业、旅游业、娱乐业都有这种情况。

在不规则需求情况下，市场营销管理的任务是协调市场营销，即通过灵活定价、大力促销及其他刺激手段来改变需求的时间模式，使商品或服务的市场供给与需求在时间上协调一致，达到均衡需求，如通过需求定价策略来鼓励消费者改变需求的时间模式，刺激淡季消费，变不规则需求为均衡需求。

（5）充分需求，又称饱和需求，是指某种商品或服务目前的需求水平和时间等于预期的需求水平和时间的一种需求状态。

这是企业理想的一种需求状态。但是，市场营销环境在不断变化，消费者的偏好也不是一成不变的，因此要想维持这种理想状态，企业应不断提高商品和服务的质量，密切注意营销环境的变化，经常测量、准确把握消费者的满意程度，保持合理的价格水平，鼓励推销人员和经销商大力推销等。

（6）过度需求是指某种商品或服务的市场需求超过了企业所能提供或者愿意提供的水平的一种需求状态，如收费偏低的电力供应，会使电力部门超负荷运转。

在过量需求的情况下，市场营销管理的任务是降低市场营销，即通过提高价格、合理分销商品等，暂时或永久降低市场需求水平。

（7）潜在需求是指消费者虽然有明确的欲望，但由于种种原因还没有明确地显示出来的一种需求状态。一旦条件成熟，潜在需求就会转化为显现需求，为企业提供无穷的商机。因此，企业要想在激烈的市场竞争中取胜，不仅要着眼于显现需求，还要捕捉市场的潜在需求，采取行之有效的开发措施。

企业满足消费者的潜在需求，拉近了与消费者的距离，使企业和消费者之间产生了"自己人效应"，提高了消费者的忠实度，从而为以后的市场营销活动奠定了良好的客户群基础。

（8）有害需求是指市场对某些有害商品或服务的一种需求状态，如烟、酒等。有害需求的商品或服务对消费者、社会公众或供应者有害无益。

对于有害需求，市场营销管理的任务是反市场营销，即劝说喜欢有害商品或服务的消费者放弃这种爱好和需求，大力宣传有害商品或服务的危害，大幅度提高价格，以及停止生产供应等。

2. 市场规模的大小及商品潜在需求量的预测分析

在对市场需求状态进行分析之后，还要预测分析市场规模的大小及商品潜在需求量，一般来说，有以下 9 个步骤。

（1）确定目标市场。在市场总人口数中确定某一细分市场的目标人群总人数，此总人数是潜在消费者人数的最大极限，可用来计算潜在的需求量。

（2）确定某地理区域的目标市场。算出目标市场人群占总人口数的百分比，再将此百分比乘某地理区域的总人口数，就可以确定该地理区域目标市场的人群数量。

（3）考虑消费限制条件。考虑商品是否有某些限制条件会减少目标市场的人群数目。

（4）通过调研，分析购买率或购买习惯，预测每位消费者每年同类产品的平均购买数量。

（5）计算同类产品每年购买的总数量。将该地理区域内的消费者人数乘每人每年同类产品的平均购买数量就可算出同类产品每年购买的总数量。

（6）考虑产品成本、市场供给及市场竞争状况，测算产品的平均价格。

（7）计算产品购买的总金额。用第（5）项所求得的同类产品每年购买的总数量乘第（6）项所求得的产品平均价格，即可算出产品购买的总金额。

（8）计算企业的购买量。将企业的市场占有率乘第（7）项的产品购买总金额，再根据最近 5 年来公司和竞争者市场占有率的变动情况，进行适当的调整，求出企业的购买量。

（9）需要考虑的其他因素。有关商品需求的其他因素，如经济状况、人口变动、消费者偏好及生活方式等的改变，都会对商品的潜在需求产生影响。根据这些信息，客观地调查第（8）项所获得的数据，即可合理地预测市场规模的大小及商品的潜在需求量。

（二）市场营销的任务

市场营销是个人和群体通过创造并同他人交换产品和价值以满足需求和欲望的一种社会管理过程。在这个过程中，市场营销管理的对象包括理念、产品、服务、信息等；管理的手段包括分析、计划、执行和控制；管理的主要任务就是刺激消费者的需求，实现企业营销活动目标，具体而言，就是刺激、创造、适应和影响消费者的需求水平、需求时间及需求构成，并据此做出企业营销决策。

无论是营销经理，还是普通的营销人员，在市场营销实践过程中都会面临一系列的问题，如市场的选择开发、产品的特征设计、广告促销的投入等。具体来说，需要解决的问题主要包括：如何识别和选择所服务的细分市场？如何实现与竞争者的产品差异化？如何与市场上的竞争者竞争？如何促进自己业务的成长？如何为每位消费者提供个性化的定制产品？如何打造自己的品牌？如何降低消费者的成本？如何保持并提高消费者的忠诚度？如何衡量关于广告、销售促进及公告关系的回报？如何建立高效的分销渠道系统并有效管理渠道冲突？如何改进销售队伍的效率？

【小案例 1-3】

从 2012 年开始，生鲜电商逐渐成为电商领域的热点。策划“褚橙进京”的生鲜电商——本来生活网仍然在进行褚橙“爆款”营销。本来生活网的褚橙营销走的是幽默营销路线。在预售期内，本来生活网推出了一系列青春版个性化包装，在包装箱上印有“母后，记得留一颗给阿玛”“虽然你很努力，但你的成功，主要靠天赋”“谢谢你，让我站着把钱挣了”“我很好，你也保重”等幽默温馨话语。产品推出没多久就显示“售罄”，可见其受欢迎程度。本来生活网这一系列个性化包装，除了非常吸引眼球，也让人们为“中国营销界玩得起幽默”感到欣慰。当然，光靠营销手段打响品牌并不是本来生活网的重点。本来生活网始终坚信，优质的产品是会说话的，只要严格把控各个环节，保证最优的产品和服务，以产品本身的价值和媒介作用就足够在市场上站稳脚跟。

【分析提示】

从电商品牌营销的角度来看，本来生活网选择了一个有爆点的产品，通过一个“爆款”产品的炒作提升了电商品牌的影响力。一个品牌在知名度还不够高或者品牌基础还比较薄

弱的背景下，要在互联网上建立品牌知名度，必须要选择一个“爆款”产品来作为主打产品，并利用“爆款”产品和品牌的捆绑营销来达成实效目标。

项目总结

【内容要点】

通过对市场营销核心概念：需要、欲望和需求；产品；效用、价值和满足；交换、交易和关系；市场；市场营销与市场营销者的了解，深刻理解市场营销的含义。

市场营销的任务是通过实施不同的市场营销策略解决不同的市场需求状况，最终达到刺激消费者需求，实现企业营销活动的目标。

【实务要点】

市场需求分析；市场营销任务的确定。

【复习与思考】

1．什么是市场？什么是市场营销？
2．如何理解市场营销核心概念？
3．市场营销的任务是什么？
4．如何理解市场营销管理的本质是需求管理？

项目综合实训

一、实训目的

1．培养市场需求分析的能力。
2．明确市场营销的任务。

二、实训内容

1．选择学生熟悉的校园市场，分析校园中电脑、运动服饰、手机等产品的需求状况。
2．根据分析的需求状况拟定市场营销管理任务。

三、实训组织

该实践训练项目由指导教师与所指导班级利用实践教学时间组织进行。

1．根据班级成员总人数进行分组，5～6人为一组。

2．各小组选一个组长负责组内工作，要求组员团结协作。

3．各小组选定一个产品，完成实训任务。

4．各小组讨论，并形成书面报告，

5．各小组报告展示，评定成绩。

四、实训考核

在班级成员中选出学生代表为评委，各小组最终成绩取评委评分的平均数。

1．实训报告（翔实性、价值性）50分。

2．小组代表的表述（台风、语言）30分。

3．附加分（团队协作、报告形式）20分。

项目二 树立现代市场营销观念

项目目标

【知识目标】

- 了解市场营销观念的演变过程。
- 掌握现代市场营销观念。

【能力目标】

- 能用现代市场营销观念分析、指导企业市场营销活动。

【素质目标】

- 树立以顾客为中心，以竞争为导向，以企业能力为基础的营销价值观念。
- 具有良好的职业道德情操与素养。

项目导入

HW 公司从事汽车产品生产经营多年，企业规模大、实力雄厚，在市场上占有重要份额。随着汽车行业的不断发展及新经济形势下市场和消费者对产品需求的变化，HW 公司应采取何种经营理念才能充分把握消费者需求，开展更为有效的市场营销活动？

项目实施

任务一　了解市场营销观念的演变

市场营销观念，又称营销哲学或营销理念，是企业制定营销战略、组织管理市场营销活动的基本指导思想，它反映了一个企业的经营态度和经营方式。企业市场营销观念的正确与否直接关系到企业经营活动的成败。市场营销观念在市场营销实践中产生，并随着产品交换的发展不断地演变和充实。从西方企业市场营销观念发展的历史来看，市场营销观念大致经历了以下几个阶段。

（一）生产观念

生产观念是古老的企业营销观念之一。这种观念产生于 20 世纪 20 年代前。在资本主义工业化初期及第二次世界大战末期和战后一段时期内，由于物资短缺，市场产品供不应求，生产观念在企业经营管理中颇为流行。企业经营哲学不是从消费者需求出发，而是从企业生产出发。生产观念认为，企业应致力于提高生产效率和分销效率，扩大生产，降低成本，以扩大市场，获取更多的利润。其主要表现是“我生产什么，就卖什么”。显然，生产观念是一种重生产、轻市场营销的商业哲学。这一观念适用于产品供不应求的市场。

【小案例 2-1】

福特 T 型车问世后的第一年，T 型车的产量达到 10660 辆，创造了汽车行业的新纪录。到了 1921 年，T 型车的产量已占世界汽车总产量的 56.6%。

到了 20 世纪 20 年代中期，美国汽车市场发生了巨大的变化，买方市场基本形成，道路及交通状况也大为改善，简陋且千篇一律的 T 型车虽然价廉，但已经不能满足消费者的需求。然而，面对市场的变化，美国福特汽车公司仍然顽固地坚持自己的生产观念，宣称无论消费者需要什么颜色的汽车，福特只有黑色的。

而通用汽车公司则及时地抓住市场机会，推出了式样和颜色都很新颖的雪佛兰汽车。雪佛兰汽车一上市就受到消费者的追捧，导致福特 T 型车的销量剧降。1927 年，累计销

售了1500多万辆的T型车不得不停产，通用汽车公司也一举超过福特，成为当时世界较大的汽车公司。

【分析提示】

根据市场特点及时改变生产观念成就了通用汽车公司，而固守僵化的生产观念却使福特汽车公司遭受了沉重的打击。从福特T型车的兴衰史可以看出，生产观念的正确与否决定着企业的成败。

（二）产品观念

产品观念也是一种较早的企业营销观念，其认为消费者喜欢高质量、多功能和具有某种特色的产品，所以企业应致力于生产高质量的产品，并不断加以改进。

产品观念以生产为中心，不注重市场需求，不注重产品销售，而是把提高产品质量、降低生产成本作为一切活动的中心，以此来扩大销售、取得利润，它是生产观念的后期表现。这种观念容易导致企业“市场营销近视”，即把注意力不适当地放在产品上，而不是放在市场需要上，使企业在市场营销管理中缺乏远见，只看到自己的产品质量好，看不到市场需求在变化，致使企业经营陷入困境。

【小案例2-2】

美国爱尔琴钟表公司自1869年创立到20世纪50年代，一直被公认为是美国较好的钟表制造商之一。该公司在市场营销管理中强调生产优质产品，并通过由知名珠宝商店、大百货公司等构成的市场营销网络分销产品。1958年之前，公司销售额始终呈上升趋势，但其后市场销售额和市场占有率开始下降。造成这种情况的原因是市场形势发生了变化，而该公司依然坚持生产精美的传统样式的手表，借助传统渠道销售。该公司认为自己的产品质量好，消费者必然会找上门来，致使企业经营遭受重大挫折。

【分析提示】

消费者需求的变化速度越来越快。市场营销只有根据消费者需求的变化，规划设计企业产品的“卖点”，并由此设定企业营销的“诉求点”，才能赢得市场的认可，获得成功。当今时代，企业必须改变单纯的产品导向思维，把满足消费者需求作为市场营销的基本原则。

（三）推销观念

推销观念（或称销售观念）产生于20世纪20年代末至50年代，表现为“我卖什么，消费者就买什么”。推销观念是在资本主义经济由卖方市场向买方市场转变的过程中产生的。它认为，消费者通常表现出一种购买惰性或抗衡心理，如果任其自然发展，消费者一般不会大量购买某一企业的产品。因此，企业必须积极推销和大力促销，以刺激消费者大量购买本企业的产品，增加企业收益。例如，20 世纪 30—40 年代，美国皮尔斯堡面粉公司的口号由原来的“本公司旨在制造面粉”改为“本公司旨在推销面粉”，并第一次在公司内部成立了市场调研部门，派出大量推销人员从事推销活动。

（四）市场营销观念

市场营销观念是以消费者需求为导向的经营哲学，是消费者主权论的体现，形成于 20 世纪 50 年代。该观念认为，实现企业目标的关键在于正确确定目标市场的需求，一切以消费者为中心，并且比竞争对手更有效、更有利地传送目标市场所期望满足的产品及服务。

市场营销观念的产生，是市场营销哲学的一种质的飞跃，它不仅改变了传统旧观念的逻辑思维方式，而且在经营策略和方法上也有很大突破。它要求企业营销管理贯彻消费者至上的原则，善于发现和了解目标市场的需求，并千方百计地去满足它，从而实现企业目标。因此，企业在决定其生产经营时，必须进行市场调研，根据市场需求及企业本身条件选择目标市场，组织生产经营，最大限度地提高消费者的满意度。

【小案例 2-3】

在美国的迪士尼乐园中，欢乐如同空气一般无所不在。在这里，来自世界各地的每一位儿童都能美梦成真，成年人也能忘却烦恼，享受纯真的快乐。因为迪士尼乐园在成立之时便明确了它的目标：它的产品不是米老鼠、唐老鸭，而是欢乐。人们来到这里是享受欢乐的。乐园提供的全是欢乐，因此游人们一次又一次地重返这里，享受欢乐。

【分析提示】

许多优秀的企业都是奉行市场营销观念的。迪士尼乐园以消费者需求为中心，把发现和满足消费者需求作为企业市场营销活动的核心，因此在世界上享誉盛名。

（五）社会市场营销观念

社会市场营销观念

社会市场营销观念是以社会长远利益为中心的市场营销观念，是对市场营销观念的补充和修正。

从 20 世纪 70 年代起，随着全球环境污染、资源短缺、人口爆炸及通货膨胀等问题的日益严重，要求企业顾及消费者和社会长远利益的呼声越来越高。西方市场营销学界提出了一系列新的理论及观念，如理智消费观念、生态准则观念等。其都认为企业生产经营不仅要考虑消费者需求，而且要考虑消费者和社会的长远利益。

社会市场营销观念的核心是让消费者满意和实现社会的长远利益，这也是企业的根本目的与责任。理想的企业市场营销决策应同时考虑到消费者的需求与愿望的满足、消费者和社会的长远利益及企业营销效益的实现。

【小案例 2-4】

汉堡包快餐行业虽然提供了美味可口的食物，但却受到了批评。原因是其提供的食物虽然可口却没有营养。汉堡包脂肪含量太高，餐馆出售的油炸食品和肉馅饼都含有过多的淀粉和脂肪。另外，餐馆出售食物时采用方便包装，产生了过多的包装废弃物。

【分析提示】

在满足消费者需求方面，这些餐馆可能损害了消费者的健康，同时污染了环境，忽略了消费者和社会的长远利益。

生产观念、产品观念、推销观念一般被称为传统市场营销观念，是以企业为中心、以企业利益为根本取向和最终目标来处理营销问题的观念；市场营销观念与社会市场营销观念被称为现代市场营销观念，分别是以消费者为中心的消费者导向观念和以社会长远利益为中心的社会导向观念。

技能训练 2-1 案例分析

一、训练目的

通过案例分析，树立正确的市场营销观念。

二、训练内容

1．阅读案例，讨论分析。

2．谈谈你对市场营销观念的认识。

A 公司是一家生产销售家用计算机的企业。张先生从事计算机销售工作已有 5 年，并在 3 家公司工作过。张先生进入 A 公司工作后，A 公司领导十分信任他，让他负责西南地区的销售工作。张先生分析了市场现状，认为计算机市场竞争激烈，要想扩大销售必须从改进服务质量入手，并提出了具体的措施：一是选用同行较好的服务规范和标准，要求所有的员工必须认真履行；二是建立全过程的服务质量跟踪监控系统。通过这些措施的实施，西南地区的销售业绩实现上升，张先生也获得了 A 公司的奖励。

请问：张先生持有什么样的营销观念?

三、训练组织

该实践训练项目由指导教师与所指导班级利用实践教学时间组织进行。

1．根据班级成员总人数进行分组，5～6 人为一组。

2．各小组选一个组长负责组内工作，要求组员团结协作。

3．各小组讨论，并形成书面报告。

4．各小组报告以 PPT 形式展示。

四、训练考核

在班级成员中选出学生代表为评委，各小组最终成绩取评委评分的平均数。

1．实训报告（翔实性、价值性）50分。

2．小组代表的表述（台风、语言）30分。

3．附加分（团队协作、报告形式）20分。

任务二　把握新经济形势下市场营销的新发展

根据导入项目，分析随着汽车行业的不断发展及新经济形势下消费者需求的变化，企业在市场营销活动中所采取的创造需求、关系营销、整合营销、文化营销、体验营销、服务营销、电子商务与网络营销等新的营销手段的特点及其应用。

（一）创造需求

现代市场营销观念的核心是以消费者为中心，每个企业必须依照消费者的需求组织产品的生产与销售。这种观念已被公认，并在实际的市场营销活动中深受企业家的青睐。然而，随着消费者需求的多元性、多变性和求异性特征的出现，需求表现出了模糊不定的"无主流化"趋势。许多企业对市场需求及走向常常把握不准，导致其适应需求的难度不断加大。另外，完全强调按消费者需求组织生产，在一定程度上会抑制产品创新，而创新正是经营成功的关键所在。

为此，在当代激烈的商战中，一些企业总结现代市场营销实践经验，提出了"创造需求"的新观念，日本索尼公司董事长盛田昭夫对此进行了表述："我们的目标是以新产品领导消费大众，而不是问他们需要什么，我们要创造需求。"

"创造需求"是营销手段，也是企业经营的指导思想，它是对近几十年来一直强调"适应需求"的市场营销观念的发展。

（二）关系营销

关系营销

关系营销是美国营销学者巴巴拉·本德·杰克逊于1985年提出的，其一经提出便迅速风靡全球。它的着眼点是和与企业发生关系的供货方、购买方、侧面组织等建立良好稳定的伙伴关系，最终建立起一个由这些牢固、可靠的业务关系所组成的"市场营销网"，以追求各方面关系利益的最大化。这种从追求每

笔交易利润最大化到追求各方面关系利益最大化的变化是关系营销的特征，也是当今市场营销发展的新趋势。

随着世界经济环境的变化，尤其是世界买方市场的形成和以互联网为标志的信息技术的突飞猛进，正确处理企业与消费者、竞争者、供应商、分销商、政府机构及社会组织等的关系成为企业营销的核心。

1. 关系营销的本质特征

（1）信息沟通的双向性。社会学认为关系是信息和情感交流的有机渠道，良好的关系即沟通渠道畅通，恶劣的关系即沟通渠道阻滞，中断的关系即沟通渠道堵塞。交流应该是双向的，既可以由企业开始，也可以由营销对象开始。广泛的信息交流和信息共享，可以使企业获得支持与合作。

（2）战略过程的协同性。在竞争性市场上，市场营销者强调与利益相关者建立长期的、彼此信任的、互利的关系。这可以是关系一方自愿或主动地调整自己的行为，也可以是关系双方都调整自己的行为，以实现相互适应。各具优势的关系双方互相取长补短，联合行动，协同动作，去实现对各方都有益的共同目标，这可以说是协调关系的最高形态。

（3）营销活动的互利性。关系营销的基础在于交易双方之间存在利益上的互补，如果没有各自利益的实现和满足，双方就不会建立良好的关系。关系建立在互利的基础上，要求双方互相了解对方的利益要求，寻求双方利益的共同点，并努力使双方的共同利益得到实现。真正的关系营销是达到关系双方互利互惠的目的。

（4）信息反馈的及时性。关系营销要求建立专门的部门，以追踪各利益相关者的态度。关系营销应具备一个反馈的循环连接关系双方，使企业由此了解到环境的动态变化，并根据合作方提供的信息改进产品和技术。信息的及时反馈使关系营销具有动态的应变性，有利于企业挖掘新的市场机会。

2. 关系营销策略

（1）顾客关系营销策略。

企业与顾客的关系不仅仅是产品与货币的交换关系，还包括广泛的信息交流关系和感情沟通关系。顾客关系营销的实质就是企业通过互动和交流，与顾客建立并保持一种超越买卖关系的非交易关系。其目的就是促使顾客形成对企业及产品的良好印象和评价，提高企业及产品在市场中的知名度和美誉度，帮助企业争取顾客、开拓和稳定市场关系，进而保证企业营销活动的成功。因此，顾客关系营销的核心在于培养顾客忠诚度，在新经济形势下，企业应更关注顾客的终身价值。

①顾客关系营销策略需要遵循以下原则。

第一，树立以顾客为中心的经营理念。顾客是企业生存发展的基础，企业的行为必须以顾客的利益和要求为导向，并贯穿于企业生产经营的全过程。

追求利润是商品经济条件下企业发展的基本动因。但在买方市场条件下，顾客选择的自由度越来越大，在市场上讨价还价的能力越来越强，企业渐渐失去其交易主导地位。在这种形势下，企业要实现自己的利润目标，必须顺应时代的发展趋势，使自己生产的产品和提供的服务得到市场的认可与接受，也就是有顾客需要，有顾客喜欢，有顾客购买和使用。只有赢得顾客信任与好感的企业，才能较好地获得利润。所以，从企业的政策和行为的基本导向来说，要把顾客放在第一位。正如美国企业公共关系专家加瑞特所说："无论大小企业都必须永远按照下述信念来计划自己的方向，这个信念就是，企业要为消费者所有，为消费者所治，为消费者所享。"

第二，了解顾客的需要，提高顾客满意度。了解顾客的需要是企业提高顾客满意度的前提。顾客的需要可以分为5种类型：说出来的需要（如顾客想要一辆昂贵的汽车）；真正的需要（如顾客所需要的这辆汽车，开起来很省钱，而其最初的价格却不低）；没有说出来的需要（如顾客想要获得的优质服务）；满足后令人高兴的需要（如顾客买车时，获得一份额外的服务项目）；秘密需要（如顾客想被他的朋友看作有品位的人）。企业要了解顾客的这5种需要，必须进行深入的调查，必须有敏感的反应。专业化市场营销的核心就在于本企业能比其竞争者更好地满足顾客的需求。

第三，科学地进行顾客关系管理，培养顾客忠诚度。

想要提高顾客满意度，培养顾客对企业和产品品牌的忠诚度，企业必须以"顾客为中心"来管理价值链及整个价值让渡系统。在关系营销模式下，企业的目标不仅是要吸引顾客，还要维系顾客，因为维系顾客比吸引顾客更能有效保障企业的利益。

企业必须对不同的细分市场或不同的顾客采取不同的营销策略，进行不同的营销投入。菲利普·科特勒认为，这种投入必须是在区分与顾客之间5种不同程度关系的前提下进行的。这5种不同程度的关系：一是基本型，销售人员把产品销售出去就不再与顾客接触；二是被动型，销售人员把产品销售出去并鼓励顾客在遇到问题或有意见时给企业打电话；三是负责型，销售人员在产品销售后不久打电话给顾客，检查产品是否符合顾客的期望或是否存在缺陷与不足，同时向顾客寻求有关产品改进的各种建议；四是能动型，销售人员不定期给顾客打电话，给顾客提供有关改进产品用途的建议或有用的新产品信息；五是伙伴型，企业与顾客不断共同努力，帮助顾客寻求合理开支的方法并使其更好地进行购买。

大多数企业在市场规模很大且企业的单位利润很小的情况下，实行基本型营销。在顾客很少而边际利润很高的情况下，大多数企业将转向伙伴型市场营销，力图与顾客建立长期、稳定的关系。选择哪种类型，绝大部分依赖于企业对顾客终生价值与为吸引和维系这些顾客所要求的成本的对比估计。

第四，关系管理。增加顾客的转移成本是维系顾客的间接手段。对于影响企业未来的主要顾客，企业必须制订直接、有效的关系管理计划。具体措施：选择关系营销顾客，提供优质的产品和完善的服务，进行及时的双向信息交流。

【小案例2-5】

屈臣氏纵向截取目标消费群中的一部分优质顾客，横向做精、做细、做全目标顾客市场。其倡导"健康、美态、欢乐"的经营理念，锁定18～35岁的年轻女性消费群，专注于个人护理与保健品的经营。屈臣氏认为，18～35年龄段的女性消费者是女性消费者中最富有挑战精神的，她们寻求新奇体验，追求时尚，愿意在朋友面前展示自我，愿意进行各种新的尝试。而与此相反，年龄更长一些的女性则大多数已经有了自己固定的品牌和生活方式，不会轻易做出改变。

【分析提示】

从案例中，我们可以看到，对于企业来说，要做好顾客关系营销需要关注多个方面。首先，必须明确需要和何种顾客建立何种关系；其次，在把握顾客信息的基础上构建有效的数据库系统；最后，在数据库的基础上，有针对性地进行市场营销活动，从而赢得顾客。

②有效实施顾客关系营销策略的 4 个关键环节。

顾客关系营销策略强调顾客关系的价值，强调市场营销过程是一个为顾客创造价值、传递价值的过程。因此，顾客关系营销不应仅局限于销售环节，而应贯穿于企业整体营销活动，应从企业的市场开发、产品开发、与顾客沟通、产品销售等环节出发进行系统的考虑和协调，关键在于改进和完善以下 4 个方面的工作。

第一，以个性化、特色化的产品锁定顾客。

随着我国社会经济的发展，消费分层的现象越来越明显，关注和发掘顾客需求，打造个性化、特色化的产品成为企业竞争制胜的关键，也是锁定顾客的有效武器。产品的个性特色可以体现在品质、技术、价格、包装，甚至某种抽象的概念等多个方面，但是绝不能将其等同于炒作。

第二，以精细化服务赢得顾客。

由于不同的顾客给企业带来的价值是不同的，关系营销策略强调对顾客进行分类管理，以保证将重要的资源用到主要的顾客身上，避免资源浪费。因此，企业应摸清自己的顾客资源，抓住关键顾客，制定有针对性的服务策略，同时为了保证和提升服务质量，做好销售服务的标准化和规范化管理。

【小案例 2-6】

走进家乐福，在其出入口等醒目的地方，都会看到顾客调查表。该调查表设计得非常简洁，只有一张笑脸和一张哭脸的图形，分别代表“顾客满意的”“顾客不满意的”，供顾客填写。因为取用方便，经常有顾客将自己的意见和建议写上去，家乐福也会及时给予反馈和改进。

【分析提示】

顾客得到了尊重和有效激励，也从中实现了与企业的良性互动。

第三，以创新沟通方式吸引顾客。

有效的交流和沟通是建立和保持企业与顾客之间良好关系的基本途径。随着社会经济的发展和人们消费水平的提高，顾客的需求已从“量的需求”，发展到“质的需求”，甚至包括“感性消费”“体验消费”。因此，现代企业市场营销的核心在于实现与顾客的有效沟通，引起顾客的情感共鸣，进而促使顾客的购买。在新经济形势下，新兴媒体迅猛发展，企业要不断创新沟通方式和手段，与顾客进行良好的沟通，同时重视顾客的反馈意见，并及时妥善处理，以帮助企业及时发现问题、及时改进，赢得顾客的好感，避免顾客流失。

【小案例 2-7】

2016年，支付宝的微信公众号惊艳了很多人。“山无棱，天地合，都不许取关”这是关注后弹出的自动回复。和常见的企业微信公众号不同，支付宝的微信公众号很少发死板的品牌公告，也很少给自家产品做广告，而是把原本无趣生硬的品牌内容用年轻人喜欢的语言包装起来，如标题《先别着急睡》打开后就只有一句“把明天的闹钟打开”，却获得很多点赞。在这个公众号背后，是支付宝在社交媒体领域与年轻人沟通的一种大胆尝试。

【分析提示】

企业创新沟通方式，达到与顾客良好沟通的目标。

第四，提升员工的素质和满意度，从根本上保证顾客关系营销策略的实施。

员工的素质、能力、工作热情会直接影响到他的工作效率和服务顾客的水平。企业怎样对待员工，员工就将怎样对待企业和顾客。企业对员工的关爱及员工之间的相互关爱就像强大的纽带，会激励员工快乐工作、主动奉献，从而使对企业满意的员工能够带来更多满意的顾客。相反，对企业不满意的员工或素质、技能不高的员工，可能会经常得罪顾客。

【小案例 2-8】

在星巴克公司，员工的流动性很小，且每一位员工都拥有专业知识与服务热忱。其员工可以对顾客详细解说每一种咖啡产品的特性，赢得了顾客的信任和口碑。该公司声称他们将本来用于广告的支出用在了员工的福利和培训上。

【分析提示】

企业注重加强对员工的培训、在职学习，以及个人经验的提升共享等，不断提高员工的素质和能力，充分调动了员工工作的主动性和创造性，同时提升了员工的满意度。

（2）员工关系营销策略。

员工关系是指在企业内部管理过程中形成的人事关系。从内部关系角度看，员工是企业的对象；从外部关系角度看，员工又成了主体。因此，任何企业都必须先处理好自己内部的员工关系。只有企业内部关系融洽协调，全体员工团结一致、齐心协力，才能成功地外求发展，通过员工的协作实现资源在转换过程中的价值最大化。

①提高员工对企业的满意度。企业要建立一种高水平的运行机制，使员工感到满意。员工心情舒畅、工作积极、服务周到，从而使高质量的产品和服务赢得顾客较大的满意，而这种满意又会带来重复交易，使企业获得更高的效益和利润。

②造就员工积极向上的价值观念。每个企业都必须有自己的价值信念和行为宗旨，以维系和激励全体员工，充分调动他们的积极性、主动性和创造性。积极向上的企业价值观念能够使员工在潜意识中对企业产生一种强烈的向心力，形成良好的团队意识，而有强烈团队意识的企业成员对企业的目标及社会责任都会有极为深刻的理解，从而会自觉约束个人行为。

③承认和尊重员工的个体价值。管理学家贝克发现，每个人的人性中都有两种互相矛

盾的愿望，既希望自己成为优势团体或杰出组织中的一员，并在自己的业务岗位上建立个人与企业的认同关系，融入杰出的组织之中，获得归属感和荣誉感，又希望鹤立鸡群，有自我表现的机会，在特定的工作环境中以自己的才干实绩赢得他人和社会的承认与尊敬。

从员工关系营销策略的目标来看，这两种愿望追求的首先是“团体价值”。但团体价值离不开个体价值，需要通过个体价值来实现。因此，员工关系营销策略要从确立个体价值入手，使企业中的每位成员都能在团体环境中追求和实现个体价值。也就是说，追求团体价值的员工关系营销策略，首先从尊重个体价值做起，使团体价值通过个体活动得以实现。只有员工的个体价值受到肯定和尊重，员工才会觉得自己在企业中受到重视，才能自觉地将自己的利益与企业的利益融为一体，才能自觉地和企业同呼吸、共命运，并在与外界交往时自觉地以企业一员的角色维护企业的良好形象。

尊重员工个体价值的关键是切实保障员工的主人翁地位。企业要建立良好的员工关系，必须让员工真正享主人权、尽主人责、得主人益。员工只有以主人翁身份存在于企业中，才能把企业的发展看成是自我的发展，才能以塑造企业形象为己任，通过自己的具体工作为企业的良好形象增光添彩。

【小案例 2-9】

IBM 公司的组织信念：尊重个人——尊重组织中每个人的尊严和权利；服务顾客——提供全世界所有公司中最好的服务给顾客；杰出——相信一个组织的目标是以卓越的方法完成所有的工作。经过长期努力，IBM 公司的“IBM 就是最佳服务”成为众多员工的组织信念。

【分析提示】

IBM 公司的这种信念帮助 IBM 公司在企业发展中稳步前进。

（3）合作者关系营销策略。

合作者关系营销策略是企业实施关系营销策略的根本保证。在传统的市场营销中，企业和企业之间只是交易和竞争的关系。在新经济形势下，为顺应时代的发展，企业和企业之间的关系转变为竞争与合作并存，靠合作来竞争的新型关系。

合作者关系营销策略主要分为纵向合作者关系营销策略和横向合作者关系营销策略。

①纵向合作者关系营销策略。随着现代信息技术的发展，越来越多的企业为了发展壮大，努力改变价值链的不经济点，在加强实施企业组织内部各个职能部门的投入与合作、充分挖掘企业组织内部的生产能力、寻求利益最大化的同时，更加重视产、供、销整个价值让渡系统的良好协作以共同创造更多的价值。其追求的是整个价值让渡系统的“群赢”结果，以充分挖掘蕴藏在企业组织之间的巨大生产力，提高整体价值让渡系统的竞争力。纵向合作者通过信息、技术共享等方式实施关系营销，降低整个价值链的成本、提高总体利润，实现“双赢”，并以此击败共同的竞争对手。这一策略主要面向的是供应商、经销商。

②横向合作者关系营销策略。在竞争者市场中，横向合作者通过争取和那些拥有与自己具有互补性资源竞争者协作的方式实施关系营销，实现知识的转移、资源的共享和更有

效的利用。例如，在一些技术密集型行业，越来越多的企业与其竞争者进行了研究与开发的合作，这种方式的战略联盟可以分担产品的开发费用和风险。横向合作者关系营销策略不强迫合作者放弃既有的利益，合作者可在合作中谋求各自战略目标的实现，以提高各自的竞争力。因此，参与合作的双方往往会积极地相互配合，从而使双方都能得到较持久的发展。这一策略主要面向的是竞争者。

（4）影响者关系营销策略。

企业作为一个开放的系统，其在组织活动时不仅要关注企业内部的员工关系、企业与顾客的关系、企业与合作者的关系，还必须拓宽视野，关注企业与股东的关系，企业与政府的关系，企业与媒体、社区、金融机构、学校、慈善团体等的关系。这些组织或机构都是企业经营管理的影响者，它们构成了影响企业生存与发展的事业共同体。

影响者关系营销策略通常可借助以下几种公共关系活动模式来实施。

第一，宣传型公共关系活动模式，即企业运用大众媒体和内部沟通方法，开展宣传工作，以树立良好的企业形象。其基本形式包括举办展览会、经验技术交流会、座谈会、新闻报道、记者专访、记者招待会等。必要时可以“制造新闻”，利用名人发挥“名人效应”。

第二，服务型公共关系活动方式，即企业通过向顾客提供各种形式的服务，强化企业信誉和形象，设身处地为顾客着想，给顾客当参谋，通过热情、周到的售前、售中及售后服务，使顾客得到最大限度的满足。

第三，社会型公共关系活动方式，即企业通过举办各种社会性、公益性、赞助性活动，来塑造企业形象，扩大企业社会影响，提高企业社会声誉，赢得公众支持。

第四，交际型公共关系活动方式，即企业在人际交往中开展公共关系工作，目的是通过企业内部员工与其他人的直接接触，建立广泛的社会关系网络，形成有利于企业发展的人际环境。

第五，征询型公共关系活动方式，即以采集信息为主的活动方式，目的是了解民情、民意，了解社会舆论，为企业决策提供依据，保持企业与社会环境之间的动态平衡。

（三）整合营销

整合营销理论产生和流行于 20 世纪 90 年代，是由美国西北大学市场营销学教授唐·舒尔茨提出的。整合营销倡导更加明确的消费者导向理念。

整合营销是指企业以消费者为核心重组企业行为和市场行为，综合协调地使用各种形式的传播方式，以统一的目标和统一的传播形象传递一致的产品信息，从而实现与消费者的双向沟通。整合营销能够迅速使产品品牌在消费者心目中占据一席之地，建立产品品牌与消费者长期密切的关系，更有效地达到广告传播和产品行销的目的。

以互联网为载体，以符合网络传播的方法和理念来展开实施的市场营销活动成为企业延伸品牌公信度与品牌影响力、增强经济效益的有效途径。整合营销正切合当下的企业营销需求，是较为先进的营销方式。

1. 整合营销的特征

（1）在整合营销中，消费者处于核心地位。

（2）对消费者深刻全面地了解，是以建立数据资料库为基础的。

（3）整合营销的核心工作是培养真正的消费者价值观，要与那些有价值的消费者保持长期的紧密联系。

（4）以本质上一致的信息为支撑点进行传播。不管企业利用什么媒体，其产品或服务的信息一定要清楚、一致。

（5）以各种传播媒介的整合运作手段进行传播。凡是能够将品牌、产品类别和任何与市场相关的信息传递给消费者或潜在消费者的传播媒介，均被视为可以利用的传播媒介。

2. 整合营销的工具及操作思路

整合营销的工具主要包括广告、促销、直销、宣传与公关、赞助、展会、包装、商品交易、口头传播、电子营销、体验营销等。

整合营销的操作思路包括以下 4 项内容。

（1）以整合为中心。以消费者为中心综合利用企业资源，实现企业的高度一体化营销。整合既包括企业营销管理、营销过程、营销方式及营销行为等方面的整合，也包括对企业内外的商流、物流、信息流与资金流的整合。

（2）讲求系统化管理。整体配置企业资源，使企业内部、企业与相关合作伙伴协调行动，形成竞争优势。

（3）强调协调与统一。企业营销活动的协调性，不仅强调企业内部各环节、各部门协调一致，还强调企业与外部环境协调一致，通过内部与外部的共同努力以实现整合营销。

（4）注重规模化与现代化。整合营销十分注重企业的规模化与现代化经营。规模化不仅能使企业获得规模经济效益，还能为企业有效实施整合营销提供客观基础。整合营销同样也依赖于现代科学技术与现代化的管理手段，现代科学技术的发展和应用能为企业实施整合营销提供效益保障。

3. 整合营销的对策

（1）革新企业的营销观念。企业要树立大市场营销的观念；树立科学化、现代化营销的观念；树立系统化、整合化营销的观念。

（2）加强企业自身的现代化建设。企业要建立现代经营体制，包括企业的利益机制、决策机制、动力机制及约束机制等；实现经营管理设施现代化；具有现代经营管理人员。

（3）整合企业的营销。企业对内外部实行一体化的系统整合；整合企业的营销管理、营销过程、营销方式及营销行为，实现一体化；整合企业的商流、物流、信息流与资金流，实现一体化。

（4）借鉴国外企业的先进经验，特别是跨国企业的经营管理及整合营销。

4. 整合营销的实施

在整合营销实施的过程中需要把握4个关键层次。

第一层次，协调营销传播中所有可管理的部分，如广告、公共关系、人员推销、销售促进等，将其协调为一个连贯的、统一的整体，加强运作效力。对所有产品、所有市场的对外传播的手段和渠道的整合是整合营销的核心。

第二层次，整合企业的内部资源，企业内部的连贯性和一致性是营销传播一致性的保证。首先，企业必须建立相应的组织机构，使企业从以公司、以运作为导向转向以消费者为导向，在组织上保证整合营销的实施。其次，应确立消费者认识企业品牌的“关键点”。这些关键点就是消费者或潜在消费者了解品牌、产品类别及产品或服务提供商的基本信息。除品牌的传播效力外，产品、价格、渠道、销售促进的主要措施及方便实用的用户手册、产品包装、投诉解决程序等，都会对企业的发展产生影响。最后，以员工作为营销传播目标，这是第二层次的一个关键点，如果内部营销传播计划不支持或与外部营销传播计划不一致，则可能浪费近一半的营销传播费用。

第三层次，企业利用已确立的组织机构和技术能力，建立合理的内部信息传递通道和客户信息管理系统。主要包括两种形式：一种是企业内部信息以最优方式被传递给消费者、潜在消费者及其他人群；另一种是通过数据库的使用，实现对消费者和潜在消费者信息的有效管理。

第四层次，推动企业的战略决策与财务整合，主要解决企业资源分配和企业合作问题。

（四）文化营销

简单地说，文化营销就是利用文化进行营销。具体是指企业营销人员及相关人员在企业核心价值观念的影响下，所形成的营销理念与所塑造出的营销形象在具体的市场运作过程中所形成的一种营销模式。

麦当劳卖的仅是面包夹火腿吗？答案是否定的，它卖的是快捷、时尚、个性化的饮食文化。同理，企业向消费者推销的不仅仅是单一的产品，产品在满足消费者物质需求的同时还需满足消费者精神上的需求，给消费者以文化上的享受。这就要求企业转变营销方式进行文化营销。

文化营销既包括浅层次的构思、设计、造型、装潢、包装、商标、广告、款式，又包含对营销活动的价值评判、审美评价和道德评价。文化营销包括以下3层含义。

（1）企业需借助于或适应不同特色的文化环境开展营销活动。

（2）企业需将文化因素渗透到市场营销组合中，综合运用文化因素，制定出有文化特色的市场营销组合。

（3）企业应充分利用CI战略与CS战略，全面构筑企业文化。

【小案例 2-10】

C5 是雪铁龙引进中国的第一款中级车，担负着提升雪铁龙品牌形象的战略重任。在已有的中级车市场竞争格局中，日系车占据大部分市场份额，欧系车 C5 怎样才能取得营销成功?

确定推广策略：雪铁龙以新儒学文化为载体，逐步展现 C5“和而不同”的产品特质；通过与书法、书法名家等的互动，影响目标受众，让商务人群直观感受 C5 的品牌价值；借助与中国传统文化的无间结合，吸引媒体主动关注，扩大传播影响。

在推广执行中，雪铁龙以新儒学文化为核心，打出“逸天地，悦人生”的产品标语；召开以“水”为主题的新品发布会；举办以中国书法、画作艺术为主题的大使品鉴会和文化沙龙等，以此引发持续的新品热度，形成了良好的舆论环境。

【分析提示】

物质资源是会枯竭的，唯有文化才能生生不息。在知识经济时代，人们在消费物质形态产品的同时，更加注重消费文化形态的产品。给予产品、品牌以丰富的个性化的文化内涵，使产品成为文化的载体，是现代企业开展营销活动应遵循的原则之一。

（五）体验营销

体验营销是站在消费者的感官、情感、思考、行动和联想等方面，重新定义、设计一种思考方式的营销方法。这种思考方式突破了“理性消费者”的传统观念，认为消费者在消费时是理性与感性兼具的，消费者在消费前、消费中和消费后的体验才是产生购买行为与实现品牌经营的关键。

现代网络通信技术的飞速发展和生产技术的电子化、自动化、机械化，为体验营销的推行提供了良好的平台。现代网络通信技术可以大大提高消费者的参与度。从戴尔公司的直线营销为终端消费者提供个性化、人性化的网上订制服务到杰克·韦尔奇的“无边界管理”无不体现了“沟通零距离”的企业与消费者互动的体验营销新景观。企业应充分利用现代网络通信技术所提供的便捷手段，建立企业与消费者之间的网络系统。

体验营销注重消费者在消费过程中的体验，消费者的体验来自某种经历对感觉、心灵和思想的触动，这就要求企业将其产品和服务与消费者的生活方式联系起来，赋予消费者个体行动和购买时机更广泛的心理感受和社会意义。

企业实施体验营销时应注意以下几点。

1. 以消费者为中心

以消费者为中心是企业实施体验营销时的基本指导思想。体验营销首先要考虑体验消费的环境，然后要考虑满足这种消费环境的产品和服务。这是一种全新的营销思路，充分体现了消费者至上的理念。

2. 消费者体验

企业提供的消费者体验应该是经过精心设计和规划的，即企业要提供的消费者体验对消费者必须有价值并且富有创意。也就是说，消费者体验必须具有稳定性和可预测性。此外，在设计消费者体验时，企业还需关注每个细节，尽量避免疏漏。

3. 心理分析

当人们的物质生活水平达到一定程度后，其心理方面的需求就会成为其购买行为、消费行为的主要影响因素。因此，企业应该重视对消费者心理需求的分析和研究，挖掘出有价值的营销机会。为此，企业必须重视产品品位、形象、个性、感性等方面的塑造，力求营造出与目标消费者心理需求相一致的属性。

4. 产品和服务定制化

定制化的产品和服务与消费者的需求最为接近。大规模地定制可以将产品和服务模块化，从而更有效地满足消费者的特殊需求，为消费者提供优质价廉、充满个性化的产品。此外，电子邮件、网站、在线服务、电话、传真等通信手段，可以使企业迅速地了解消费者的需求和偏好，这也为产品和服务的定制化创造了条件。

5. 服务中增加体验成分

科学技术的发展使产品同质化的现象越来越严重，而服务更容易被模仿，所以在服务中增加体验成分可以更好地突出服务的个性化和差异化，从而更好地吸引消费者。

【小案例 2-11】

位于纽约耐克公司的耐克体验中心是实施终端体验营销的成功典范。一进入耐克体验中心，人们仿佛置身于一个体育运动博物馆和信息中心，能充分体会到体育力量和运动的美学理念。从旋转门进入，就像进入了体育赛场，眼前有几台录像机，其中有些正在现场直播体育赛事。开放式正厅给人一种体育馆的感觉，地面上铺着毯子，木制的座位、时钟及保护性挡球网……所有这些设计都是为了创造出与运动相匹配的整体印象。耐克体验中心成了人们体验的入口和游玩的好去处，人们对耐克体验中心情有独钟，恋恋不舍。

【分析提示】

耐克体验中心为消费者提供了个性化的体验，给人带来眼、耳和指尖的无数惊喜。这些感官的、理智的、情感的交流，相互重叠，紧密结合，产生了良好的效果。

（六）服务营销

服务营销是一种通过关注顾客，进而提供服务，最终实现有利交换的营销手段。它是企业在充分了解顾客需求的前提下，为充分满足顾客的需求在营销过程中所采取的一系列活动。作为服务营销的重要环节，“顾客关注”工作质量的高低将决定后续环节的成功与否，并影响服务营销整体方案的效果。

在“顾客关注”方面要注意以下 7 项原则。

（1）发展一个新顾客比留住一个已有的顾客花费更大。

企业在拓展市场、扩大市场份额的时候，往往会把更多精力放在发展新顾客上，但发展一个新顾客比留住一个已有的顾客花费更大。此外，调查资料显示，新顾客的期望值普遍高于老顾客。这使发展新顾客的成功率大受影响。不可否认，新顾客代表新的市场，不能忽视，但企业必须找到一个平衡点，而这个平衡点需要企业不断地进行摸索。

（2）尽快弥补损失，否则失去的顾客将永远失去。

每个企业对于自己的顾客群都有不同的划分，因而各顾客享受着不同的服务。但企业必须清楚地认识到一点，即每个顾客都是企业的“衣食父母”，不管他们为企业所做的贡献或大或小，企业都不应轻易放弃他们。

（3）畅通沟通渠道，欢迎投诉。

有投诉才有对工作改进的动力，及时处理投诉能提高顾客的满意度，避免顾客忠诚度的下降。畅通沟通渠道，便于企业搜集各方反馈信息，有利于市场营销工作的开展。

（4）顾客不总是对的，但要选择合适的方式告知并引导他们。

顾客不总是对的。企业必须及时发现并清楚地了解顾客与自身所处立场有差异的原因，告知并引导他们。当然这需要一定的营销艺术和技巧，不同的方法会产生不同的结果。

（5）顾客有充分的选择权。

不论是什么行业和产品，即使是专卖，企业也不能忽略顾客的选择权。市场是需求的体现，顾客是需求的源泉。

（6）倾听顾客的意见以了解他们的需求。

为顾客服务不能是盲目的，要有针对性。企业必须倾听顾客的意见，了解他们的需求，并在此基础上为顾客服务，只有这样才能做到事半功倍，提高顾客的忠诚度。

（7）站在顾客的角度，设身处地为其考虑。

企业在向顾客推荐新产品或是要求顾客配合进行一项合作时，必须站在顾客的角度，设身处地地为其考虑。如果自己认为不合理，就不要轻易尝试。

【小案例 2-12】

海尔是中国家电企业中最早重视向终端顾客提供个性化服务的企业。海尔认为服务也是一种产品，只有通过持续性服务产品的创新和优势，才能提升海尔形象，形成顾客忠诚度，从而拉开与竞争对手的差距。

海尔 1994 年的无搬动服务；1995 年的三免服务；1996 年的先设计后安装服务；1997 年的“五个一”服务；1998 年的星级服务一条龙，其核心内容是从产品的设计、制造到购买，从上门设计到上门安装，从产品使用到回访服务，不断满足顾客新的要求，并通过具体措施使开发、制造、售前、售中、售后、回访 6 个环节的服务制度化、规范化；1999 年海尔专业服务网络通过 ISO9000 国际质量体系认证；2000 年星级服务进驻社区；2001 年海尔空调推出无尘安装服务；2003 年海尔推出了“全程管家 365”服务。10 年来，海尔的服务已经历了10次升级，每次升级和创新都走在了同行业的前列。

海尔凭借出色的服务能力，不仅成为中国家电行业的领头羊，还跻身世界家电企业十强。在世界最受尊敬的企业排名中间，海尔已经连续多年位居中国企业前列。

【分析提示】

服务营销是企业营销管理深化的内在要求，也是企业在新经济形势下占据竞争优势的新要素。服务营销的运用不仅丰富了市场营销的内涵，而且提高了企业面对市场经济的综合素质，是当前企业竞争制胜的重要保证。

（七）电子商务与网络营销

电子商务是互联网爆炸式发展的直接产物，是网络技术应用的全新发展方向。互联网本身所具有的开放性、全球性、低成本、高效率的特点，成为电子商务的内在特征，并使电子商务大大超越了其作为一种新的贸易形式所具有的价值，不仅改变了企业本身的生产、经营、管理活动，而且影响了整个社会的经济运行与结构。具体来说，电子商务具有以下特点。

（1）电子商务将传统的商务流程电子化、数字化。一方面其以电子流代替了实物流，大量减少了人力、物力，降低了成本；另一方面其突破了时间和空间的限制，使交易活动可以在任何时间、任何地点进行，从而大大提高了效率。

（2）电子商务所具有的开放性和全球性的特点，为企业创造了更多的贸易机会。

（3）电子商务使企业可以以相近的成本进入全球电子化市场，使中小型企业有可能拥有和大企业一样的信息资源，提高了中小型企业的竞争能力。

（4）电子商务重新定义了传统的流通模式，减少了中间环节，使生产者和消费者的直接交易成为可能，从而在一定程度上改变了整个社会的经济运行方式。

（5）电子商务一方面破除了时空壁垒，另一方面又提供了丰富的信息资源，为各种社会经济要素的重新组合提供了更多的可能，从而影响了社会经济的运行和结构。

网络营销是指以现代营销理论为基础，以互联网为主要平台，为最大限度地满足顾客需求，实现开拓市场、增加盈利目标而进行的一系列经营活动过程。网络营销是企业整体营销战略中的重要组成部分，它的主要方法包括企业网站推广、网络广告、网上调研、客户服务及网上促销等，具体手段则包括电子邮件营销、博客与微博营销、网络广告营销、视频营销及媒体营销等。

【小案例2-13】

“凸面烤箱”是韩国一家厨房用具公司开发的一款小型微波炉，产品质量不错，但实力有限，一直打不开市场。后来，这家公司制定了网络营销策略，在全国范围内寻找了几十个有影响力的家庭主妇博主。这些博主平时经常会把自己生活的心得写在博客上，她们都有一大批同类的“粉丝”。这家公司调研后发现这些博客的粉丝与公司的目标顾客基本一致，于是就找到这些博主，给每人送了一台微波炉，请她们将产品的使用心得及利用微波炉烹饪的方法写在博客上。结果，微波炉销量大增，收到的效果比投入巨额广告费要好得多。

【分析提示】

现今，浏览博客已经成了人们的一种习惯。知名博客所发出的信息得到了广大的传播，博主的意见在很大程度上影响着“粉丝”们的思想。企业利用这些知名博主的博客来传播企业资讯，不仅能够达到低成本、快传播的目的，还能将潜在顾客转化为现实顾客，提高企业品牌认知度。

在互联网时代，人们已不再认可那些夸大且自吹自擂的广告了，而是更喜欢真诚的、客观的、有效的沟通和对话。企业运用现代网络信息技术，与顾客建立一种长期而稳定的对话机制，是企业获得忠诚顾客的最佳通道。这比仅仅通过广告媒体传播更为有效，更能获得顾客青睐。

项目总结

【内容要点】

市场营销观念经历了生产观念、产品观念、推销观念、市场营销观念和社会市场营销观念等的演变过程。随着经济的发展，市场营销面临新的挑战，企业及其营销人员必须以先进的经营理念为指导，紧紧围绕顾客需求，运用新的营销方式和手段来开展市场营销活动。

【实务要点】

把握现代市场营销观念的内涵；树立现代市场营销观念；运用新的营销方式和手段。

【复习与思考】

1．市场营销观念经历了哪几个演变阶段？请举例说明。
2．传统营销观念与现代营销观念的本质区别是什么？
3．简述整合营销操作思路。
4．在服务营销中如何提高顾客关注的工作质量？

项目综合实训（一）

我国方便面品牌繁多，可令人们真正动心的却寥寥无几，于是许多方便面企业感叹“人们的口味越来越挑剔了，真是众口难调”。

可是，日本一家食品公司——日清食品公司，始终坚持“只要口味好，众口也能调”的经营宗旨，从人们的口感差异性出发，不惜人力、物力、财力在食品的口味上下功夫，终于改变了美国人“不吃热汤面”的饮食习惯，使本公司的方便面成为美国人的首选快餐食品。

日本日清食品公司制订进军美国食品市场的计划之前，为了能够确定最佳“切入点”，曾不惜高薪聘请美国食品行业的市场调查权威机构，对方便面的市场前景和发展趋势进行了全面细致的调查和评估。但是，美国食品行业的市场调查权威机构所得出的调查评估结论却令日清食品公司大失所望。“由于美国人没有吃热汤面的饮食习惯，而是喜好‘吃面条时干吃面，喝热汤时只喝汤’，决不会把面条和热汤混在一起食用，由此可以断定，汤面合一的方便面是很难进入美国食品市场的，更不会成为美国人一日三餐必不可少的快餐食品。”日清食品公司并没有盲目迷信这种结论，而是派出自己的专家考查组前往美国进行实地调研。经过千辛万苦地商场问卷调查和家庭访问，专家考查组最后得出了与美国食品行业的市场调查权威机构完全相反的调查评估结论——美国人的饮食习惯虽呈现出“汤面分食，决不混用”的特点，但是随着世界各地不同种族移民的大量增加，这种饮食习惯在悄悄发生着变化。另外，美国人越来越注重食品的口感和营养，只要在口感和营养上多下功夫，方便面有可能迅速占领美国食品市场，成为美国人的饮食“新宠”。

日清食品公司基于自己的专家考查组调查的结论，从美国食品市场动态和消费者饮食需求出发，确定了“四脚灵蛇舞翩跹”的营销策略，全力以赴地向美国食品市场大举挺进。“第一脚”——他们针对美国人热衷于减肥运动的生理需求和心理需求，巧妙地把自己生产的方便面定位为“最佳减肥食品”。在声势浩大的广告宣传中，刻意渲染其方便面“高蛋白、低热量、去脂肪、剔肥胖、价格廉、易食用”等种种食疗功效；针对美国人重仪表的特点，精心制作出“每天一包方便面，轻轻松松把肥减”“瘦身最佳绿色天然食品，非方便面莫属”等具煽情色彩的广告语，挑起了美国人的购买欲望，获得了很好的营销效果。“第二脚”——他们为了满足美国人以叉子用餐的习惯，将适合筷子夹食的长面条加工成短面条，为美国人提供饮食之便；并从美国人爱吃硬面条的饮食习惯出发，一改方便面适合东方人口味的柔软特性，精心加工出稍硬的美式方便面。“第三脚”——由于美国人“爱用杯不爱用碗”，于是日清食品公司别出心裁地把方便面命名为“杯面”，并给它起了一个地地道道的美国式副名——“装在杯子里的热牛奶”，期望“方便面”能像“牛奶”一样，成为美国人难以割舍的快餐食品；他们根据美国人“爱喝口味很重的浓汤”的喜好，不仅在面条制作上精益求精，而且在汤味佐料上力调众口，使方便面成为“既能吃又能喝”的二合一方便食品。第四脚——他们从美国人食用方便面时总是“把汤喝光而将面条剩下”的偏好中，灵敏地捕捉到了方便面制作工艺求变求新的着力点，一改方便面“面多汤少”的传统制作工艺，研制生产了“汤多面少”的美式方便面，从而使“杯面”迅速成为美国人人见人爱的“快餐汤”。日清食品公司果敢挑战美国人的饮食习惯和就餐需求，以“投其所好”为一切业务工作的出发点，不仅突破了“众口难调”的产销瓶颈，而且打入了美国快餐食品市场，开辟出一片新的天地。

【案例讨论】

1．日清食品公司为什么能智取美国快餐食品市场?

2．日清食品公司在美国快餐食品市场的成功给了我们什么启示?

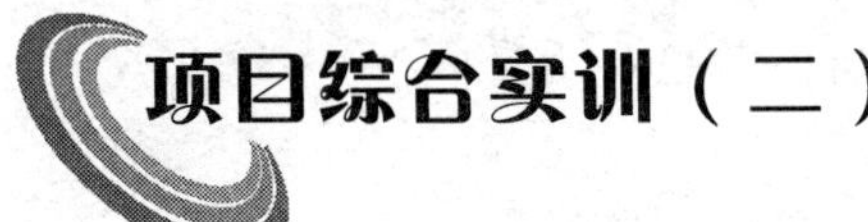

项目综合实训（二）

一、实训目的

通过深入实地认知与体验市场营销，加深对企业市场营销观念及其营销运作的理解和认识。

二、实训内容

1．走访企业，了解企业市场营销观念及其营销运作。

2．完成实训报告的撰写。

三、实训组织

该实践训练项目由指导教师与所指导班级利用实践教学时间组织进行。

1．根据班级成员总人数进行分组，5~6 人为一组。

2．各小组选一个组长协调各项工作，要求组员团结协作。

3．各小组选定一个企业，完成实训任务。

四、实训考核

1．各小组完成实训报告，并以 PPT 形式汇报。

2．教师讲评。

模块二 发现市场机会

模块描述

【知识目标】

- 熟悉市场营销调研的步骤与方法。
- 掌握市场营销环境分析的方法。
- 掌握消费者购买行为模式及购买决策过程。
- 明确影响消费者购买行为的因素。
- 掌握组织市场及其购买行为的特点。
- 把握市场竞争者的主要类型。

【能力目标】

- 初步具备发现市场机会的能力。
- 会撰写市场营销调研报告。
- 增强团队协作意识。
- 提高沟通交流能力。

模块分析

【知识点】

- 市场营销调研。
- 营销环境分析。
- 消费者购买行为分析。
- 组织市场购买行为分析。
- 市场竞争分析。

【技能点】

- 市场营销调研技术。
- 五力分析模型。
- SWOT 分析法。

市场营销调研

项目目标

【知识目标】

- 了解市场营销调研的含义和作用。
- 掌握市场营销调研的内容、步骤和方法。

【能力目标】

- 能制定市场营销调研方案，初步具备市场营销调研策划的能力。
- 能运用市场营销调研的方法和技术解决实际问题。
- 具备撰写市场营销调研报告的能力。

【素质目标】

- 增强团队协作意识。
- 提高沟通交流能力。

HW公司在汽车市场中占有重要份额，但由于国际能源市场竞争日趋激烈，HW公司现考虑开发新市场，进军新能源汽车市场，但感觉风险较大。HW公司应如何通过市场营销调研做出正确的决策？

市场竞争日趋激烈，消费需求复杂多变。企业只有密切关注营销环境的变化，了解竞争的态势，把握消费需求的动向，才能发现营销机会，规避可能存在的风险，制定正确的营销决策，从而在市场上占据主动地位。因此，做好市场营销调研成为企业关注的重点。

（一）市场营销调研的含义与作用

市场营销调研就是企业运用科学的方法，有目的、有计划地搜集、整理、分析和研究市场信息，了解市场的发展状况及变化趋势，发现市场机会和问题，从而为企业进行市场预测和经营决策提供科学的依据。其作用主要表现在以下几个方面：为企业经营决策和管理提供科学依据；有助于企业开拓市场，开发新产品；有利于企业在市场竞争中占据有利地位；促使企业不断提高管理水平，提高企业竞争力。

【小案例3-1】

一次，一个美国家庭住进了一位日本人。奇怪的是，这位客人每天都做笔记，记录美国人日常生活的各种细节，包括吃什么食物、看什么电视节目等。一个月后，这个日本人离开了美国。不久，丰田公司推出了针对当时美国家庭的需求而设计的物美价廉的旅行车，且大受欢迎。至此，丰田公司才在报纸上刊登了他们对美国家庭的研究报告，并向那户人家致歉，同时表示感谢。

【分析提示】

详尽、准确的信息使丰田公司做出了正确的判断和决策，取得了市场竞争的主动权。

（二）市场营销调研的原则

市场营销调研是通过搜集、整理、分析和研究市场相关信息，为企业经营决策提供科学依据的活动。企业在进行市场营销调研时需要遵循以下原则。

1. 科学性原则

市场营销调研不是简单地搜集信息资料的活动。为了在时间有限、经费有限的情况下获取更多、更准确的信息资料，必须对调研过程进行科学的安排。另外，要认真研究调研所采用的方法、对资料所做的分析等，以准确反映调研结果，使调研结果全面并具有内在的逻辑性。

2. 系统性原则

市场营销调研既要了解企业的经营实际，又要了解竞争对手的有关情况；既要认识企业内部因素，如组织机构、人员配备及管理方式等对经营活动的影响，又要认识社会环境因素，如政治与法律、科学技术、社会文化等对经营活动的影响。因此，市场营销调研一定要建立在系统的基础上，考虑市场环境的相互关系。缺乏系统性的市场营销调研往往是企业决策失误的重要原因。

3. 准确性原则

市场营销调研搜集的资料必须真实、准确、具有时效性；对调研资料的分析必须实事求是，尊重客观事实，切忌以主观臆造代替科学分析；同时，任何片面的、以偏概全的做法也是不可取的。调查资料要真实可靠，调查数据要科学精准，对调研结果的描述要准确清晰。

4. 经济性原则

经济性原则是一切经济活动都必须遵循的原则。市场营销调研不仅需要相关人员付出脑力和体力劳动，还需要其利用一定的物质手段，以确保调研工作的顺利进行和调查结果的准确。市场营销调研是一项费时、费力、费财的活动，在实施时要讲求经济效益，力争以较少的投入获得最好的效果。

5. 时效性原则

时效性原则是指搜集、整理、分析、研究调查资料的时间间隔要短、效率要高。在调研工作开始进行之后，要尽可能高效地搜集所需的信息资料，以缩短调研时间。调研工作的拖延不仅会增加不必要的费用支出，还会使生产和经营决策出现滞后，对生产和经营不利。

【小案例 3-2】

“清嘴”含片的生产企业在产品上市之初，经过调查研究后，将目标消费者锁定为青

年人。对于初步的成功，生产企业并没有进行有效的维护，而是将目标消费者扩大，相继推出“儿童型清嘴含片”“老年型清嘴含片”，但这遭到了消费者的排斥。

【分析提示】

没有对消费者进行充分的调查研究，而盲目地扩大目标消费者，这样即使在获得初步成功以后，也避免不了失败。

（三）市场营销调研的内容

市场营销调研的内容

一般来说，市场营销调研的内容主要包括以下几个方面。

1. 营销环境调研

营销环境包括人口环境、经济环境、政治与法律环境、社会文化环境、技术环境及自然环境等。通过对营销环境的变化及其对企业的影响进行调研，寻找企业新的发展机会，同时尽早发现可能出现的威胁，以做好应变准备。

2. 市场需求调研

市场需求调研包括需求量的调研、消费结构的调研及消费动机与行为的调研等。

3. 产品调研

产品调研主要包括产品生产能力调研、产品本身各种性能的好坏程度调研、产品的包装调研、产品生命周期的调研及产品价格的调研等。

4. 市场竞争调研

市场竞争调研的主要内容包括竞争者的类型、经济实力、生产能力、产品特点、市场份额、销售策略调研，竞争的优势和劣势调研及竞争战略调研等。

5. 营销活动调研

营销活动调研主要包括分销渠道调研、促销活动调研及销售服务调研等。

（四）市场营销调研的步骤

市场营销调研一般可分为3个阶段8个步骤来进行。

1. 第一个阶段——准备阶段

准备阶段的工作对市场营销调研具有重要意义，这个阶段的任务是进行初步情况分析，确定调研主题，主要包括2个步骤。

（1）初步情况分析。市场调研人员根据已掌握的企业内外部信息资料，如企业统计报

表、会计报表、用户来函等进行研究分析，比较企业过去与现在的营销情况，判断企业发生的变化，以探索要调研的主题。

（2）确定调研主题。经过初步情况分析后，就可以确定调研主题，并为调研计划的制订奠定基础。

2. 第二个阶段——实施阶段

实施阶段是市场营销调研的主要阶段，是市场营销调研过程的核心，主要包括 3 个步骤。

（1）制定市场营销调研方案。市场营销调研方案是指在正式调研之前，根据市场营销调研的目的和要求，对调研的各个方面和各个阶段所进行的通盘考虑和安排。市场营销调研方案是否科学、可行，关系到整个市场营销调研工作的成败。市场营销调研方案主要包括以下内容。

①调研的目的，即要说明“为什么要进行这个主题的调研”“通过调研能知道什么”“知道后将采取什么措施”等问题。

②调研的项目，即将调研的主题具体化，明确要调研的指标或因素。

③调研的对象，即要说明调研是面向所有消费者，还是某一部分消费者。

④调研的地点，即要说明调研是选择某一城市，还是几个城市；是选择某城市的一个区，还是特定的销售环境。

⑤调研的方式，即搜集信息资料的具体方法。

⑥人员的配备及日程安排。根据调研的具体内容来配备调研人员，同时对调研人员进行必要的培训，使其掌握市场营销调研的基本技能及调研程序等；在调研前要对调研过程中所要做的各项工作进行日常安排，并列出调研进度表，包括工作项目、所需时间、起止时间等。

⑦调研的组织管理。主要指明调研活动由谁负责统筹及监督管理等。

⑧经费估计。预算调研活动所需的费用。市场营销调研的费用主要包括问卷印刷费、文件资料费、交通费、调查费、差旅费、人员开支费及杂费等。

杭州休闲服务市场营销调研策划方案（节选）

一、调研背景

随着生活水平的日益提高，人们越来越注重自己的生活质量，不再只满足于物质享受，而更加注重精神享受。平时，大多数人因为忙于工作学习而不能好好地放松。因此，在假期，他们经常会选择到各地进行旅游。而杭州作为浙江省的省会，同时具有多处旅游景点及商场，因此吸引了众多游客。杭州旅游市场的繁荣初露端倪，各大旅游景点及各种休闲服务市场也做好了充分的准备，以迎接游客的到来。

为规范休闲服务市场秩序，深化诚信经营活动，构建和谐假日环境，各地休闲服务市场接待单位秉承诚信经营的理念，采取措施，为广大游客提供方便、优良的服务。杭州休闲服务市场继续围绕“诚信旅游”开展工作，组织开展休闲服务市场秩序联合检查，净化各类休闲服务市场经营环境，并结合休闲服务市场的情况，开展个性化和精细化服务活动，创造舒适文明的消费环境。

杭州休闲服务市场的各大休闲服务场所都有自己的服务体系，并且都在不断改进以满足众多游客的不同需求。因此，对杭州休闲服务市场的了解及把握是十分重要的。

二、调研目的

1．了解外来游客和当地市民对休闲服务市场的需求。

2．了解杭州休闲服务市场的状况。

3．了解外来游客和当地市民对杭州休闲服务市场的满意度及要求。

4．了解杭州周边休闲服务市场的状况。

三、市场营销调研内容

1．杭州休闲旅游市场开发战略分析。

2．杭州假期休闲旅游市场整体状况。

3．外来游客调研。

4．杭州市民休闲生活调研。

5．休闲服务市场状况。

四、调研对象

1．外来游客。

2．本地市民。

3．杭州城市建设。

五、调研方法

观察法、面谈访问法、文案调研法

六、调研日程安排

第一阶段：总体方案论证及初步方案设计（调研项目） 2天

第二阶段：搜集一些必需的资料 1天

第三阶段：确定项目及完成方案修改 1天

第四阶段：搜集第二手资料及实地调研 7天

第五阶段：统计调研资料、分析调研结果、撰写调研报告 3天

七、调研经费预算

外出调研路费 200元

资料打印费 100元

在外调研餐费 600元

公园门票 100元

共计 1000元

八、小组组员确定及工作安排（略）

（2）设计调查问卷。根据调研主题设计调查问卷是询问调查的关键。

调查问卷的结构一般包括标题、调查说明、调查题目及其选项、致谢词及附录资料等。设计调查问卷应遵循目的性、针对性、简明性、系统性和关联性等原则，按照以下步骤进行。

①明确调研目的，提出理论假设。必须根据调研目的确定调研内容，结合调研对象的特点提出一定的理论假设。

②进行探测性研究。在理论假设的基础上对调研对象进行适当的了解，把握调研对象对调研内容的认识程度，提高问卷的针对性。

③设计调查问卷初稿。把需要调查的项目变成一个个的问题，并按一定的顺序排列起来，形成调查问卷初稿。

④调查问卷的测试和修改。在小范围内选择调研对象进行测试，根据测试结果对调查问卷进行适当的修改，以提高调查问卷的科学合理性。

⑤定稿。

（3）实施市场营销调研，搜集调查资料。搜集调查资料是市场营销调研工作的重点，是将调研方案变成现实的关键环节。依据调研方案所选定的方法和时间安排，进行调研对象的选取、调查工具的制作并搜集调查资料。

3. 第三阶段——结果分析阶段

通过实施前一阶段，获得了大量的调查资料。为了保证资料的完整性、系统性、科学性和时效性，必须对调查所得的资料进行整理、分析等，具体包括 3 个步骤。

（1）整理、统计调查资料。对调查得来的零乱、分散、无序的资料必须进行严格的筛选，去伪存真、去粗取精，保证资料的真实可靠。同时，运用相关的统计模型做好资料的统计分析。

（2）完成调研报告。根据调查资料和分析结果写出调研报告，提供决策依据。

（3）实施调研追踪。根据调研结果制定决策并实施后，调研人员要进行追踪，并不断搜集新的信息，保证企业决策的正确性。

任务二　掌握市场营销调研的方法

市场营销调研是一个搜集、整理、分析和研究市场信息的系统工程。要想顺利完成调研工作，必须依据科学的程序，有计划、有组织、有步骤地进行。市场营销调研方法和技术的使用是否得当直接影响调研结果的质量。

（一）市场营销调研的方法

市场营销调研人员获得的资料分为第一手资料和第二手资料。第一手资料也称为原始资料，是市场营销调研人员通过现场实地调查所搜集的资料；第二手资料是由市场营销调研人员以外的其他人搜集或整理分析的资料。

1. 实地调查法

实地调查法

实地调查法是根据市场营销调研的目的、要求和调研对象的特点，直接接触调研对象取得第一手资料的方法。实地调查法具有针对性强、适应面广、真实可靠等优点，但由于需要大量的人力，调查涉及的范围较广，具有费时、费力、费财的缺点。

实地调查的主要方法有询问法、观察法和实验法。

（1）询问法。询问法是调研人员以询问为手段，从调研对象的回答中获得信息资料的一种方法。这是市场营销调研中搜集信息资料常用的方法之一。在实际运用中，询问法可分为面谈调查法、电话调查法、邮寄调查法及网络调查法。

面谈调查法是调研人员通过面对面地询问调研对象以获得市场信息的方法。调研人员要事先设计好调查提纲或问卷，调研人员可依顺序提问，也可围绕问题自由交谈。面谈调查法又包括个人面谈、小组面谈两种形式。个人面谈即调研人员通过与调研对象个人交流获得信息，如入户访谈、街上拦截访谈等。小组访谈通常是一个小组的调研对象共同出席座谈会，调研对象与调研人员相互启发思路，集思广益，从而使调研人员从中获得信息。这种方法的优点在于：具有高度伸缩性；面谈双方可相互启发，可获得较深入的资料和意外资料，所得资料真实性强；有观察机会。缺点是费用高、时间长等。

电话调查法是调研人员通过电话向调研对象询问有关调查内容和征询市场反应的调查方法。电话调查法具有经济、资料搜集速度快等优点。缺点如下：调研对象往往拒绝交谈，配合性差；图片、样品等在调查中无法应用等。

邮寄调查法是将设计好的调查问卷或表格等通过邮局寄送给调研对象，请他们按要求填写后再寄回，然后进行整理分析得到相关信息的方法。其优点有调查面广、调研对象的配合性可得到提高、费用低等。其缺点如下：回收时间长，影响资料的时效性；调研对象的不确定性降低了样本的代表性；回收资料的质量难以保证。为克服这些不足，提高调查问卷或表格的回收率和准确性，一方面要注意调查问卷或表格设计的科学性，并承诺在一定期限内寄回者有诸如参加抽奖的机会等；另一方面可充分利用现代信息网络技术，通过电子邮件传递相关信息。

网络调查法是指通过互联网及其调查系统对调查问题进行设计、搜集资料及分析整理的调查方法。它是随着信息技术的发展出现的，目前已成为主流调查方法之一。其优点有信息反馈及时、费用低廉、突破了时空制约、可控性强等。其缺点为获取信息的准确性难以判断、样本对象有一定的局限性，如一些针对高龄老人的调查可能不太适合采用此方法。在运用网络调查法时，要注意一些操作技巧，如尊重保护个人隐私、灵活使用图表色彩、注意问卷设计的时间等。

【小案例 3-3】

一家五金工具店店主想了解两个问题：

1．到他店里购买商品的顾客对他的店铺印象如何？

2．顾客对他的竞争对手的店铺印象如何？

他给予了少量经费，要求在3周内得到结果。你将推荐哪一种调查方法？为什么？

【分析提示】

街头拦截访谈法（对光顾过他的店的顾客进行拦截访谈）。

（2）观察法。观察法是指调研人员凭借自己的眼睛或者借助摄像录音设备和仪器，在现场对调研对象的情况直接观察，以获得信息资料的方法。一般来说，调研人员不与调研对象直接接触，因此具有客观、直接、自然、公正的特点。观察法的不足之处在于观察的是表面现象，而对消费心理、购买动机、收入情况等调研对象的内心活动及仅靠观察无法获得的资料就很难掌握了，所以这种方法要与其他方法结合使用，才能获得更详细的资料。

常用的观察法有人员观察法和机器观察法。

人员观察法又分为自然观察法和设计观察法。自然观察法是指调研人员在一个自然环境下观察和记录调研对象的行为举止，并且不让调研对象有所察觉一种方法。例如，调研人员站在超市货架旁边，默默观察和记录调研对象在货架前选择商品的行为和过程。设计观察法是指调研人员事先设计一种场景，并在设计好的且接近自然的环境中观察和记录调研对象的行为和举止。所设计的场景越接近自然，调研对象的行为就越真实。

机器观察法是指调研人员借助各种记录仪器对调研对象进行观察的方法。常用的观察机器有摄像头、交通流量计数器、脑电图、测瞳仪、阅读器等。机器比人员的费用更低、更加准确和隐蔽，这就提高了资料的可信度。

【小案例 3-4】

小王在互联网上意外发现了一个招聘“神秘购物者”的广告。经了解，“神秘购物者”受雇于一家与商家签约的企业，其平时以一个普通顾客的身份，应一些商家的要求到他们的商店“购物”，通过实地观察体验，了解产品在市场上的受欢迎程度及服务和管理等诸多方面的问题，然后将这些“情报”整理成报告，交给商家的老板。

有一家饭店抱怨最近顾客明显减少，于是小王被邀请去那家饭店“用餐”。当她走进那家饭店，点了几个法国菜和主食后，就开始频频看表，计算从服务员拿走菜单到把菜端到桌上所用的时间。另外，她还观察了饭店里的卫生情况。例如，她看到自己坐的这张餐桌上，虽然放着一些用于盛放各类开胃小零食的碟子，但早就空空如也。按理说，服务员应当立即将开胃小零食补上，或者将空碟子端走，可他们并没有这么做。于是，她将这一切都默默地记录了下来。再看看手表，已经过去了很长一段时间，可点的饭菜仍不见上来。回去后，她将自己在饭店的所见所闻写成报告，并提出改进建议，交给了这家饭店的老板。饭店老板根据她的建议对饭店进行一段时间的整顿后，饭店的生意的确和以前相比大有起色。

问题：小王采用的是哪种调查方法？

【分析提示】

小王采用的是“神秘顾客”观察法。“神秘顾客”是经过严格培训的调查人员在规定或指定的时间里扮演成顾客，通过实地体验，了解调查对象的服务和管理等方面的一种调查方式。因为调查对象事先无法识别神秘顾客的身份，所以该方式能真实准确地反映客观存在的实际问题。它在国外应用广泛，目前已经成为服务行业质量管理的一种常用方法。

（3）实验法。实验法是指从影响调研问题的诸多可变因素中选出一个或两个因素，将它们置于同一条件下进行小规模的实验，然后对实验结果做出分析、判断，以供决策。实验法的最大特点是把调研对象置于非自然状态下开展市场营销调研，通过对实验对象、实验环境及实验过程的有效控制，来分辨各因素之间的相互影响关系及程度。

实验法的优点是具有较大的客观性、实用性、主动性和可控性，实验的结论具有较强的说服力。它的缺点是花费时间长、费用高、管理控制比较困难、保密性差。实验法一般用于探索不明确的市场关系。

【小案例 3-5】

某食品公司希望通过改变产品包装来吸引消费者购买。该公司选定 A、B、C 3 家超市作为实验组，D、E、F 3 家超市作为控制组，在 A、B、C 3 家超市以新包装销售，在 D、E、F 3 家超市以旧包装销售，实验期为 1 个月。实验数据如下表所示。

组别	实验前 1 个月内销量	实验后 1 个月内销量	变动量
实验组（A、B、C）	X_1=1000 件	X_2=1600 件	600 件
控制组（D、E、F）	Y_1=1000 件	Y_2=1200 件	200 件

请确定该公司是否需要改变产品包装？

【分析提示】

由上表可以得出：实验后 1 个月内的销量差距$=(X_2-X_1)-(Y_2-Y_1)$

$=(1600-1000)-(1200-1000)$

$=400$

可以判断出采用新包装能扩大销售，所以该公司需要改变产品包装吸引消费者。

【小案例 3-6】

澳大利亚某出版公司曾计划向亚洲推出一本畅销书，但是不能确定用哪一种语言、在哪一个国家推出。后来，他们决定在一家知名的网站做市场营销调研。方法是请人将这本书的精彩章节和片段翻译成多种亚洲语言，然后刊载在网上，看看究竟用哪一种语言翻译的内容最受欢迎。过了一段时间后，他们发现，翻译成汉字的内容的网络用户访问最多。于是，他们跟踪一些留有电子邮件地址的网上读者请他们谈谈对这部书的反馈意见，结果大多数读者对这本书称赞不已。于是，该出版公司决定在中国推出这本书。这本书出版以后，受到了读者的普遍欢迎，获得了可观的经济效益。

问题：该出版公司采用的是什么调查方法？

【分析提示】

该出版公司采用了网络调查法和市场实验法（试销）。

2. 文案调研法

利用第二手资料进行市场调研的方法称为文案调研法。这是一种常用的调研方法，具有省时、省力、省费用的优点，但同时也具有时效性较差、片面性的缺点。

调研人员可利用互联网、在线数据库、市场书面资料及电子媒体等寻找第二手资料。

一般来说，文案调研法具有省时、省力、省费用的优点，但第二手资料可能存在严重缺陷。因此，调研人员在运用文案调研法进行调研时，为保证第二手资料的可靠性，需要特别注意以下原则。

（1）时效性原则。要求调研人员选用的第二手资料应能反映当前的市场状况，绝不能贪图简便，用已过时的资料来推断当前的市场状况。

（2）可比性原则。由于各国、各地区所处条件不同，数据搜集程序和统计方法也不同，从不同国家、不同地区得到的数据有时是无法进行比较的。

（3）相关性原则。要求调研人员必须研究其搜集的资料是否切中问题，牵强附会只能得出错误的分析结论。

（4）科学性原则。要求调研人员深入研究第二手资料，推敲第二手资料的科学性，以提高资料的精确度。

（5）效益性原则。要求调研人员在选用第二手资料时应考虑所用资料是否能被迅速、方便、便宜地使用。

（二）根据调研项目确定所需使用的调研方法

市场营销调研的方法多种多样，其选择的合理与否对调研结果影响很大。在实践中必须综合考虑多方面的因素，根据任务要求和对象特点的不同，选择恰当、合理的市场营销调研方法。

1. 影响调研方法选择的因素

（1）调研对象。根据调研对象范围的大小选择不同的调研方法。例如，调研对象的范围比较大时，一般选择询问法中的电话调查法和邮寄调查法。

（2）搜集信息资料的能力。虽然每一种调研方法都能够达到搜集信息资料的目的，但不同的调研方法在搜集信息资料方面的能力也不相同。例如，在询问法中，面谈调查法的信息搜集能力就较强，质量也比较高，而邮寄调查法搜集信息资料的能力相对就比较弱。

（3）调研经费。调研经费是影响调研方法选择的一个重要因素。观察法、询问法中的电话调查法和邮寄调查法所花费的费用相对较少，实验法及询问法中的面谈调查法所花费的费用相对较高。

（4）时效性。如果时间较短，一般选用观察法、询问法中的电话调查法和面谈调查法等；如果时间较长，可以考虑使用实验法和询问法中的邮寄调查法。

2. 调研方法的选择

在市场营销调研中，没有一种调研方法是完美的。因此，要综合考虑各种因素，结合实际情况，选择一种或多种方法进行市场营销调研。例如，在一次市场营销调研中，调研人员向调研对象发放需要填写的调查问卷，然后采用电话调查法进行追踪。两种方法结合使用，收到了良好的效果，得到了97%的调研对象的电话合作，同时调查问卷的回收率达到了90%。

任务三 运用市场营销调研技术

（一）设计调查问卷

调查问卷的设计

调查问卷是指市场营销调研中使用的以问题的形式系统地记载所需要调研的具体内容，以搜集第一手资料的书面文件，它是国际通用的市场调研基本工具。

调查问卷的主要功能是全面记录和反映被调查者的回答，为企业管理人员提供较为真实的信息。统一的调查问卷还便于资料的统计和整理。

1. 了解调查问卷的结构

调查问卷一般由7个部分构成：问卷标题、说明信、填表说明、问卷正文、被调查者项目、结束语、编码。

（1）问卷标题。不要简单采用“问卷调查”这样的标题，标题要简明扼要地展示调研主题，易于激发被调查者的兴趣。例如，《关于大学生择业观的调查》《我与爱车——重庆市居民用车状况调查》等。

（2）说明信。说明信是为了吸引被调查者的注意，激发他们的兴趣，以取得他们的配合。这部分文字一定要精练，并具有强烈的吸引力。说明信直接影响被调查者的合作态度及合作程度，从而影响到调研结果。

《关于我院图书馆使用情况调查》问卷说明信

亲爱的同学：

您好！我们是2017级市场营销班的学生，为了了解我院图书馆的使用情况，我们特邀您参加此项调查，您宝贵的意见和建议将成为我们学习资源建设的重要参考材料。本次调查采取随机抽查不记名的方式，我们对您的回答将予以保密，我们期待能收到您填写完整的问卷，谢谢。

（3）填表说明。在调查问卷中，如果涉及有关专有名词的含义、公式计算、注意事项及要求等，应进行解释说明，以便于被调查者的理解和合作。例如，填表说明——请在每一个问题后您认为合适的答案号码上打上“√”或者在____处填上适当的内容。

（4）问卷正文。这是调查问卷的主要部分，具体指需要调研的具体项目和问题。如何确定好调研项目和问题是调查问卷设计的关键，也决定了调研的成功与否。首先，根据调研主题及调研内容确定出具体的调研项目，并对具体的调研项目进行分析；然后针对每一个具体的调研项目，根据对问题的了解程度，确定选用何种方式提问。

调查问卷的提问方式有两类：封闭式提问和开放式提问。

第一类，封闭式提问。要求被调查者从事先拟定好的备选答案中选择答案，它包括单项选择、多项选择、程度评定、语义差别、比较法等多种形式。封闭式提问的优点是便于统计和分析，因此在问卷中应占大部分比例；其缺点是答案范围比较小，具有不同程度的强制性。

第二类，开放式提问。具体是指对所提出的问题，被调查者可以不受任何限制地自由回答。它的优点是答案比较全面，缺点是答案分散，不易统计。在一份调查问卷中，开放式提问不宜过多。

（5）被调查者项目，也称被调查者的基本情况，如姓名、性别、年龄、职业、文化程度、居住地区等有关内容。在设计调查问卷时，被调查者的基本情况究竟选择哪些，要根据调研目的和要求来确定。例如，对于电视机需求的调研，与被调查者的年龄、职业、收入及居住面积等有关，而与其所居住的地区关系不大。

（6）结束语。一般在调研内容完成以后，要向被调查者表示谢意。注意语言一定要简练，起到画龙点睛的作用。例如，感谢您的回答，您的意见对我们很重要，祝您一切顺利！

（7）编码，包括调查问卷的编号和每一个具体项目的编码。通常情况下，一项调研工作涉及多份调查问卷，为了便于统计，通常对调查问卷进行编码；为了便于分析，对调查问卷中的具体问题也要进行编码。

2. 调查问卷的设计

根据调研目的和内容的不同，调查问卷的设计在形式和内容上也有所不同，但无论是哪种类型的调查问卷，在设计过程中都必须注意以下要点。

（1）围绕主题，重点突出。每一份调查问卷都是为了达到某种调研目的而设计的，因此调查问卷的设计一定要围绕本次调研的主题，突出重点，兼顾其他。

（2）明确针对人群。调查问卷题目的设计必须有针对性，对于不同层次的人群，必须充分考虑被调查者的文化水平、年龄层次和协调合作的可能性，做到语言措辞得当、题目选择有的放矢。

（3）确定问题排列顺序。调查问卷中问题排列须合理有序，并注意各个问题之间的逻辑性，否则会影响被调查者的兴趣、情绪，进而影响其合作的积极性。

一般而言，调查问卷的开头部分应安排比较容易的问题，中间部分应安排核心问题，结尾部分应安排一些背景资料问题，如年龄、收入、职业等较敏感性的问题。在不涉及敏感性问题的情况下也可将背景资料安排在开头部分。

同样，可以把能激发被调查者兴趣的问题放在前面，而枯燥的问题放在后面；也可以将封闭式问题放在前面，开放式问题放在后面。

（4）合理设计问题。问题的设计应简明扼要、准确无误、浅显易懂，问题的数量不宜过多、过散，回答问题所用的时间最好不超过半小时。

（5）科学设计问题，便于数据统计和分析。具体应做到：题目的设计容易录入；可进行具体的数据分析；即使是主观性的题目在进行文本规范时也要有很强的总结性。只有这样，才能使整个环节更好地衔接起来。

（二）全面调查与抽样调查

1. 全面调查

全面调查又称普查，是对调查对象的所有单位逐个进行调查的调查方式。例如，要掌握全国人口总数及构成情况，就需要对全国每一户居民进行调查。

全面调查的优点是资料全面准确，缺点是需要耗费较多的人力、物力、财力和时间。因此，全面调查通常只用来反映最基本、最重要的社会经济现象资料。全面调查主要适用于政府组织关于人口、经济、社会民生的调研及小范围调研。

2. 抽样调查

按照一定方式从调查总体中抽取部分样本进行调查，用所得结果说明总体情况的调查，即为抽样调查。抽样调查是一种专门组织的非全面调查。随着数理统计和计算机技术的发展，抽样调查成为现代市场营销调研中一种基本调查方式。

抽样调查具有经济、及时、准确和高效等特点，可以节约大量的人力、物力和财力，同时又能较快地取得同市场普查大致相同的效果。但其也存在调查结果容易产生误差的不足。

（1）明确抽样调查的关键。抽样调查的关键在于如何抽取好样本。为此，首先要正确地确定抽取样本的方法，使抽选出的样本具有较高的代表性；其次，要恰当地确定样本的数目，一般应与总体数量呈正比例变动；最后，要加强抽样调查的组织工作，及时发现问题、及时纠正，确保调查工作的质量。

（2）掌握抽样的类型和方法。市场抽样调查包括随机抽样和非随机抽样。两者既有区别又有联系，并且各有利弊，分别适用于不同的市场调查。

①随机抽样调查。随机抽样调查是按照随机原理抽取样本，即在总体中抽取单位时，完全排除人的主观因素的影响，使每一个单位都有同等被抽中的可能性。这种方法有助于调查人员准确地计算抽样误差，从而提高调查的精确度，适用于定期的市场营销调研。

根据调研对象的性质和研究目的的不同，随机抽样调查可分为4种基本形式。

第一，简单随机抽样，也称纯随机抽样。就是在调查对象总体中不加任何分组、划分类别，完全随机抽取若干调查单位作为样本。

简单随机抽样常采用以下方法。

抽签法。当总体数量较少，并且有现成的可用于抽取的材料时，可选用抽签的方法。例如，对某校学生进行抽样调查时，由于每个学生都有学号，可以由计算机抽取 10 个或 20 个不重复的随机数作为样本。

使用随机数表。先将总体中的全部个体分别标上 1 至 n 的号码，然后利用随机数表随机抽取所需的样本。

其他方法。例如，使用计算机产生随机数；使用普通骰子反复投掷产生随机数等。

单纯随机抽样的优点在于方法简单，易于理解，降低选样中的主观性；缺点是样本可能不够典型，彼此差别较大。这种方法适用于总体单位数量不大，或总体差别性不大且容易得到总体清单的较大总体的情况。

第二，等距随机抽样，也称系统随机抽样或机械抽样，是把调查对象总体按照随机的顺序排列，再按照一定的间距选取样本的方法。一般适用于大规模调查。例如，从 6000 名大学生中抽取 500 名进行调查，可以利用学校现有的学籍卡按顺序编号，从第 1 号编到第 6000 号，计算抽选距离为 12 人（6000/500），假如从第一个 12 人中用简单随机抽样方式抽取的第一个样本单位是 8 号，则以 12 为间隔，抽取的第二个样本单位数应是 20，以此类推，之后的样本单位是 32、44、56……

等距随机抽样的优点是操作简单，对总体的推断误差较小。

第三，分层随机抽样，也称分类随机抽样或类型随机抽样。就是先将调查对象总体按照一定的标志分层（类），然后在各层（类）中采取单纯随机抽样或等距抽样抽取样本的抽样方式。当总体具有明显的分层特性时，采用分层随机抽样的方法可提高抽样效率。一般来说，分层随机抽样的抽样误差是几个方法中最小的。

采用分层随机抽样时需要注意：选择好分层的依据，要有明确的分层界限；要知道隔层中的单位数目和比例；分层的数目不宜太多。

例如，调查城市居民消费水平可以选用居民家庭收入水平作为分类标志，将总体划分为高收入、中等收入和低收入 3 层（类），然后在 3 层（类）分别采用单纯随机抽样或等距随机抽样来抽取样本。

第四，整群随机抽样，也称集团抽样。就是依据总体的特征，将其按一定标志分成若干不同的群（组），然后对抽中的群（组）中的单位进行调查的一种随机抽样方法。在实际操作中，整群抽样最重要的特征是组建样本的多阶段性。例如，假设某大学有 100 个班级，每班都有 30 名学生，总共有 3000 名学生。现要抽取 300 名学生作为样本，可以采用整群随机抽样的方法，从全校 100 个班级中，采取简单随机抽样的方法抽取 10 个班级，然后由这 10 个班级的全部学生（300 名）构成样本。

整群随机抽样的可靠程度主要取决于群与群之间差异性的大小。各群间的差异越小，整群随机抽样的调查结果就越准确。因此，在大规模的市场调查中，当群体内各单位间的差异较大，而各群之间差异较小时，最适于采取整群随机抽样。

②非随机抽样调查，也称非概率抽样调查。它是按照调查人员的主观意志设立的某个标准，从方便出发来抽取样本。非随机抽样调查无法估计和控制抽样误差，无法根据样本的定量资料采用统计方法来推断总体。因此，在非随机抽样调查的条件下，事先无法确定一个单位进入样本的概率，也无法了解到一个单位以何种方式被抽中。但非随机抽样调查

简单易行，尤其适用于探索性研究。实践中的经常性市场营销调研适用此法。

非随机抽样方法主要有以下几种。

任意抽样法，也称偶遇抽样法或便利抽样法，是为了调查方便而任意抽取调研对象的一种方法。“街头拦截法”“方位选择法”是任意抽样法的两种最常见的方式。例如，要调查某商场的消费者满意度情况，调查人员访问在商场内外逛街的市民。

任意抽样法最大的优点是简便易行，能够及时获得所需的信息，省时、省力，节约调查支出；不足之处是取得的样本偶然性较大、代表性较差，结果可靠性低。因此，一般常用于非正式的探索性研究，如试查或预备性调查。

判断抽样法，也称目的抽样法，是指调查人员凭主观意愿、经验和知识，从总体中选择他认为具有代表性的样本进行调查。在实际操作中，可以由专家判断选择样本或利用统计资料判断选择样本。例如，某次市场营销调研要求对象是“单位中对空调采购有发言权的人”，调查人员就根据自己的判断，在一个单位的所有人员中进行选择。

在许多调查中，使用判断抽样法的效果并不好。判断抽样法在样本规模小及样本不易分门别类挑选时有较大的优越性。

配额抽样法，也称定额抽样法或计划抽样法，是指将总体中的所有单位按一定的标志分为若干组（类），确定各组（类）样本分配的数额，然后在每组（类）中用任意抽样方法选取样本的一种抽样方法。它是非随机抽样中较为流行的一种方法。

配额抽样法事先要对样本的结构进行一些人为的规定。例如，在实际操作中，要求调研对象中有30%是学生，30%是机关干部，40%为其他职业者，则调查人员在进行调查时，就需要严格按照这一配额来进行抽样。

滚雪球抽样，即像滚雪球一样，以少量样本单位为基础，逐步延伸获取更多样本的方法。例如，我们要调查已退休的老年群体，可以以少量退休老人为基础，让他们介绍身边的退休老人作为样本。

以上调研方法各有其优缺点，调研人员必须根据所要达到的调研目的，参照调研本身的限制因素来权衡利弊，以确定特定的调研方案。

技能训练3-1 拟定关于学生食堂服务质量的调研方案

一、训练目的

1. 熟悉调研方案的基本内容。
2. 掌握问卷调查设计的基本程序和方法。
3. 培养起草调研方案的能力。

二、训练内容

1. 具体任务如下。

（1）设定调研项目。

（2）选择调研方法。
（3）建立调研机构，配备调研人员。
（4）设计调研组织。
（5）确定调研进程。
（6）起草调研方案。
2．任务要求具体如下。
（1）调研项目要具体，用一系列问题进行描述。
（2）调研方法的选取要适当。
（3）调研机构与调研人员自行设定，合理即可。
（4）要认真考虑如何组织这次调研活动，不要遗漏重要内容。
（5）调研进程的确定要根据各个阶段的工作量来进行。
（6）不考虑调研费用。

三、训练组织

该实践训练项目由指导教师与所指导班级利用实践教学时间组织进行。
1．根据班级成员总人数进行分组，5～6人为一组。
2．各小组选一个组长负责组内工作，要求组员团结协作。
3．各小组完成实训项目具体任务的实施。
4．各小组讨论并拟定相应调研方案，撰写实训报告。
5．各小组实训作业展示、评定成绩。

四、训练考核

在班级成员中选出学生代表为评委，各小组最终成绩取评委评分的平均数。
1．实训报告（翔实性、价值性）50分。
2．小组代表的表述（台风、语言）30分。
3．附加分（团队协作、报告形式）20分。

任务四　撰写与口头展示市场营销调研报告

撰写和口头展示市场营销调研报告是市场营销调研工作的最后阶段，也是整个市场营销调研工作成果的集中体现。市场营销调研报告是调研人员对市场营销调研成果的总结及对调研结论的说明，是综合反映市场营销调研成果的文字表现形式。撰写市场营销调研报告是市场营销调研的一个重要步骤。

（一）市场营销调研报告的种类

按照报告呈递形式的不同，市场营销调研报告分为以下两类。

1. 书面调研报告

以书面形式表达的市场营销调研结果可以以 Word、Excel、PDF 等格式呈现。

2. 口头调研报告

市场营销调研的主持人以口头陈述形式向委托方汇报市场营销调研结果，如以 PPT 形式进行汇报展现。

（二）撰写市场营销调研报告应遵循的原则

1. 真实性原则

报告内容应该真实、客观地反映实际情况，不故意隐瞒真相，也不夸大其词，用事实来说话。

2. 目的性原则

报告应反映调研目的，不要遗漏需要说明的事项，也不要添加与调研目的无关的事项。

3. 准确性原则

报告所使用的数据应准确无误，避免使用含糊不清、空洞和抽象的文字。

4. 简明性原则

报告应力求简洁，内容清晰，语言精练，层次分明，便于理解。

5. 逻辑性原则

报告的结构要合理，推理要正确。

（三）市场营销调研报告的格式

市场调研报告的格式

市场营销调研报告的格式应根据调研组织单位的要求和调研目的来确定。一份完整的市场营销调研报告一般包括以下几个部分：封面、目录、摘要、正文和附件。

1. 封面

封面也称扉页，主要记载调研报告的标题、调研实施单位的名称、报告的日期等内容。

调研报告可以采用正副标题的形式，一般正标题表达调查的主题，副标题具体表明调查的单位和问题。标题的形式具体包括以下 3 种。

（1）“直叙式”标题是反映调查意向的标题。这种标题简明、客观，一般市场营销调研报告多采用这种标题，如《关于重庆空调市场的调研报告》《关于大学生月消费情况的调研报告》。

（2）“表明观点式”标题是直接阐明作者的观点、看法或对事物的判断、评价的标题，如《空调削价竞争不可取》。

（3）“提出问题式”标题是以设问、反问等形式突出问题焦点，以吸引读者阅读并引发思考的标题，如《××牌空调为何如此畅销》

2. 目录

当调研项目较大、调研报告较长的时候，应该使用目录或索引列出主要纲目及页码，以便阅读。报告中的表格和统计图也应编写出相应的图表目录。

3. 摘要

摘要是整个报告的精华。摘要主要说明调研的由来或接受委托的情况、调研目的、调研项目、调研对象、调研范围、调研起止时间、调研方法及调研主要人员等内容。

4. 正文

正文是调研报告最重要的部分，应根据具体的调研目的和调研内容充分展开。正文主要包括调研过程概述、调查资料说明、调查资料分析、调研结论与建议。正文部分是根据对调查资料的统计分析结果所进行的全面、准确的论证，包括问题的提出及引出的结论。

5. 附件

附件是调研报告正文没有包含的内容或是对正文结论的说明，是对正文的补充或是更为详细的专题性说明。附件可以是大量的、一系列的文件。例如，在附件中收录问卷样式、抽样技术、参考文献及详细的统计表等。

市场营销调研报告示范格式

1．题目：题目主要包括调研主题、报告日期、报告使用人、撰写人或报告者。

2．目录：目录主要包括报告所分章节及其相对应的起始页码，报告中的表格和统计图也应编写图表目录。

3．调研目的：说明这次调研活动的动机、所要了解的问题及需要检定的统计假设。

4．调研方法：对调研过程中所使用的调研方法、选取的样本类型、调研得到的结果等进行简要说明。

5．调研结果和局限性：调研结果在调研报告正文中占较大篇幅。报告要按一定的逻辑顺序展开，并紧扣调研目的。调研结果主要用叙述的形式表述，同时应有一些总括性的表格和统计图。在调研报告中，撰写人员还应指出报告的局限性，让使用者在决策时有所考虑。

6．结论与建议：这是调研报告中最实质性的部分。其中应阐述调研所得的主要结论及调研人员针对结果所提出的建议。

7．附录：在附录部分收录相关问卷、抽样技术、参考文献、详细的统计表、搜集的资料编码表等不宜出现在正文部分的太详细或太过于专业化的资料。

（四）撰写市场营销调研报告应注意的事项

撰写市场营销调研报告是充分体现市场营销调研质量的关键环节。如果报告写得拙劣，即使是较好的调查材料也会黯然失色。因此，一篇高质量的调研报告，除符合一般的格式，具有很强的逻辑性以外，还必须具有一定的撰写技巧、写作风格及表现手法。撰写调研报告通常应该注意以下事项。

（1）调研报告既不是流水账，也不是数据资料的堆砌。撰写时不能只停留在表面就事论事，过于简单，也不要过多地堆砌数字，运用数据要适当。调研报告的论证部分必须与调研报告的主题相符，必须具备明确的观点，通过定量分析和定性分析的结合，达到透过现象看本质的目的。

（2）调研报告要突出重点。资料的搜集要有选择性，不能反映主题的就坚决地予以剔除。

（3）调研报告的篇幅长短应根据调研目的和调研内容来确定，宜长则长，宜短则短。

（4）调研报告要求语言流畅自然、逻辑严谨、用词恰当，避免使用专业性过强的术语。

（五）口头展示市场营销调研报告

口头展示市场营销调研报告是对书面市场营销调研报告的补充。口头展示市场营销调研报告可以通过生动直接的形式，帮助委托方理解和认识市场营销调研报告的内容，可以搜集各种不同意见，实现有效沟通。口头展示市场营销调研报告通常应该注意以下事项。

（1）做好准备工作。例如，准备好汇报提要、最终文本报告，精心制作汇报 PPT，事先对场地和多媒体设备进行必要的测试等。

（2）使用通俗易懂的语言。要求语言简洁，有趣味性和说服力，使听众易听、易懂。

（3）借助图表进行展示。图表应清晰易懂，便于听众认知。

（4）演讲者要充满自信，保持与听众的目光接触。

（5）把握好展示报告的时间。在规定的时间内结束，展示报告的时间既不能太短又不能太长。

技能训练 3-2 撰写关于学生食堂服务质量的调研报告

一、训练目的

1．熟悉调研报告的主要内容和撰写要求。
2．初步掌握调研报告撰写的方法和技巧。

二、训练内容

1．具体任务。
（1）完成“关于学生食堂服务质量的调研方案”的实施。
（2）归纳调研结论。
（3）对改进食堂服务质量提出合理化建议。
（4）撰写调研报告。
2．任务要求。
（1）调研活动的实施要按照技能训练一拟定的方案进行，不可随意更改。
（2）根据统计分析的结果归纳调研结论。
（3）提出的建议要具体，要与调研内容相结合。
（4）调研报告的内容要完整，结构要合理。
（5）调研报告按照教材给出的示范格式进行撰写。

三、训练组织

该实践训练项目由指导教师与所指导班级利用实践教学时间组织进行。
1．根据班级成员总人数进行分组，5～6 人为一组。
2．各小组选一个组长负责组内工作，要求组员团结协作。
3．各小组完成实训具体任务的实施。
4．各小组讨论并完成调研报告的撰写。
5．各小组实训作业展示、评定成绩。

四、训练考核

在班级成员中选出学生代表为评委，各小组最终成绩取评委评分的平均数。
1．实训报告（翔实性、价值性）50 分。
2．小组代表的表述（台风、语言）30 分。
3．附加分（团队协作、报告形式）20 分。

项目总结

【内容要点】

市场营销调研就是运用科学的方法，有目的、有计划地搜集、整理、分析和研究市场信息，了解市场的发展状况及变化趋势，发现市场机会和问题，为企业进行市场预测和经营决策提供科学的依据。

市场营销调研需要遵循科学性、系统性、准确性、经济性及时效性原则。

市场营销调研的主要内容有营销环境调研、市场需求调研、产品调研、市场竞争调研及营销活动调研等。

市场营销调研的方法主要有实地调查法和文案调研法。实地调查法是获得第一手资料的重要方法，文案调研法是获得第二手资料的重要方法。常用的实地调查法有观察法、询问法和实验法。

【实务要点】

市场营销调研的步骤；市场营销调研方法的选择；调查问卷的设计；撰写调研报告。

【复习与思考】

1. 市场营销调研应遵循怎样的原则？
2. 市场营销调研的主要内容有哪些？
3. 市场营销调研的方法有哪些？
4. 联系实际简要说明调查问卷的设计要点。
5. 简述抽样调查的类型和方法。

项目综合实训

巴克希尔食品公司的销售经理迈克·吉尔正在与公司的广告代理商讨论巴克希尔咖啡的广告设计。

吉尔先生刚刚参加了一个关于心理感应的会议。会议指出，尽管有“不能以貌取人”的谚语，但在实际的人际交往中，一个人对另一个人的第一印象很大程度上取决于他的外表的吸引力。其研究结果简单地说就是“美的就是好的”。会议上用来引证这个观点的例子，给人留下了很深的印象。然而，吉尔先生印象更为深刻的是，一个人对另一个外表吸引人的人的好感并不取决于与其的实际交往。如果我们把外表吸引人和不吸引人的照片都给判断者看，就会发生这种情况。

吉尔先生认为这种认识有利于巴克希尔咖啡的广告设计。他建议在广告中应出现一个很有魅力的女性形象。而广告代理商则持相反的观点，他们认为用外表并不出众的人做广告会使广告更为可信和有效。另外，广告代理商还建议用男性形象而不是用女性形象来做

广告。经过充分讨论后，广告代理商建议进行如下的实验以回答这些问题：应该用外表吸引人的，还是外表并不出众的人做广告？应该用男性形象还是用女性形象？

实验设计：

准备4个相同的广告，唯一的区别是广告中手拿咖啡的人不同。4种人分别是有魅力的男士、有魅力的女士、普通的男士和普通的女士。为测试每种形象的吸引力，让每一组被测者看20张照片，男女各10张，然后评分，最低分为1分，最高分为7分。最高分和最低分被实验广告采用。

4种广告就产生了。接着，在纽约市的电话号码簿上通过随机抽样方式选择参加实验的被测者。96名被测者到广告商总部后，被随机地分派到某个广告的实验组中。首先，48名男士和48名女士被随机地分为12组，每组4人，每个人只能看到一个实验广告，另外还有3个虚构广告，用来掩盖实验广告。每个被测者所看到的虚构广告是一样的。在实验开始时，对每个被测者做以下介绍：我们希望得到你们关于实验广告的观点；每次将向你们出示4个广告，看过之后，将询问你们对广告及广告中的产品的反应。请注意这个实验并不是比较哪一个广告更好，你们在评价时无须把4个广告相互比较，仅就各个广告本身进行评价。

实验者把第一个广告给被测者观看。被测者看完之后，广告被拿走；实验者再给被测者一份样本调查表。填完表后，再给第二个广告，重复上述过程。在实验过程中，被测者不能再回头看已经看过的广告。为了使被测者适应这个实验，实验广告通常放在第三个。样本调查表具体如下所示。

请你就广告在下列方面给予评价（按5个等级进行评价，“1”为最低，“3”为中间状态，“5”为最高，请圈出相应数字）。

乏味的	---1---2---3---4---5---	有趣的
不吸引人的	---1---2---3---4---5---	吸引人的
不可信的	---1---2---3---4---5---	可信的
印象浅的	---1---2---3---4---5---	印象深的
信息性弱	---1---2---3---4---5---	信息性强
模糊的	---1---2---3---4---5---	清楚的
不惹眼的	---1---2---3---4---5---	惹眼的
您对以上广告的总体印象是什么？		
不喜欢	---1---2---3---4---5---	喜欢
就产品本身而言，你认为这个产品与其他厂家生产的类似产品相比如何？		
平常	---1---2---3---4---5---	突出
你愿意尝试一下这种产品吗？		
绝对不愿意	---1---2---3---4---5---	绝对愿意
如果你碰巧在商店看到这种产品，你愿意购买吗？		
绝对不愿意	---1---2---3---4---5---	绝对愿意
你愿意在商店中寻找出这个产品然后买它吗？		
绝对不愿意	---1---2---3---4---5---	绝对愿意

标准：

上表中选择的内容是为了测试被测者的认知度、情感与意向。一般来说，认知度可通过可信性、信息性和清晰性来检验；情感可通过趣味性、感染力、吸引力和引人注目的程度来检验；意向性则通过调查表最下面的3种行为倾向的内容来检验。

这些预先制定的标准并不是严格确定的，如果分析中涉及的趣味性的基本内容与这3个标准都没有关系，就不予考虑。对每个标准的反应总和就是每个标准的总分。对这些分数进行分析后可得出以下结论。

1．有魅力的男士产生的认知性分数最高。

2．有魅力的形象在异性被测者中产生的情感分数最高。

3．有魅力的男士在女性被测者中的意向分数最高。同时，普通的女士在男性被测者中的意向分数最高。

在这些结论的基础上，广告代理商建议在广告中采用有魅力的男士。

资料来源：陆娟. 市场营销研究——理论与实务[M].南京：南京大学出版社，1996.

【案例讨论】

1. 巴克希尔食品公司运用了哪些市场营销调研方法？你认为其效果如何？为什么？

2. 你从巴克希尔食品公司进行的市场营销调研活动中得到什么启示？你认为哪些地方还值得改进？

【实训操作】

请你帮助巴克希尔咖啡设计一种能同样达到调研目的的市场营销调研新方法。

项目四 营销环境分析

项目目标

【知识目标】

- 理解市场营销环境分析的内容及意义。
- 掌握五力分析模型。
- 掌握SWOT分析法。

【能力目标】

- 能运用五力分析模型和SWOT分析法分析企业市场营销环境。
- 具备分析市场营销环境的能力。

【素质目标】

- 增强判断分析能力。
- 树立风险意识。
- 提高交流沟通能力。

项目导入

HW公司通过市场营销调研，看到了新能源市场有巨大的发展空间。为进一步确定公司未来的发展方向及战略，发现市场机会，规避市场风险，HW公司应如何评估市场营销环境，为公司决策提供参考依据呢？

项目实施

任务一　认识市场营销环境

（一）定义市场营销环境

定义市场营销环境

1. 市场营销环境的含义

环境是指事物外界的情况和条件。作为一个开放的系统，企业所有活动都发生在一定环境之中，并不断与外界环境发生着交流。市场营销环境是指一切影响和制约企业市场营销活动的参与者和影响因素。

2. 市场营销环境的分类

根据环境对企业市场营销活动影响的直接程度，一般将市场营销环境分为宏观营销环境和微观营销环境。

宏观营销环境是指影响企业微观营销环境的各种因素和力量的总和，主要包括人口环境、经济环境、自然环境、社会文化环境、政治与法律环境及科学技术环境等。宏观营销环境主要以微观营销环境为媒介间接影响和制约企业的市场营销活动，因此也叫间接营销环境。

微观营销环境是指在营销过程中与企业紧密相连，直接影响企业营销能力和效率的各种因素和力量的总和，主要包括企业、供应商、顾客、竞争者、社会公众及营销中介等。微观营销环境直接影响和制约着企业的市场营销活动，因此也叫直接营销环境。

宏观营销环境对企业市场营销活动起着根本性、决定性的作用，因此一般在进行市场环境分析时，先分析企业的宏观营销环境，再分析企业的微观营销环境。

3. 市场营销环境的特征

（1）客观性。客观性是市场营销环境的首要特征。企业总是在特定的社会经济和环境条件下生存发展的，这种客观存在是不以营销者的意志为转移的，特别是宏观营销环境，企业难以按照自身的要求和意愿随意改变它。但是，企业可以主动适应环境的变化，根据环境因素和条件的变化，制定并不断调整市场营销策略。

（2）不确定性。不确定性是市场营销环境的根本特征。营销环境的各个因素始终处于动态变化之中，有的变化快一些，有的变化慢一些；有的变化大一些，有的变化小一些。因此，在很多情况下，企业是无法完全预知营销环境的发展变化的。

（3）相关性。影响市场营销环境的各个因素是相互依存、相互作用和相互制约的。当某一因素发生变化时，会带动其他因素发生相应变化，从而形成新的营销环境。例如，企业商品的价格不但要受市场供求关系的影响，还要受科学技术发展及国家财政税收政策的影响。能否从诸多相关因素中找出关键因素是企业市场营销活动能否成功的关键。

（4）可转换性。由于营销环境因素的动态性、变化性，企业在适应营销环境的同时，还可以创造和开拓对自己有利的环境，变不利因素为有利因素，果断抓住和利用机遇，化解市场威胁所带来的风险。所以，市场营销环境既能制约企业的发展，又能为企业的发展提供机遇。

（5）不可控性。营销环境对企业市场营销活动具有强制性和不可控性。例如，一个国家的政治与法律制度、人口增长及社会文化习俗等，企业是不能随意改变和控制的。

（二）分析市场营销环境的意义

市场营销环境的变化影响企业的市场营销活动，企业的市场营销活动就是企业能动地适应环境变化，并对变化着的环境做出积极反应的动态过程。市场营销环境对企业而言，总是机遇和风险并存的。企业可以运用各种有效的方式或手段影响利益相关方，从而改变市场营销环境，抓住机遇，使企业得到更好的发展。因此，企业不但要与不断变化的市场营销环境相适应，而且要积极创造或改变环境，创造或改变消费者的需要。只有充分发挥企业对市场营销环境的主观能动性，企业才能发现和抓住市场机遇，因势利导，在激烈的市场竞争中立于不败之地。

【小案例 4-1】

新一代人工智能正在全球范围内蓬勃兴起，为经济社会发展注入了新动能，正在深刻改变人们的生产生活方式。“人工智能赋能新时代”，加快人工智能发展已摆在国家发展的重要位置。国务院《新一代人工智能发展规划》强调“实施全民智能教育项目，加快培养聚集人工智能高端人才”，重点推广编程教育，鼓励社会力量参与寓教于乐的编程教学软件和人工智能科普。

2018 年，人工智能从基础研究、技术到产业，都进入了高速增长期。根据中国电子学会的统计：2018 年全年，全球人工智能核心产业市场规模超过 555.7 亿美元，相较于 2017 年同比增长 50.2%。数据显示，全球人工智能的发展呈现三足鼎立之势，主要集中在美国、欧洲和中国。

据前瞻产业研究院发布的《中国人工智能行业市场前瞻与投资战略规划分析报告》统计数据显示，预计 2020 年全球人工智能市场规模将达到 6800 亿元，形成千亿美元级别市场。

【分析提示】

人工智能作为新一轮产业变革的核心驱动力，正在释放历次科技革命和产业变革积蓄的巨大能量，它将重构生产、分配、交换、消费等经济活动各环节，不断催生新技术、新产品、新产业。

任务二 分析宏观营销环境

（一）宏观营销环境的构成

宏观营销环境也称为间接营销环境，是指影响企业微观营销环境的各种因素和力量的总和。其主要包括人口环境、经济环境、自然环境、社会文化环境、政治与法律环境及科学技术环境等。

1. 人口环境

现代市场营销学认为，市场是由有购买欲望并且具备购买能力的人组成的，人们的需求是企业市场营销活动的基础。在市场中，人口的数量和增长速度、人口结构、人口的地理分布及流动性等构成了宏观营销环境中的人口环境。

（1）人口的数量和增长速度。随着科学技术的进步、生产力的不断发展及人们生活条件的不断改善，全球人口数量持续增长。人口的数量和增长速度直接决定市场的潜在容量，如人们的收入水平不变，人口越多，则对食品、衣物、日用品等的需求量就越大，市场也就越大。

（2）人口结构。人口结构可以从人口的自然结构和人口的社会结构两个方面进行分析。

①人口的自然结构。人口的自然结构主要是指人口的性别结构和年龄结构。男性和女性在生理、心理及社会角色方面的不同决定了其消费内容和消费特点的不同。不同年龄层次的消费者因为生理特征、心理特征、人生经历、收入水平等状况的不同，有着不同的消费需求及消费模式。

②人口的社会结构。人口的社会结构主要是指人口的受教育程度、民族结构、职业结构和家庭结构等。随着国民受教育程度的提高，人口的文化素质对市场消费需求的影响越来越明显。一般来说，随着人们受教育程度的提高，人们对优质产品、旅游、书籍等文化消费品的需求将增加，而且更加追求个性化和多样化需求。

不同的民族在其传统民族文化的影响下，其消费行为、消费内容具有鲜明的民族性，如食品、服装等方面的需求差异。

不同的职业往往与消费者的收入水平相联系，直接制约着消费者的购买能力；同时，特定的职业常常与一定的生活方式相联系，影响着消费者的消费方式和消费习惯。即使收入水平相当的两个人，如果他们的职业不同，他们的消费兴趣也会存在差异。

目前，家庭规模趋于小型化，一方面家庭总户数的增加，引起市场对家庭用品总需求的增加；另一方面家庭结构简单化，引起家庭需求结构的变化。例如，现在房地产市场流行的小户型住宅，就是这种家庭规模小型化趋势的产物。

（3）人口的地理分布及流动性。人口的地理分布是指人口在不同地理区域的密集程度。受人口流动的影响，人口的地理分布往往不均衡，这就使单一的市场环境呈现出多变的特点。

人口环境直接决定市场的潜在容量，人口的性别、年龄、民族、职业、婚姻状况、生活方式等对市场格局具有深刻影响。企业必须重视对人口环境的研究，密切关注人口特征及其发展动向，及时调整市场营销策略，以便抓住市场机遇，规避市场风险。

【小案例 4-2】

目前，人口老龄化已经成为我国一个极为严峻的社会问题，严重影响着我国社会、经济等各方面的发展。总体来看，人口老龄化问题成因复杂，一方面，计划生育政策的实行使我国人口的生育率降低，新生儿逐渐减少；另一方面，由于社会经济的快速发展，人民生活水平的不断提高，再加上现代医学水平的不断进步，老年人的平均寿命有了很大的提高。我国人口老龄化问题日趋严峻。

中国人口的老龄化程度正在加速加深。2017 年，全国人口中 60 岁及以上人口达 24090 万人，占总人口的 17.3%，其中 65 岁及以上人口达 15831 万人，占总人口的 11.4%。60 岁以上人口和 65 岁以上人口都比 2016 年增加了 0.6 个百分点。预计到 2020 年，老年人口将达到 2.48 亿，老龄化水平达到 17.17%，其中 80 岁以上老年人口将达到 3067 万人；预计到 2025 年，60 岁以上人口将达到 3 亿，我国将成为超老年型国家。考虑到 20 世纪 70 年代末，计划生育工作力度的加大，预计到 2040 年，我国人口老龄化进程达到顶峰，之后，老龄化进程进入减速期。

【分析提示】

老年人的消费需求以医疗保健、生活服务等为主。可以推测，在未来的市场里，为老年人提供饮食特需的农副产品、老年人专用商品、照料老年人生活起居的特殊行业、为老年人提供精神慰藉的服务等存在较大的发展机会。

2. 经济环境

经济环境是指企业市场营销活动所面临的外部社会条件，其运行状况及发展趋势会直接或间接地对企业市场营销活动产生影响。经济环境主要包括消费者的收入水平、消费者的消费结构、消费者储蓄和消费信贷等。

（1）消费者的收入水平。消费者的收入水平决定了消费者的购买能力。国民经济的发展水平决定了国民平均收入水平。经济发展快，人均收入高，社会购买力就大，企业的营销机会也会随之增大；相反经济衰退，市场规模则缩小，企业经营就面临威胁。

（2）消费者的消费结构。消费结构也就是常说的消费者支出模式，即消费者各种消费支出的比例关系。消费者支出模式主要取决于消费者的收入水平，另外家庭生命周期阶段和家庭所在地点的不同等也会使消费者形成不同的消费结构。

德国经济学家、统计学家恩斯特·恩格尔1857年在对德国、英国、法国等不同收入家庭的调查基础上，提出了揭示关于家庭收入变化与各种支出之间比例关系规律的恩格尔定律。恩格尔定律指出：随着家庭收入的增加，用于购买食品的支出比例将会下降，而用于服装、交通、娱乐、教育和保健等方面及储蓄的比例将会上升。其中，食品支出占家庭收入的比例被称为恩格尔系数。恩格尔系数是衡量一个国家、一个地区、一个城市、一个家庭生活水平高低的标准。恩格尔系数越小，表明生活水平越高；相反，恩格尔系数越大，表明生活水平越低。通常，发达国家的恩格尔系数较低，而发展中国家的恩格尔系数则较高。目前，该定律已成为分析消费结构的一个重要工具，企业可以从恩格尔系数了解市场消费水平及其变化趋势。

（3）消费者储蓄和消费信贷。消费者的储蓄额占其总收入的比重对消费者的实际购买力会产生直接影响。一般来说，在一定时期内消费者的储蓄额增加，则意味着近期消费购买力在减少，但潜在购买力在增加；反之，则意味着近期消费购买力在增加，但潜在购买力在减少。

消费信贷可以调节积累与消费、供给与需求之间的矛盾。当生活资料供大于求时，可以发放消费信贷，刺激需求；当生活资料供不应求时，可以收缩消费信贷，减少、抑制需求。

3. 自然环境

自然环境主要指营销者所需要的或对企业市场营销活动产生影响的自然资源。近年来，资源及生态问题日益受到人们的重视。自然资源的短缺，能源成本的上升，环境污染的加重，全球变暖问题的日益严重，政府对自然资源管理干预的不断加强等，都对企业市场营销活动产生了较大影响。

【小案例4-3】

工业化的发展导致了大量化学用品的产生，虽然化学用品一度为人类生活提供了种种便利，但当人们的认识进一步提高，才发现人们给自己制造了一个充满毒害物质污染的生存环境。在防腐剂、杀虫剂发明时，全世界都在欢呼一个新时代的到来，但是现在人们知道，这两者威胁着地球生命的安全。在现代生活中，化学用品的威胁无处不在，以致联合国环境规划署不得不强调：没有安全的化学用品。还有很多有毒、有害物质，尽管我们已经意识到它们的危险性，但它们仍被大量释放到环境中去，同时也带来了更多的污染。

世界各国特别是发达国家，对防毒害物质污染意识的加深，使毒害物质处理受到了严格控制，处理成本日益提高，因此将废物进行越境转移（特别是从发达国家向发展中国家转移）便成为新的选择。虽然这种转移常常带有"贸易"的合法身份，但实际上这是不折不扣的污染转嫁，它促使局部的污染全球化了。

面对出现的生态环境问题，企业该如何应对呢？

【分析提示】

主要可从减少有害需求，引导消费者观念，寻找替代品，加强生态环境保护及综合利用等方面考虑。

社会文化环境

4. 社会文化环境

社会文化是人类在创造物质财富过程中所积累的精神财富的总和，它体现了一个国家、地区或民族的社会文明程度。社会文化环境主要是指一个国家、地区或民族的价值观念、宗教信仰、消费习俗、传统文化习俗等。社会文化环境会对人们的欲望、行为产生潜移默化的影响，这种影响一经形成便不易改变。

（1）价值观念。价值观念是指人们在某一社会环境下对事物的态度和看法。在不同的文化背景下，人们的价值观念有着较大的差异。企业开展市场营销活动时必须根据消费者不同的价值观念制定不同的营销策略。

【小案例 4-4】

一家美国公司在日本市场上推销某产品时，采用了曾在美国市场上风靡一时的宣传口号“做你想做的”，但收效甚微。后来，这家公司将宣传口号更改为“做你应做的”，市场反应反而转好。这是为什么呢？

【分析提示】

日本人与美国人在价值观上有很大的差异。日本人不喜欢标新立异、突出个性，而是非常强调克己、规矩；美国人则注重个性、追求自由。

（2）宗教信仰。宗教信仰是构成社会文化环境的一大因素。宗教信仰与人们价值观念的形成密切相关，对人们的生活习惯、生活态度、需求偏好及购物方式等有着重要影响。不同的宗教有自己独特的商品使用要求和禁忌，因此企业在开展市场营销活动前，必须了解市场，注意不同的宗教信仰，否则有可能触犯宗教禁忌，失去市场机会。

（3）传统文化习俗。不同民族、不同区域一般有不同的文化习俗，如中国传统文化对龙凤呈祥、松鹤延年的美好祈盼。我国的传统节日有春节、中秋节、端午节等，西方国家有圣诞节、情人节等，在节日期间，食品、日用品、礼品等的需求就会出现高潮，给企业带来营销机会。

（4）消费习俗。消费习俗是人们在长期的经济与社会活动中形成的一种消费方式与习惯。人们的消费习俗不同，对商品的要求也就不同。

【小案例 4-5】

作为快餐巨头的肯德基，其食品从老北京鸡肉卷到油条，从皮蛋瘦肉粥到“烧饼”系列，大有把“中式”快餐进行到底之势。这一方面彰显了肯德基“立足中国，融入生活”的一贯策略，其将中式传统快餐融入西式快餐，不断给消费者带来更多的美食冲击；另一方面其也为消费者提供了更多的产品选择，让消费者吃得更舒心。

【分析提示】

了解目标市场消费者的消费习俗，是企业开展市场营销活动的重要前提。

5. 政治与法律环境

任何企业的市场营销活动都必定受到政治与法律环境的制约。政治环境是指企业市场营销活动的外部政治形势。一个国家的政局稳定与否，会对企业市场营销活动产生重大影响。如果政局稳定，人们安居乐业，企业开展市场营销活动就有了良好的营销环境；相反，如果政局不稳，社会秩序混乱，就会影响经济的发展和市场的稳定。尤其是在国际贸易活动中，企业一定要考虑东道国的政局和社会稳定情况可能造成的影响，同时国家也会制定相关政策来干预外国企业在本国的市场营销活动。

法律环境是指国家或地方政府颁布的各项法律、法规、法令和条例等。企业只有依法进行市场营销活动，才能受到国家法律的保护。因此，企业一方面要严格依法经营，另一方面也可以运用法律手段来保障自身的权益。例如，2019 年 1 月 1 日起施行的《中华人民共和国电子商务法》，保障了电子商务各方主体的合法权益，规范了电子商务行为，维护了市场秩序，促进了电子商务的持续健康发展。

6. 科学技术环境

科学技术是社会生产力中较活跃的因素，对企业市场营销活动的影响很大。科学技术的发展，首先会引起经济环境和自然环境的变化，然后会引起政治与法律环境、社会文化环境、人口环境等方面的变化，这种变化必然会对企业的市场营销活动产生影响。例如，企业可以应用新技术不断更新产品，满足消费者的需求，而新技术的出现也使得一些企业面临被市场淘汰的风险。人工智能作为新一轮产业变革的核心驱动力，正在释放历次科技革命和产业变革积蓄的巨大能量，它将重构生产、分配、交换、消费等经济活动各环节，不断催生新技术、新产品、新产业。

（二）评估宏观营销环境

根据导入项目，评估市场宏观营销环境的特点及内容，并完成项目宏观营销环境分析报告。

技能训练 4-1　调查一个实际企业，分析其市场宏观营销环境

一、训练目的

培养分析市场宏观营销环境的能力。

二、训练内容

1. 完成一个实际企业的市场调查。

2. 从人口、经济、自然、社会文化、政治与法律、科学技术等6个方面进行企业宏观营销环境分析。

三、训练组织

该实践训练项目由指导教师与所指导班级利用实践教学时间组织进行。

1．根据班级成员总人数进行分组，5～6人为一组。

2．各小组选一个组长负责组内工作，要求组员团结协作。

3．各小组完成实训项目具体任务的实施。

4．各小组讨论并拟定相应调查方案，并撰写市场宏观营销环境分析报告。

5．各小组实训作业展示、评定成绩。

四、训练考核

教师根据以下标准给予学生成绩评定。

1．能够按时完成。

2．宏观营销环境分析的正确性。

3．应对方案的可行性。

任务三 分析微观营销环境

（一）微观营销环境的构成

市场微观营销环境也称直接营销环境，是指在营销过程中与企业紧密相连，直接影响企业营销能力和效率的各种因素和力量的总和，主要包括企业、供应商、顾客、竞争者、社会公众及营销中介组织等。

1. 企业

面对相同的外部环境，不同企业的市场营销活动所取得的效果往往不一样，主要是因为这些企业有着不同的内部环境。在企业内部环境要素中，人员是最重要的资源；资金与设备等是企业进行市场营销活动的物质基础；企业的组织结构和企业文化也对企业的经营发展有重要的影响。

企业大多具有完整的内部组织结构。就营销部门而言，它并不是孤立的，营销主体及其市场营销活动必然要与产品研发、生产、采购、财务、人事等诸多部门发生联系，因此协调营销部门与其他职能部门的关系是优化企业内部营销环境的基本要求。只有企业内部协调一致，共同服务于企业总的营销目标，才能取得良好的经营业绩。

2. 供应商

供应商是指向企业及其竞争者提供企业生产经营所需资源的企业和个人。供应商所提供的资源的价格、数量、质量等直接影响企业产品的价格、销量和利润。因此，企业在选择供应商时，应注意考虑供应商的资信状况，即应选择那些能保证质量、交货及时、价格合理且具有良好信用的供应商；同时，企业还应避免过分依赖某一家供应商，应使自己的供应商多样化，以免因供应商突然提价或限制供应等使企业陷入困境。

企业与供应商之间既有合作，又有竞争。这种关系既受到宏观营销环境的影响，又对企业的市场营销活动起到制约作用。但是，越来越多的企业开始把供应商视为合作伙伴，帮助其提高供货质量和及时性。

3. 顾客

顾客是指具有支付能力的实际和潜在的购买者，是企业直接的营销对象，也是企业最重要的微观营销环境因素。

顾客的需求制约着企业的发展规模。顾客导向已成为企业营销的核心，让顾客满意、培养顾客忠诚度是企业生存和发展的基础。因此，企业应认真分析不同顾客群，研究其类别、需求特点、购买动机及变化趋势等，使企业的市场营销活动能符合顾客的愿望，满足顾客的需求。

4. 竞争者

竞争者

在现代市场条件下，为满足同一消费需求，一般存在若干属性相同但略有差别的产品或服务，而同一产品或服务也往往拥有一定数量的供应者。也就是说任何企业都不大可能单独服务于某一顾客群体，因此能否正确识别并分析企业的竞争者，能否对竞争者的行为做出及时的反应直接关系到企业市场营销活动的成败。

一般来说，识别、分析竞争者主要把握以下几个问题：

（1）谁是企业的主要竞争者；

（2）竞争者的战略、策略、步骤及主要营销手段是什么；

（3）竞争者的资源实力、优势与劣势的状况如何；

（4）预测竞争者的竞争反应。

5. 社会公众

所谓社会公众就是指对企业实现市场营销目标有潜在或实际影响力和关系的群体或个人。社会公众一般包括社区、媒体、政府、金融界、企业内部公众及无组织状态的外部公众。社会公众的态度和行为对企业的市场营销活动起着直接或间接的影响作用，可能增强一个企业实现目标的能力，也有可能减弱这种能力。因此，企业应采取有力措施来保持

与社会公众之间良好的关系，为企业的市场营销活动创造良好的环境。

6. 营销中介

营销中介是指帮助企业成功营销或提高营销效率的组织或个人，是价值让渡系统中的重要组成部分，它能帮助企业以较高的效率、较低的成本、较快的速度将企业的产品或服务提供给企业的最终消费者。营销中介通常包括中间商，物流企业，营销服务机构（如广告代理、营销咨询等），金融中介（如信托公司、保险公司、银行等）。

通常，社会生产力越发达，社会分工就越细，营销中介的作用就越大。企业在市场营销活动过程中，必须要处理好与这些营销中介的合作关系，建立有效的伙伴关系，以追求整个价值让渡系统业绩的最大化。

（二）评估微观营销环境

根据导入项目，评估市场微观营销环境的特点及内容，并完成项目微观营销环境分析报告。

技能训练 4-2　调查一个实际企业，分析其市场微观营销环境

一、训练目的

培养分析市场微观营销环境的能力。

二、训练内容

1．完成一个实际企业的市场调查。
2．进行企业微观营销环境分析。

三、训练组织

该实践训练项目由指导教师与所指导班级利用实践教学时间组织进行。
1．根据班级成员总人数进行分组，5～6 人为一组。
2．各小组选一个组长负责组内工作，要求组员团结协作。
3．各小组完成实训项目具体任务的实施。
4．各小组讨论并拟定相应调查方案，并撰写微观营销环境分析报告。
5．各小组实训作业展示、评定成绩。

四、训练考核

教师根据以下标准给予学生成绩评定。
1．能够按时完成。

2．微观营销环境分析的正确性。
3．应对方案的可行性。

任务四 应对营销环境变化

根据导入项目，为了进一步识别市场机会，评估企业的市场机会，确定市场营销战略，企业需要运用五力分析模型和 SWOT 分析法对企业的营销环境进行分析，并确定企业应采取的应对措施。

（一）营销环境分析

1. 五力分析模型

五力分析模型又称为波特模型，是迈克尔·波特于 20 世纪 80 年代初提出的，对企业营销战略的制定具有深远的影响。五力分别指的是供应商的议价能力、购买者的议价能力、潜在竞争者进入的能力、替代品的替代能力及行业内现有竞争者的竞争能力。

（1）供应商的议价能力。供应商主要通过其提高投入要素价格与降低单位价值质量的能力，来影响行业中现有企业的盈利能力与产品竞争力。当供应商所提供的投入要素的价值在买方的产品总成本中占有较大比例，或者其投入要素对买方产品生产过程非常重要，甚至严重影响买方产品的质量时，供应商对于买方的潜在议价能力就大大增强。一般来说，在以下几种情况下，供应商会具有较强的议价能力。

供应商行业由一些具有比较稳固的市场地位而不受市场激烈竞争困扰的企业所控制，其产品的买方很多，以至于每一个单个买方都不可能成为供应商的重要客户。

供应商的产品各具特色，以至于买主难以转换或转换成本太高，或者很难找到可与现有供应商产品相竞争的替代品。

供应商能够方便地实行前向一体化，而买方难以实行后向一体化。

（2）购买者的议价能力。购买者主要通过其压价与要求提供较高的产品或服务质量的能力，来影响行业中现有企业的盈利能力。一般来说，满足以下条件的购买者可能具有较强的议价能力。

购买者的总数较少，但单个购买者的购买数量在卖方销售总量中占很大比例。

购买者所购买的基本上是一种标准化产品，可同时向多个卖方购买产品。

购买者有能力实现后向一体化，而卖方不可能实行前向一体化。

（3）潜在竞争者进入的能力。潜在竞争者的进入在给行业带来新的生产能力、新资源的同时，还会与现有企业争夺市场份额，进而导致行业中现有企业的盈利水平降低，甚至有可能危及现有企业的生存。

潜在竞争者进入的威胁的严重程度取决于两个方面，即进入新领域的障碍大小与预期现有企业对于其进入的反应情况。进入新领域的障碍主要包括规模经济、产品差异、资本需要、转换成本、销售渠道开拓、政府行为与政策、自然资源与地理环境等方面的障碍。预期现有企业对潜在竞争者进入的反应情况主要是预期现有企业采取竞争报复行动的可能性大小。

总之，潜在竞争者进入一个行业的可能性大小取决于其主观估计进入所能带来的潜在利益、所需付出的代价与所要承担的风险这三者的相对大小情况。

（4）替代品的替代能力。由于产品的可替代性，不同行业中的企业可能会产生相互竞争的行为。这种源自替代品的竞争会以各种形式影响行业中的现有企业。

首先，现有企业的产品售价及获利潜力会由于替代品的存在而受到限制。

其次，替代品企业的市场竞争强度受产品买方转换成本高低的影响。

再次，由于替代品企业的竞争，现有企业必须通过提高产品质量、使其产品具有特色或者通过降低成本来降低售价，否则其市场竞争能力会逐渐下降，企业经营目标的实现就有可能受挫。

总之，替代品的价格较低、质量较好、买方转换成本较低，其就拥有较强的替代能力。

（5）行业内现有竞争者的竞争能力。在大部分行业中，企业之间的利益都是紧密联系在一起的。作为企业整体战略一部分的企业竞争战略，其目标都是让自己的企业获得相对于竞争对手的优势，所以各企业在实施企业竞争战略时就必然会产生冲突与对抗现象，这些冲突与对抗就构成了现有企业之间的竞争。行业内现有企业之间的竞争常常表现在价格、广告、产品介绍、售后服务等方面，其竞争强度与许多因素有关。

一般来说，出现下述情况将意味着行业中现有竞争者之间竞争的加剧：行业进入障碍较低，势均力敌的竞争对手较多，竞争参与者范围广泛；市场趋于成熟，产品需求增长缓慢；竞争者企图采用降价等手段促销；竞争者提供的产品或服务同质性较高，买方转换成本很低；行业外部实力强大的企业在接收了行业中实力薄弱的企业后，发起进攻性行动，结果使得刚被接收的企业成为市场的主要竞争者；退出障碍较高，即退出竞争要比继续参与竞争代价更高。

综上所述，不同力量的特性和重要性因行业和企业的不同而各不相同，企业在提出一种可行战略的时候，首先应该确认并评价这五种力量，以明确企业的市场地位与竞争实力。

2. SWOT 分析法

SWOT 分析法

SWOT 分析法是把企业内外部环境中的优势（strengths）、劣势（weaknesses）、机会（opportunities）和威胁（threats）4 个方面的因素综合起来进行分析的一种分析方法。通过综合分析，从中找出对企业自身有利的、值得发扬的因素，以及对自身不利的、需要避开的因素，以便清晰地把握全局，发现存在的问题，找出解决办法，抓住机遇，避开可能存在的威胁，把资源和行动集中在企业的强项和有较多机会的地方，最终获得成功。

（1）分析企业内部优势与劣势。企业内部的优势与劣势通常是指一个企业或其产品与竞争对手比较的结果表现，是企业自身存在的积极因素和消极因素，属于主观因素。优势与劣势分析主要是着眼于企业自身的实力及其与竞争对手的比较。

企业内部的优势：有利的竞争态势；充足的财政来源；良好的企业形象；雄厚的技术力量；良好的产品质量；成本优势；人力资源优势等。

企业内部的劣势：企业管理混乱；缺乏关键技术；资金短缺；设备老化、产品积压；竞争能力丧失等。

决定企业竞争优势与劣势的内部因素主要包括企业的生产、技术、资金、人员、营销和管理等方面。每个企业都要定期检查、分析自己的优势与劣势，以明确企业是局限在已拥有优势的机会中，还是去追求发展一些优势以找到更好的市场机会。

（2）辨析外部环境机会与威胁。外部环境中的机会与威胁是对企业发展有直接影响的有利或不利因素，属于客观因素。机会与威胁分析主要是着眼于外部环境的变化及其对企业的可能影响。

市场机会是影响企业战略的重要因素。企业面临的潜在发展机会具体如下：新产品；新市场；新需求；竞争对手失误；市场进入壁垒降低等。

在企业的外部环境中，总是存在着某些对企业经营构成威胁的因素，具体如下：新的竞争对手；替代品抢占市场份额；市场紧缩；行业政策发生变化；顾客偏好发生改变；突发性事件；经济衰退及业务周期的冲击等。

企业管理者应及时确认在企业经营的外部环境中存在的那些可能危及企业未来利益的威胁因素，做出评价，并采取相应的策略来避开威胁因素或减轻其所产生的影响。

（3）构造 SWOT 矩阵，形成 SO、WO、ST、WT 战略。

通过上述分析，将各种因素根据轻重缓急或影响程度等顺序排列，并构造 SWOT 矩阵。在排列过程中，将那些直接的、重大的、大量的、迫切需要解决的影响因素优先排列，而将那些间接的、次要的、少许的、不着急的影响因素暂列其后。

SWOT 分析矩阵如下表所示。

外部分析 内部分析	机会（O） 列出企业潜在机会 1. 2.	威胁（T） 列出危及企业的威胁 1. 2.
优势（S） 列出企业优势 1. 2.	（优势+机会） SO 战略	（优势+威胁） ST 战略
劣势（W） 列出企业劣势 1. 2.	（劣势+机会） WO 战略	（劣势+威胁） WT 战略

①SO 战略。企业内部具有优势，外部环境中又存在有利的市场机会，企业此时应依靠自身的内部优势，及时抓住外部机会，使优势与机会充分结合，以促进企业的发展。因此，SO 战略又称为增长战略。

②ST 战略。企业内部具有优势，但外部环境中存在对企业发展构成威胁的因素，使企业出现优势难优或不优的状况，此时企业应尽量规避外部环境威胁，发挥企业内部优势，实施集中型、多样化经营。因此，ST 战略又称为多种经营战略。

③WO 战略。外部环境中存在有利的市场机会，但企业内部处于劣势，此时企业应利用外部机会，弥补内部劣势，以促进内部劣势向优势方向转化，从而适应外部机会。因此，WO 战略又称为扭转战略。

④WT 战略。企业内部劣势与外部环境威胁并存，企业面临着严峻的挑战。如果处理不当，则可能直接使企业倒闭。此时企业一方面应着力减少内部劣势，另一方面应注意规避外部环境威胁，以渡过难关。因此，WT 战略又称为防御战略。

【小案例 4-6】

从 1984 年创业至今，海尔致力于成为"时代的企业"。目前，海尔集团在智能家居集成、网络家电、数字化、大规模集成电路、新材料等技术领域处于世界领先水平。"创新驱动"型的海尔集团致力于向全球消费者提供满足需求的解决方案，实现企业与消费者之间的双赢。虽然海尔集团这些年发展得非常快，信息化进行得如火如荼，但在外部的信息化，尤其是在与国内供应商、分销商的电子数据交换方面一直处于两难境地，仍然难以实现采购和分销成本的降低。目前，海尔集团仍然面临着很多威胁。伴随着家电企业的不断兴起，技术的不断完善，海尔集团在未来若想取得长足的发展，必须继续以企业文化为基准，把握住时代脉搏，与时俱进，不断创新，同时要注重科技创新，以实现企业的信息化。

【分析提示】

任何一个企业在发展过程中总会面临着各种各样的问题。面对新的全球化竞争条件，海尔集团确立了全球化品牌战略，提出了"创造资源、美誉全球"的企业精神和"人单合一、速决速胜"的工作作风，还将继续挑战自我、挑战明天，为创造出中国人自己的世界名牌而持续创新！

（二）企业应对措施

（1）在完成了环境因素分析和 SWOT 矩阵构造之后，需要对 SO 战略、ST 战略、WO 战略、WT 战略进行甄别和选择，明确企业在现有的内外部环境条件下，如何更好地运用自己的资源，以及确定企业应采取的应对措施。

（2）制订出具体的行动计划。把握计划制订的基本思路：考虑历史、立足现状、着眼未来；发挥优势、克服劣势，利用机会、化解威胁。

项目总结

【内容要点】

市场营销环境是指一切影响和制约企业市场营销活动的所有参与者和影响因素。市场营销环境具有客观性、不确定性、相关性、可转换性和不可控性的特征。根据环境对企业市场营销活动影响的直接程度，市场营销环境分为宏观营销环境和微观营销环境两大类。其中，宏观营销环境是指影响企业微观营销环境的各种要素和力量的总和，并通过对微观营销环境的作用，影响和制约着企业的市场营销活动。

宏观营销环境因素包括人口环境、经济环境、自然环境、社会文化环境、政治与法律环境及科学技术环境等。

微观营销环境因素包括企业、供应商、顾客、竞争者、社会公众及营销中介等。

【实务要点】

企业宏观营销环境分析；企业微观营销环境分析；五力分析模型；SWOT 分析法。

【复习与思考】

1．什么是市场营销环境？市场营销环境中的宏观营销环境与微观营销环境分别包括哪些？

2．简述市场营销环境的特征。

3．结合实际，谈谈在识别、分析竞争者时应考虑的问题。

4．为什么政治与法律环境和社会文化环境越来越受到企业，特别是跨国、跨区域企业的重视？

5．21 世纪，人口老龄化现象在世界各大城市日益突出。请列举出这一变化所带来的至少 3 个方面的市场机会及市场威胁。

6．简述企业面临的机会和威胁的分析方法。

项目综合实训

一、实训目的

通过实训，使学生学会根据调查结果，运用五力分析模型和 SWOT 分析法进行企业市场营销环境分析，评价企业能力。

二、实训内容

1．完成一个实际企业的市场调查。

2．运用五力分析模型和 SWOT 分析法，进行企业市场营销环境分析。

3．撰写企业市场营销环境分析报告。

三、实训组织

该实践训练项目由指导教师与所指导班级利用实践教学时间组织进行。

1．根据班级成员总人数进行分组，5～6 人为一组。

2．各小组选一个组长协调各项工作，要求组员团结协作。

3．各小组完成实训项目具体任务的实施。

4．各小组汇报分析报告，评定成绩。

四、实训考核

教师根据以下标准给予学生成绩评定。

1．能够按时完成。

2．正确运用五力分析模型和 SWOT 分析方法。

3．应对措施的可行性。

4．将分析报告制作成 PPT 形式，并讲解清晰、准确。

消费者行为分析

项目目标

【知识目标】

- 理解消费者购买行为模式。
- 把握消费者购买决策过程。
- 掌握影响消费者购买行为的主要因素。

【能力目标】

- 根据市场营销调研的结果进行消费者行为分析。
- 具备分析消费者行为的能力。

【素质目标】

- 增强判断分析能力。
- 提高交流沟通能力。

项目导入

HW 公司通过市场营销调研，看到了环保型新能源市场的巨大发展空间和市场机会。为有效满足市场的需求，为市场消费者提供优质产品和优良服务，HW 公司应如何进行消费者行为分析，掌握消费者需求及影响其购买行为的主要因素，为公司制定各项营销策略提供参考依据呢？

项目实施

任务一　认识消费者购买动机及购买行为类型

根据导入项目，先选择合适的市场营销调研方法，了解市场上一般消费者购买环保型新能源产品的动机及行为类型。

（一）消费者市场的特点

消费者市场，又称最终消费者市场，是由为满足生活消费而购买产品和服务的个人或家庭组成的。消费者市场具有以下特点。

（1）广泛性。消费者市场不仅人数众多，而且地域分布广泛。

（2）差异性。由于消费者的年龄、性别、习惯、受教育程度、收入水平及所处社会阶层等不同，消费者的需求和购买行为会表现出一定的差异性。

（3）流行性。消费者需求不仅会受到消费者内在因素的影响，还会受到环境、时尚等外在因素的影响。随着科学技术的进步，人们生活水平的提高，消费者需求也会随之变化，因此消费者市场中的产品具有一定的流行性。

（4）非盈利性。消费者购买产品和服务是为了满足自身生活消费的需要，不是为了盈利。

（5）可诱导性。消费者对所要购买的产品和服务大多缺乏相应的专业知识，其购买行为往往容易受到企业广告宣传、促销活动、产品包装和服务态度的影响。

（二）消费者购买动机的类型

消费者购买动机的类型

动机是引起个体活动、维持已引起的活动，并促使活动向某一目标进行的内在作用，它是由需要产生的。购买动机是促使消费者做出购买某种产品和服务决策的内在驱动力，是引起购买行为的前提。常见的购买动机主要有以下几种。

1. 求实动机

求实动机是指消费者以追求产品和服务的实际使用价值为主导倾向的购买动机。具有这类动机的消费者在购买消费品时，更注重产品的内在质量和实际效用，而对其是否流行等的关注相对较少。

2. 求新动机

求新动机是指消费者以追求时尚、新潮、奇特为主导倾向的购买动机。具有这类动机的消费者在购买消费品时，特别注重产品的款式是否新颖，产品是否体现社会潮流、是否具有独特之处，而对产品的实用价值、价格等不太重视。

3. 求名动机

求名动机是指消费者以追求名牌产品为主导倾向的购买动机。具有这类动机的消费者在购买消费品时，特别注重产品商标及其在社会上的形象、地位。求名动机形成的原因比较复杂，有的是为了显示身份，表现自我；有的是相信名牌产品的质量，以降低购买风险。

4. 求廉动机

求廉动机是指消费者以追求产品和服务的价格低廉为主导倾向的购买动机。具有这类动机的消费者在购买消费品时，往往以价格为第一考虑要素，对降价、折扣等促销活动有较大的兴趣。

5. 从众动机

从众动机是指消费者在购买产品和服务时自觉或不自觉地模仿他人的购买行为而形成的购买动机。例如，企业请明星代言产品，就是要刺激消费者的模仿动机，达到促进产品销售的目的。

6. 求美动机

求美动机是指消费者以追求商品欣赏价值和艺术价值为主导倾向的购买动机。具有这类动机的消费者在购买消费品时，特别看重产品的色彩、造型及艺术性，而对产品的实用价值、价格等不太重视。

7. 求便动机

求便动机是指消费者以追求产品购买和使用过程中的便利为主导倾向的购买动机。具有这类动机的消费者在购买消费品时，对时间、效率、方便快捷特别重视。

在实际生活中，消费者的需要、兴趣、爱好、价值观及性格之间存在差异，其购买动

机也是复杂多样的，因此研究消费者购买动机是一件难度很大的工作，企业应深入调查、了解和研究，切忌只对消费者购买动机做出静态和简单的分析。

（三）消费者购买行为的类型

1. 根据消费者的参与程度和产品品牌差异程度划分的购买类型

产品品牌差异程度 \ 消费者的参与程度	高	低
大	复杂的购买行为	寻求多样化的购买行为
小	减少失调感的购买行为	习惯性的购买行为

（1）复杂的购买行为。如果消费者参与程度高，并且了解现有各品牌、品种和规格之间的显著差异，则会产生复杂的购买行为。复杂的购买行为指消费者购买决策过程完整，要经历大量的信息搜集、全面的产品评估、慎重的购买决策和认真的购后评价等阶段。

（2）减少失调感的购买行为。减少失调感的购买行为是指消费者广泛搜集产品信息，精心挑选品牌，高度关注、了解所购买产品的品牌。但是，消费者在购买以后会认为自己所买的产品具有某些缺陷或其他同类产品有更多的优点，进而产生失调感，怀疑购买决策的正确性。

（3）寻求多样化的购买行为。寻求多样化的购买行为是指消费者购买产品有很大的随意性，并没有深入搜集信息和评估比较就决定购买某一品牌，在消费时才加以评估，但是在下次购买时又转换品牌。转换的原因是厌倦原口味或想尝试新口味。

（4）习惯性的购买行为。习惯性的购买行为是指消费者并未深入搜集信息和评估比较，只是习惯于购买自己熟悉的品牌，在购买后可能评价也可能不评价产品。

2. 根据消费者的购买目标是否明确划分的购买类型

（1）全确定型购买行为。这是指消费者在购买产品之前，已经有明确的购买目标，对产品的名称、型号、规格、颜色、式样、商标甚至价格都有明确的要求。这类消费者进入商店以后，一般都是有目的地选择，主动地提出所要购买的产品，并对所要购买的产品提出具体要求。当产品能满足其要求时，其会毫不犹豫地买下产品。

（2）半确定型购买行为。这是指消费者在购买产品以前，已有大致的购买目标，但具体要求还不够明确，最后的购买需要经过选择比较才能确定。例如，购买空调是计划好的，但购买的品牌、规格、型号、式样等并不明确。这类消费者进入商店以后，一般要经过较长时间的分析、比较才能完成其购买行为。

（3）不确定型购买行为。这是指消费者在购买产品以前，没有明确的或既定的购买目标。这类消费者进入商店主要是参观、休闲，漫无目标地浏览产品或随便了解一些产品的销售情况，有时遇到感兴趣的或合适的产品才会购买，有时则观后离开。

3. 根据消费者的购买态度划分的购买类型

（1）习惯型购买行为。这是指消费者由于对某种产品或某家商店的信赖、偏爱而经常、反复地购买。由于经常购买和使用，他们对这些产品十分熟悉，体验较深，再次购买时往往不再花费时间进行比较选择。

（2）理智型购买行为。这是指消费者在每次购买产品前会对所购的产品进行较为仔细的研究比较。这类消费者在购买时头脑冷静，行为慎重，主观性较强，不轻易相信广告、宣传、承诺、促销方式及售货员的介绍，更重视产品质量及款式。

（3）经济型购买行为。这是指消费者购买产品时特别重视价格，对于价格反应灵敏。这类消费者无论是购买高档产品，还是购买中低档产品，首先注重的是价格，他们对“大甩卖”“清仓”“血本销售”等低价促销最感兴趣。一般来说，这种购买类型取决于自身的经济状况。

（4）冲动型购买行为。这是指消费者容易受产品的外观、包装、商标或其他促销努力的刺激而产生购买行为。这类消费者购买产品一般都是以直观感觉为主，从个人的兴趣或情绪出发，喜欢新奇、新颖、时尚的产品，购买产品时并不进行反复的选择比较。

（5）疑虑型购买行为。这是指消费者具有内倾性的心理特征，其购买产品时小心谨慎，常常是“三思而后行”，常常会因犹豫不决而中断购买，购买后还会疑心是否上当受骗。

（6）情感型购买行为。这是指消费者的购买行为多属情感反应，往往以丰富的联想衡量产品的意义。这类消费者购买产品时注意力容易转移，兴趣容易变换，其对产品的外表、造型和颜色都较重视，以其是否符合自己的想象作为购买的主要依据。

（7）不定型购买行为。这是指消费者的购买行为多是一种尝试行为，其心理尺度尚未稳定，对产品没有固定的偏爱，在上述6种购买类型之间游移。这类消费者多数是独立生活不久的青年人。

【小案例 5-1】

第一次看到“喜茶”的时候，对其店门口排队的人群有些好奇。

“喜茶”到底有什么魅力，值得消费者如此青睐？

原来，“喜茶”为了适应年轻人的口感偏好，打造新式茶饮品牌，其在传统的茶饮里加入了年轻人比较喜欢的顺滑芝士奶盖、低脂奶、抹茶粉等原料，同时使用偏文艺的包装。另外，开口可调式杯盖、水果茶附带的叉子等细节又为其加分不少。这样，它就成功地得到了年轻人的青睐。

【分析提示】

掌握消费者的心理，塑造符合消费者认知的品牌文化，从而刺激消费者的购买欲望。

技能训练 5-1 情景模拟：认知消费者购买动机及购买行为的类型

一、训练目的

培养分析、辨别消费者购买动机及购买行为类型的能力。

二、训练内容

情景 1： 据《战国策》记载，春秋时期有一位卖马的人，他牵着马在集市上站了 3 天，没有一个人注意到他的马。后来，他找到当时名气很大的相马专家伯乐，希望得到伯乐的帮助。他对伯乐说："我有一匹骏马想卖掉，可在集市上一连 3 天也无人问津。我想请你帮忙，明天在集市上到我的马身边来转一下，看一看，离开时再回头来瞧一瞧。这样做就够了。"伯乐看着他的马确实是一匹好马，就爽快地答应了。第二天，伯乐就照着卖马人说的做了，顿时，这匹马成了人们争相抢购的对象，价格也因此上涨了 10 倍。

情景 2： 某一天，某老年服装店来了几位顾客，走在前面的是一位面色红润的老大爷和一名 10 岁左右的小男孩，紧随其后的是一对中年夫妻，从他们亲密无间的关系可以推测出这是一家人，并可能是特意为老大爷买衣服的。中年妇女转了一圈儿后，选中了一件比较高档的上装，要老大爷试穿，可老大爷不愿意，理由是太贵了、款式太新潮了。中年男子说："您就不要管价格的高低了，钱由我来出。"可老大爷并不领情，脸色也变得有些难看。这时，销售人员连忙说："老大爷，您可真是好福气！儿孙都这么孝顺。"小男孩也摇着老大爷的手说，这件衣服好，就买这件了。老大爷一边说着小孩子懂什么好不好的，一边脸上已露出了笑容。销售人员见此情景，很快把衣服包装好，交给了中年妇女。一家人高高兴兴地走出了店门。

三、训练组织

该实践训练项目由指导教师与所指导班级利用实践教学时间组织进行。

1. 根据班级成员总人数进行分组，5~6 人为一组。
2. 各小组选一个组长负责组内工作，要求组员团结协作。
3. 各小组讨论并分析消费者购买动机及购买行为的类型。

四、训练考核

1. 各小组分析讨论后，形成小组意见。
2. 各小组选派代表，在全班发表小组讨论意见。

任务二 掌握消费者购买行为模式

根据导入项目，通过市场调查，获得以下7个问题的答案，并掌握消费者购买行为模式。

第一，市场由谁构成，即谁是购买者。

第二，市场购买什么，即目标消费者购买的具体因素。

第三，市场为什么购买，即目标消费者购买的目的。

第四，谁参与了购买，即购买组织的参与者。

第五，市场何时购买，即目标消费者在什么时候购买。

第六，市场何地购买，即目标消费者在什么地点购买。

第七，市场怎样购买，即目标消费者的购买方式。

（一）消费者购买行为的7Os分析

消费者购买行为的7Os分析

1. 购买者

购买者（Occupants）也就是目标消费者由哪些人组成。企业生产的任何一种产品都不是为了卖给所有人，而只是为了卖给其中某一特定的群体，这一特定的群体就是企业的目标消费者。企业会根据目标消费者的相关信息调整或强化自身的营销策略。

2. 购买对象

购买对象（Objects）也就是目标消费者购买的具体因素。企业通过市场调研，不仅要了解目标消费者喜欢什么类型的产品，还要掌握品牌、质量、价格、售后服务等在消费者决策中的具体影响程度。一般来说，企业应从实际出发，全面掌握品牌、质量、价格、售后服务等因素对自身产品、竞争品牌、市场主导品牌及消费者期望等方面的影响。

3. 购买目的

购买目的（Objectives）也就是目标消费者为什么购买。同样的产品，为什么有人喜欢，有人不喜欢？为什么有人喜欢红色，有人喜欢绿色？购买目的是企业开展市场营销活动需要弄清楚的核心问题。如果企业了解了目标消费者购买产品的真正动机，其市场营销活动就会变得容易。因此，企业必须通过多种方式去了解目标消费者的购买动机。

4. 购买组织

购买组织（Organizations）也就是谁参与了购买，即购买组织的参与者。由于消费者的性别、年龄、收入、职业及性格等的不同，其消费需求与兴趣爱好存在着较大的差异。企业在开展市场营销活动时，必须明确产品是由谁购买的，他的消费需求与兴趣爱好是怎样的，企业是否能够满足其消费需求等问题。

从表面上看，消费者购买行为是个人行为，而实际上其是众多参与者集体决策的过程。在消费者的购买活动中，可以有 5 种不同的参与购买的角色，即发起者、影响者、决策者、购买者和使用者。这 5 种角色可能是同一个人，也可能是不同的人。

其中，发起者是首先倡议购买或提出购买建议的人；影响者是对产品的最终购买有直接或间接影响的人；决策者是对产品购买与否起最后决定作用的人；购买者是具体执行和完成购买决策的人；使用者是所购买产品的实际使用者。

企业营销人员应准确分析和区分不同消费对象和角色分工，特别是应关注决策者的需求及行为特点。只有针对决策者有的放矢地开展营销工作，才可能达到较理想的营销效果。

5. 购买时间

购买时间（Occasions）也就是目标消费者在什么时间购买。消费者购买产品的时间一般会受产品本身的用途和消费者的时间安排等因素的制约。

6. 购买地点

购买地点（Outlets）也就是目标消费者在什么地方购买。企业应通过市场调研，了解目标消费者购买产品的具体地点（如卖场类型等）、产品主流销售渠道等，也就是掌握产品的有效销售渠道，从而站在消费者购买的角度来设计与选择企业产品的销售渠道。

7. 购买方式

购买方式（Operations）也就是目标消费者是如何购买的。消费者是采用现金交易，还是分期付款？是自己来购买，还是通过别人购买？是在传统渠道购买，还是在网上购买？消费者的购买方式多种多样，企业只有通过市场调研，认真加以研究，才能制定出满足各种不同需求的营销策略，从而实现企业的营销目标。

（二）消费者购买行为模式

在分析消费者购买行为的理论中，刺激—反应理论比较具有代表性。消费者大多是在一定的内在因素的促进和外在因素的激励之下而做出购买决策的。企业的市场营销活动是否能获得成功，关键要看这些活动是怎样对消费者产生影响的，不同的消费者又会有怎样的反应及形成不同反应的原因是什么。

根据刺激—反应理论建立的消费者购买行为模式，具体如下图所示。

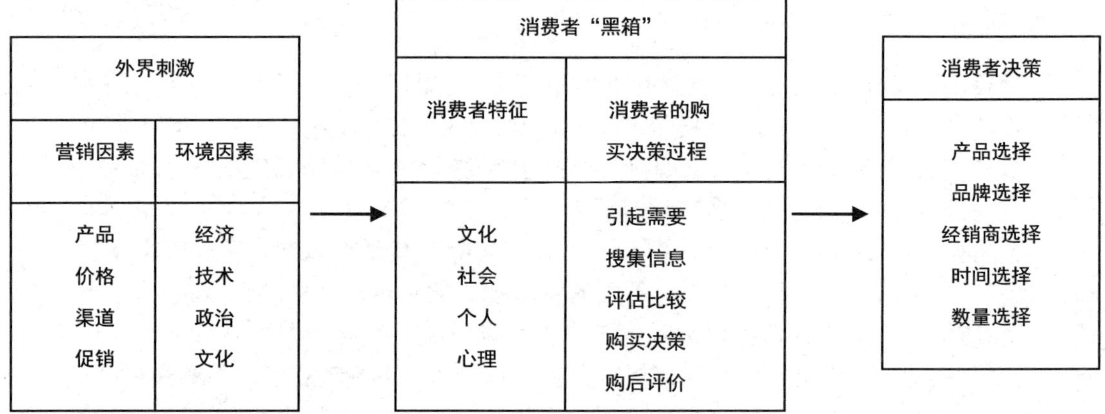

从这一购买行为模式中我们可以看到，具有一定潜在需求的消费者首先是受到企业市场营销活动的刺激及外部环境因素的影响而产生购买意向的；而不同的消费者对于外界的各种刺激和影响又会基于其特定的内在因素和决策方式做出不同的反应，从而形成不同的购买意向和购买行为。在这一购买行为模式中，“外界刺激”和“消费者决策”都是可以看得到的，但是购买者根据外界刺激进行判断和决策的过程却是看不到的，这就是心理学中的“黑箱”效应。消费者购买行为分析就是对这一“黑箱”进行分析，设法了解消费者的购买决策过程及影响其决策过程的各种因素。分析主要包括两个方面：一是对消费者购买决策过程的分析；二是对影响消费者购买决策过程的各种因素的分析。这两部分内容将在后文中进行详细介绍。

技能训练 5-2 掌握消费者的购买行为模式

一、训练目的

通过对消费者购买商品住房行为的市场调查，掌握消费者的购买行为模式。

二、训练内容

1. 围绕消费者购买商品住房的行为开展市场调查。
2. 根据调查结果，分析把握消费者的购买行为模式。

三、训练组织

该实践训练项目由指导教师与所指导班级利用实践教学时间组织进行。

1. 根据班级成员总人数进行分组，5～6人为一组。
2. 各小组选一个组长负责组内工作，要求组员团结协作。
3. 各小组拟定相应调查方案，开展市场调查活动。
4. 各小组分析调查所搜集的信息资料，把握消费者的购买行为模式。

四、训练考核

教师根据以下标准给予学生成绩评定。

1. 按时完成市场调研分析报告。
2. 比较准确地分析调查所搜集的信息资料。
3. 对消费者购买行为模式有较为准确的认知。

任务三 了解消费者购买决策过程

了解消费者购买决策过程

根据导入项目，开展市场调查，了解消费者购买决策过程。

消费者的购买决策是一个动态发展的过程。西方营销学者将消费者购买决策过程分为五个阶段：引起需要；搜集信息；评估比较；购买决策；购后评价。这是一种典型的购买决策过程，适用于分析复杂的购买行为。复杂的购买行为是最完整的、最典型的购买行为类型，其他几种购买行为类型是略过其中某些阶段后形成的，是复杂的购买行为的简化形式。

（一）引起需要

引起需要是消费者购买决策过程的起点。对商品的需要可能源于内在刺激，如消费者在生理上感到饥饿和口渴，就会想要食物和饮料；也可能源于外部刺激，如消费者看到亲戚、朋友购买了某一商品后，自己也想购买。消费者的需要是促使消费者购买商品的前提，企业可在商品的花色、品种、式样及包装等方面刺激消费者，引起消费者的需要。

（二）搜集信息

消费者的需要不一定能立刻得到满足。这种尚未满足的需要会促使消费者乐于接受其想要的商品的信息，甚至会促使消费者主动地搜集相关信息。消费者的信息来源主要有以下 4 种。

（1）个人来源。来自家庭、朋友、邻居及同事等。

（2）商业来源。来自广告、推销员、经销商、商品包装及展销会等。

（3）公共来源。来自大众传播媒介及消费者团体组织等。

（4）经验来源。来自购买、使用及维护商品的经验等。

由于商品种类和消费者个人特征的不同，各类信息来源的影响力也不同。一般来说，商业来源通常具有告知的作用，个人来源和公共来源则具有评价的作用，经验来源往往具有评判商品是否有价值的作用。

企业的市场营销活动应及时掌握消费者搜集信息的过程和动向，了解各类信息来源对

消费者的影响力，了解现有信息对企业和商品的评价，并设法扩大对企业和商品有利信息的传播。

（三）评估比较

消费者从各种信息来源处搜集到信息后，将会对其进行整理、分析，对各种可能选择的商品和品牌进行评估比较，从而确定自己所偏好的商品和品牌。

消费者进行评估比较的一般步骤：一是分析商品的性能和特点，特别是与自己需要密切相关的各种属性；二是根据自己的需要，分析各种属性的重要性并将其排序；三是根据自己的偏好提出品牌选择方案。

营销人员应了解消费者对信息的处理过程和评价标准，以便掌握消费者的购买意向。同时，营销人员可帮助消费者评估、比较各品牌之间的差异，发挥必要的参谋作用。

（四）购买决策

消费者通过对商品进行反复的评估比较后，就已初步形成指向某品牌的购买意向，但在购买意向向购买决策转化的过程中，消费者还会受两个因素的影响。

（1）其他人的态度，即消费者周围的人对消费者偏好的品牌所持的意见和看法。其他人的态度会影响消费者的购买决策，其影响的程度取决于其所持态度的强烈程度及其与消费者之间关系的密切程度。一般来说，其他人反对的态度越强烈，或其与消费者的关系越密切，其影响力就越大，消费者改变购买意向的可能性也就越大。

（2）意外出现的情况。消费者购买意向是在预期的家庭收入、预期的商品价格和预期的购买满足感等基础上形成的。如果出现了失业、商品涨价及听到该商品令人失望的信息等意外情况，消费者就可能会改变购买意向。

消费者的购买意向是否能转化为购买决策，还受所购商品价格的高低、购买风险的大小和消费者自信心的强弱等因素的影响。营销人员要向消费者提供详尽的有关商品的信息，以消除消费者的顾虑，促使消费者的购买意向转化为购买决策。

（五）购后评价

消费者购买商品以后，会根据实际使用情况和他人的评判来考虑自己的购买行为是否明智，商品的效用是否理想，从而形成购后评价。而购后评价又与消费者的购后感受密切相关，消费者的购后感受一般包括以下 3 种。

（1）满意的感受。消费者对所购商品感到满意。这种感受会强化消费者对所购品牌的信念，提高其重复购买的可能性，还会促使其向他人进行宣传。

（2）不满意的感受。消费者对所购商品感到失望。这种感受可能导致消费者退货，并且以后不再购买这一品牌的商品。

（3）不安的感受。这种感受介于满意与不满意之间，往往是指消费者在使用过程中遇到一些问题时，怀疑自己的选择是否明智，如果改买其他品牌的商品会不会使自己更满意，于是产生一种不安的感受。这种不安的感受可能会使消费者对该品牌进行反宣传。这种反宣传对其他消费者的影响很大。

营销人员要充分重视消费者的购后感受，因为它不仅会影响消费者的重复购买，还会影响其他消费者的购买。企业要加强售后服务工作，建立售后回访制度，及时了解消费者的购后感受，改进企业的市场营销活动，提高消费者的购买满意度。

技能训练 5-3 了解消费者的购买决策过程

一、训练目的

通过学生自己某次典型购买行为展开分析与讨论，明确消费者的购买决策过程。

二、训练内容

学生以自己某次典型购买行为来分析讨论消费者的购买决策过程。

三、训练组织

该实践训练项目由指导教师与所指导班级利用实践教学时间组织进行。

1．根据班级成员总人数进行分组，5～6人为一组。

2．各小组选一个组长负责组内工作，要求组员团结协作。

3．以小组为单位讨论、分析消费者的购买决策过程。

4．各小组结合已学知识，设计相应的具体方案。

四、训练考核

1．各小组分析讨论后，形成小组意见。

2．各小组选派代表，在全班发表小组讨论意见。

3．由全班同学评选出班级最优方案，并由教师点评。

任务四 分析影响消费者购买行为的因素

根据导入项目，对消费者进行进一步的了解和分析，着重分析影响消费者购买行为的因素。

消费者购买行为深受文化、社会、个人和心理因素的影响，且各个因素对消费者行为的影响程度都有所不同。企业要想准确把握消费者购买行为，必须认真分析影响消费者购买行为的相关因素。

（一）文化因素

1. 文化和亚文化群

文化通常是指人们在长期生活实践中形成的价值观念、道德观念及其他行为准则和生活习俗。文化是影响人们欲望和行为的基本因素。大部分人尊重他们的文化，接受他们文化中共同的价值观和态度，遵循他们文化中的道德规范和风俗习惯。所以，文化对消费者的购买行为具有强烈的和广泛的影响。企业若不研究、不了解消费者所处的文化背景，往往会导致市场营销活动的失败。

在每种文化中，往往还存在着许多在一定范围内具有文化同一性的群体。这种群体以特定的认同感和影响力将各成员联系在一起，使之持有特定的价值观念、生活格调与行为方式。这种群体被称为亚文化群。这种亚文化群有多种不同类型，其中对购买行为影响显著的主要有以下几种。

一是民族亚文化群。例如，我国除汉族外，还有几十个少数民族，他们在食品、服饰、娱乐等方面仍保留着各自民族的传统情趣和喜好。

二是宗教亚文化群。我国同时存在着多种宗教。信仰不同宗教的人有不同的偏好和禁忌，这对购买行为和购买种类具有重要影响。

三是地理亚文化群。例如，我国华南地区与西北地区的居民有不同的生活方式。因此，地理因素也会对其购买行为产生很大影响。

2. 社会阶层

在不同的社会形态下，社会阶层划分的依据不同。同一阶层中的人因其经济状况、价值观取向、生活背景、受教育程度相近，其生活习惯、消费水平、消费内容、兴趣和行为也相近，甚至对某些商品、品牌、商店、闲暇活动、传播媒体等都有共同的偏好。

（二）社会因素

社会因素

1. 相关群体

相关群体指对个人的态度、偏好和行为有直接或间接影响的群体。相关群体促使人们在消费上做出相近的选择，群体的结合越紧密，交往过程越有效，个人对群体越尊重，相关群体对个人购买行为的影响就越大。

亲戚、朋友、同学、同事、邻居等是影响消费者购买行为的重要相关群体。这些相关群体是消费者经常接触、关系较为密切的一些人。由于经常在一起学习、工作、聊

天，消费者在购买商品时，往往会受到这些人对商品评价的影响，有时甚至受到决定性的影响。

2. 家庭

家庭是社会组织的基本单位，是社会中重要的消费品购买单位。在消费品市场中，消费者很多购买活动是以家庭为中心展开的。因此，家庭成员对消费者购买行为的影响显然很强烈。

现在，大多数市场营销人员都很注重研究家庭不同成员，如丈夫、妻子、子女在商品购买中所起的作用和产生的影响。一般来说，夫妻在商品购买中参与程度大都因商品的不同而有所区别。妻子通常是家庭日常消费品的采购者，特别是食物、日用品等方面。但随着知识女性事业心的增强，如果生产日常消费品的企业仍然认为女性是他们商品主要的购买者，那将很容易在市场营销决策中造成失误。在家庭的购买活动中，购买决策并不总是由丈夫或妻子单方面做出的，实际上有些价值昂贵或是不常购买的商品，往往是由夫妻双方包括已长大的孩子共同做出购买决策的。

（三）个人因素

影响消费者购买行为的个人因素包括：一个人的年龄，性别、职业和受教育程度，经济状况，生活方式，以及个性和自我形象。

1. 年龄

不同年龄消费者的欲望、兴趣和爱好不同，他们购买或消费商品的种类和式样也有所区别。

2. 性别、职业和受教育程度

由于生理和心理上的差异，不同性别消费者的购买欲望、消费构成和购买习惯也有所不同。

不同职业的消费者对于商品的需求与爱好往往不尽一致，并且由于生活、工作条件的不同，其消费构成和购买习惯也有区别。例如，一位从事教师职业的消费者，一般会较多地购买书报杂志等文化商品；而对于时装模特来说，一般会较多地购买漂亮的服饰。

消费者的受教育程度不同，其购买商品的理性程度、审美能力、购买决策过程也会有所差异。

3. 经济状况

一个人的经济状况取决于他的可支配收入的水平、储蓄和资产，借贷能力及他对开支与储蓄的态度。经济状况决定个人的购买能力，在很大程度上制约着个人的购买行为。

消费者的经济状况会影响消费者的消费水平和消费范围，并决定着消费者的需求层次和购买能力。消费者经济状况较好，就可能产生较高层次的需求，购买较高档次的商品，享受较为高级的消费；相反，消费者经济状况较差，通常只能优先满足衣食住行等基本生活需求。

4. 生活方式

生活方式是指人们根据自己的价值观念等安排生活的模式，并通过活动、兴趣和意见表现出来。生活方式是影响个人行为的心理、社会、文化、经济等各种因素的综合反映。其对个人的购买行为具有重要影响。

5. 个性和自我形象

个性使人对环境做出比较一致和持续的反应，可以直接或间接地影响其购买行为。一般来说，人们总希望保持或增强自我形象，并把购买行为作为表现自我形象的重要方式，因此消费者一般倾向选择符合或能改善其自我形象的商品和服务。

（四）心理因素

心理是人的大脑对于外界刺激的反应方式与反应过程。消费者的购买行为模式在很大程度上是建立在其对外界刺激的心理反应基础之上的。人的大多数心理特征都是在其生活经历中逐步形成的。由于人们的生活经历千差万别，人们的心理状况也各不相同。影响消费者购买行为的心理因素主要包括动机、感觉和知觉、学习、信念和态度等方面。

1. 动机

动机是一种推动人们为达到特定目的而采取行动的迫切需求，是行为的直接原因。在一定时期内，人们有许多需求，只有其中一些比较迫切的需求会发展成为动机；同样，在人们的动机中，往往只有那些强烈的“优势动机”才能转化为行为。

马斯洛的需求层次理论认为，人的需求由低至高可分为5个层次：生理需求、安全需求、社交需求、尊重需求及自我需求。需求的层次越低，越不可缺少，就越重要。人们一般按照重要性的顺序，分轻重缓急，待低层次的需求基本满足后，才去追求高一层次的需求的满足。

2. 感觉和知觉

消费者的认识过程由感性认识和理性认识两个阶段组成。感觉和知觉属于感性认识，是指消费者的感官直接接触刺激物和情境所获得的直观、形象的反映。

不同消费者对同种刺激物或情境的知觉很可能是不同的，这是因为知觉具有 3 个特性：注意的选择性、理解的选择性和记忆的选择性。

3. 学习

人的大多数行为是从后天经验中得来的，学习过程是驱策力、刺激物、提示物、反应和强化诸因素相互影响和相互作用的过程。

4. 信念和态度

信念是人们对某种事物所持的看法，一些信念建立在客观的基础上，另一些信念可能建立在偏见的基础上。不同的信念会使消费者上形成不同的商品和品牌印象，进而影响消费者的购买行为。

态度是人们长期保持的关于某种事物或观念的是非观、好恶观。消费者一旦形成对某种商品或品牌的态度，之后就倾向于根据态度做出重复的购买决策，不愿费心去进行比较、分析和判断。因此，态度往往很难改变。

技能训练 5-4 情景模拟：分析影响消费者购买行为的主要因素

一、训练目的

了解消费者的需求特点，学会分析影响消费者购买行为的主要因素，提高洞察消费者心理和购买动机的能力。

二、训练内容

服装店营销人员小张和小李正在工作时，有一位女顾客走进店里，不说一句话，也没有表现出喜欢什么，不喜欢什么。小李主动问她，她却并不回应。小张细细地观察着，发现她在其中一件色彩漂亮的衣服前面停留了较长时间，而且有一种爱不释手的感觉。从她的神情来看，小张觉得她一定是看中了这件衣服，但她的心里一定很矛盾：如果说衣服好、自己想买，店员肯定会抬价；但如果说不喜欢，说不定就被别人买去了。

如果你就是营销人员小张，你将怎样让这位女顾客购买呢？

三、训练组织

该实践训练项目由指导教师与所指导班级利用实践教学时间组织进行。

1. 根据班级成员总人数进行分组，5～6 人为一组。
2. 各小组选一个组长负责组内工作，要求组员团结协作。
3. 各小组展开讨论，最后推选代表进行角色扮演，模拟消费者的购买行为过程。
4. 各小组总结情景模拟的收获，分析存在的问题，提出改进建议。
5. 各小组完成分析报告。

四、训练考核

教师根据以下标准给予学生成绩评定。

1. 情景模拟时神态自然、角色定位准确、扮演逼真、语言流畅、口齿清楚。
2. 影响因素分析有较强的逻辑性，有深度和广度。

项目总结

【内容要点】

消费者购买行为分析是企业开展市场营销活动的起点。企业只有对消费者进行充分的了解和认知，才有可能通过市场营销活动满足消费者的需求。

常见的消费者购买动机包括求实动机、求新动机、求名动机、求廉动机、从众动机、求美动机及求便动机。

消费者购买行为根据不同的分类依据，划分为不同的类型。根据消费者的参与程度和产品品牌差异程度分为以下 4 种类型：复杂的购买行为、减少失调感的购买行为、寻求多样化的购买行为及习惯性的购买行为；根据消费者的购买目标分为以下 3 种类型：全确定型购买行为、半确定型购买行为及不确定型购买行为；根据消费者的购买态度分为以下 7 种类型：习惯型购买行为、理智型购买行为、经济型购买行为、冲动型购买行为、疑虑型购买行为、情感型购买行为及不定型购买行为。

消费者的购买决策过程是一个动态发展的过程。典型的购买决策过程分为 5 个阶段：引起需要、搜集信息、评估比较、购买决策、购后评价。

消费者购买行为深受文化、社会、个人和心理因素的影响，企业要想准确把握消费者的购买行为，必须认真分析影响消费者购买行为的相关因素。

【实务要点】

消费者购买动机和购买行为类型识别；消费者购买行为的 7Os 分析；消费者购买决策过程；影响消费者购买行为的因素分析。

【复习与思考】

1．常见的消费者购买动机包括哪些？

2．根据消费者的参与程度和产品品牌差异程度的不同，消费者购买行为分为哪几种类型？

3．以你个人购买商品为例，说明消费者购买决策过程。

4．结合实际，谈谈影响消费者购买行为的主要因素有哪些。

5．结合实际，试述社会文化对消费者购买行为的影响。

6．消费者购买心理对其购买行为产生何种影响？

项目综合实训

一、实训目的

1．认知在校大学生消费者群体的特征。

2．明确影响在校大学生购买行为的因素。

3．提出企业的应对措施，为后续的学习奠定基础。

二、实训内容

通过调研在校大学生的购买行为，进行在校大学生购买行为分析，并提出企业的应对措施。

三、实训组织

该实践训练项目由指导教师与所指导班级利用实践教学时间组织进行。

1．根据班级成员总人数进行分组，5～6人为一组。

2．各小组选一个组长负责组内工作，要求组员团结协作。

3．各小组展开调研活动，搜集有关在校大学生消费者群体购买行为的信息资料。

4．各小组分析在校大学生消费者群体的特征、购买行为特征及影响其购买行为的主要因素，提出企业应对的措施与建议。

5．各小组完成分析报告。

四、实训考核

1．各小组调研、分析讨论后，形成小组报告。

2．各小组选派代表，以PPT形式在全班展示小组报告。

项目六 组织购买行为研究

项目目标

【知识目标】

- 了解组织市场需求与购买行为的特点。
- 掌握影响生产者购买行为的主要因素。
- 把握中间商购买决策的内容。
- 明确政府采购的主要特点和步骤。

【能力目标】

- 根据市场营销调研的结果进行组织购买行为分析。
- 具备分析组织购买行为的能力。

【素质目标】

- 增强判断分析能力。
- 提高交流沟通能力。

项目导入

HW 公司通过市场营销调研，看到了环保型新能源市场的巨大发展空间和市场机会。为有效满足组织市场的需求，HW 公司应如何进行组织购买行为分析，为公司制定营销策略提供参考依据呢？

项目实施

根据导入项目，HW 公司要了解组织市场的类型及组织市场的需求与购买行为特点，分析生产者市场购买行为、中间商市场购买行为和政府市场购买行为，才能制定企业营销策略，更有效地满足组织市场的需求。

任务一 认识组织市场

（一）组织市场及其分类

组织市场及其分类

组织市场是由各种组织机构形成的对企业产品和服务需求的总和。组织市场可以分为以下 3 种类型。

1. 生产者市场

生产者市场又称产业市场，其购买者是一些生产企业。生产企业购买商品是为了制造其他商品，以供出售或出租等。生产者市场主要由以下产业组成：农业、林业、水产业、矿业、制造业、建筑业、运输业、金融保险业及服务业等。生产者市场的购买对象主要是原材料、零部件、辅助材料、燃料、机器设备及工具等生产经营所需要的资源。

2. 中间商市场

中间商市场又称转卖者市场，其购买者是中间商。中间商购买商品是为了转售或出租给他人，以获得利润。中间商市场的产生与发展是社会化大生产和社会分工的必然结果，也是经济、合理地组织商品流通的必要条件。从社会的角度看，中间商具有集中商品、平衡供求和扩散商品的职能；从生产者的角度看，中间商承担了生产企业的商品销售的职能；从消费者的角度看，中间商的存在使消费者的购买变得十分方便。

3. 政府市场

政府市场是指所有不以营利为目的、不从事营利性活动的组织，包括各级政府及所属机构和学校。在此，以政府机构为代表进行说明。

（二）组织市场需求与购买行为的特点

与消费者市场相比，组织市场的需求与购买行为有着以下显著特点。

（1）购买目的复杂多样。例如，生产者的购买目的是将原材料、零部件等加工成其他商品，从中获得利润；中间商购买的目的是转售，以获得利润；政府机构购买的目的是履行政府职能，为公众服务。

（2）购买对象广泛。购买对象不仅包括生活资料，如日用品、家电和家具等，还包括生产资料，如原材料、机器设备和办公用品等。

（3）购买数量和购买金额较大。组织购买是组织行为、是集体行为，其目的是满足经营的需要或提供服务等，因此往往需要大量购买。

（4）参与购买决策的人很多。尤其是一些重大的采购决策通常需要经过相关人员的集体参与，并通过一定的程序，才能确定。

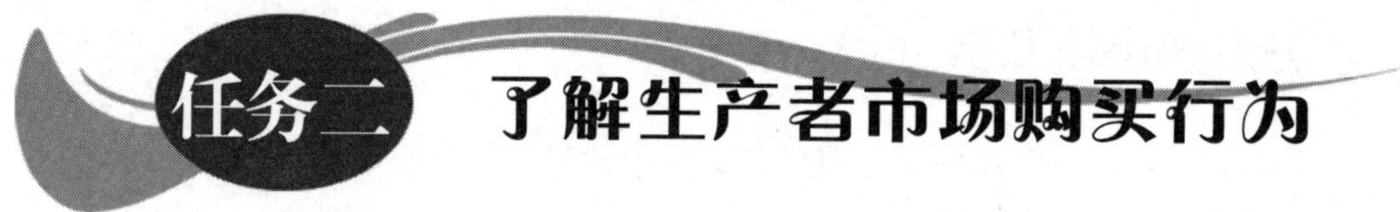

任务二 了解生产者市场购买行为

（一）生产者市场的特点

生产者市场的特点

相对于消费者市场，生产者市场具有以下特点。

（1）市场交易的次数少，购买批量大。由于种种原因，生产企业常常设有库存，如周期库存、安全库存和季节性库存等，这些库存要满足较长时间的生产需要。所以，生产者市场中的购买者的购买次数要比消费者市场中的购买者的购买次数少得多，但一次性购买的数量和金额很大。

（2）购买专业性强。生产者市场购买的专业性强表现在以下三个方面：第一，购买对象的专业性强，一般有明确的技术要求，不能随意替代。第二，由专业人员购买，以确保购买对象的质量，非专业人员对技术要求、货源等不了解。第三，购买过程规范，与消费者市场相比，生产者市场的购买更复杂，必须按严格的程序进行，以实现价值工程。

（3）生产者市场的需求是派生需求。生产者市场的需求是由消费者市场的需求派生出来的，即生产者市场的需求是由消费者市场的需求引申出来的。例如，消费者对服装的需求派生出服装制造厂对布料的需求，进而派生出纺织厂对棉花的需求。

（4）生产者市场的需求波动大。根据西方经济学的加速理论，消费者市场需求的微小

变化会引起生产者市场需求较大的波动。因为生产者市场的需求波动大，所以生产生产资料的企业往往实行多元化的经营战略，尽可能地扩大经营范围，以降低经营风险。

（5）生产者市场的需求是缺乏弹性的需求。一般生产者市场的需求受价格变动的影响不大。例如，某组装企业不会因为个别零部件的涨价或跌价，而增加或减少购买量，企业可以通过制定合理的价格来降低因价格波动带来的风险。

（二）生产者市场的购买类型

生产者市场的购买类型主要包括直接重购、修正重购和新购 3 种。

（1）直接重购。直接重购是指企业的采购部门按原有方案直接进行采购，即购买对象、供应商、价格及购买方式等都不发生变化。在各种购买类型中，直接重购是最简单的、程序最少的购买类型。企业一般会选择之前合作过的、能较好地满足企业需求的供应商继续合作，被选中的供应商会尽最大努力保持产品和服务的质量，以巩固和稳定与企业的关系。

（2）修正重购。修正重购是指企业因种种原因，修改原有的采购方案，改变采购对象的规格、型号、价格或供应商等。企业发生修正重购的原因可能是企业生产需要的改变、原有的供应商不是太理想、供应商推出了更好的新产品等。在这种情况下，原有的供应商会有危机感，会努力地改进供应工作，以满足企业的需求。这也给新的供应商提供了机会，新的供应商应把握和利用这个机会。

（3）新购。新购是指企业第一次购买某产品。在这种情况下，各供应商处于平等竞争的地位。各供应商应派出优秀的推销员，与企业多方接触，尽可能地向其提供有关信息，帮助其解决疑问，减少其疑虑，以便促成交易。

（三）影响生产者购买决策的因素

影响生产者购买决策的因素可归纳为 4 类：环境因素、组织因素、人际因素和个人因素。

（1）环境因素，主要指外部环境因素，包括市场需求水平、经济前景、市场供给状况、货币成本、科技发展状况、政治与法律环境及市场竞争趋势等。

（2）组织因素，主要指企业本身的因素，如企业的营销目标、采购政策、工作程序、组织结构和管理体制等，这些都会影响生产者的购买决策。

（3）人际因素，主要指企业内部人际关系。生产者购买决策过程较复杂，参与决策的人员较多，这些参与者在企业中的地位、职权、说服力、感染力及他们之间的关系都会对购买决策产生影响。

（4）个人因素。生产者市场购买行为是组织行为，但最终还是由若干个人做出决策并付诸实施的。由于年龄、性格、职位、受教育程度、风险态度等方面的差异，各个参与购买决策的人会影响参与者对要购买的产品和供应商的看法，最终影响购买决策。

（四）参与购买决策的人员

生产企业采购活动的过程复杂、规模大、风险大，因此参与购买决策的人较多，归纳起来有以下几种，具体如图所示。

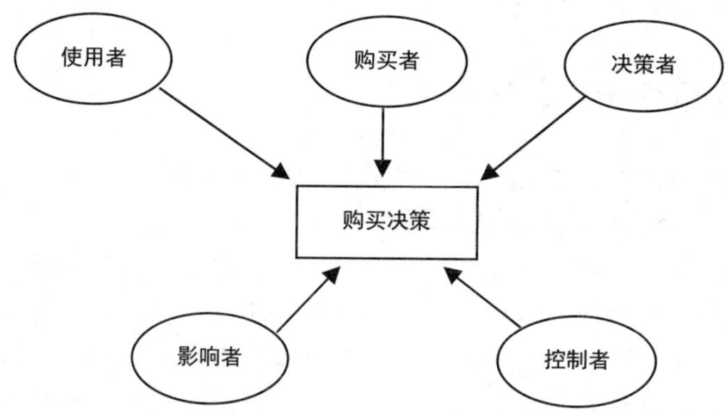

（1）使用者。使用者是企业内部实际使用所购产品的人员，他们能根据实际工作的需要提出有关产品的建议。他们是所购产品的最终检验者。

供应商的营销人员应多与他们接触，听取他们对产品的意见和建议，以便有针对性地改进产品，更好地满足其需求。

（2）影响者。影响者是指企业内外直接或间接影响购买决策的人员。企业内部的影响者有使用者、技术人员、销售人员、质量检验人员及仓储人员等；企业外部的影响者有供应商、企业的客户及同行企业等。企业的推销人员应广泛地听取各方的意见和建议。

（3）购买者。购买者是具体执行购买任务的人员，他们直接与供应商打交道。他们的主要任务是寻找和选择供应商、确定购买条件、与供应商谈判等。

（4）决策者。决策者是有权决定最终购买决策的人员。在一般的购买工作中，决策者是购买者或采购主管；在重大的购买工作中，决策者是企业的高层领导。

（5）控制者。控制者是指能够控制信息流向购买决策参与者的人员，如电话接线员、接待人员、门卫及采购代理等。

供应商的营销人员必须弄清楚生产企业的组织分工、各类人员在组织中的地位、影响力等，以便针对不同的人员采用不同的营销方案。例如，对工程技术人员介绍产品时，应强调产品的性能及技术上的先进性；对财务人员介绍产品时，应强调产品的经济性等。

（五）生产者的购买决策过程

由于采购方式、采购对象的不同，生产者的购买决策过程也不相同，一般要经过以下几个步骤。

1. 提出并确认需求

根据企业生产经营的需要，企业的仓储或使用部门等会提出产品的采购需求，包括所

需产品的品种、规格、数量、质量及到货时间等。采购部门根据提出的需求、对需求的预测及现有的库存等确定采购数量。对于特别复杂的、重要的产品采购，这一阶段往往要由采购人员、工程技术人员、财务人员及产品的使用者等共同确定。

供应商的销售人员应该取得企业的信任，了解企业使用产品的条件和要求，通过价值工程分析，向企业展示自己产品的优势，帮助企业正确选择所需的产品。

什么是“价值工程分析”？这里所说的“价值”是指所购产品的功能与购买该物品所耗费的资源（即成本费用）之间的比例关系，其公式如下：

$$V\text{（价值）}=F\text{（功能）}/C\text{（成本）}$$

公式中的功能是指产品的用途、效用、作用，也就是产品的使用价值，企业购买产品实际上是看中了产品的功能（即使用价值）。而价值分析的目的是耗费最少的资源（即成本费用），生产出或取得最大的功能（即使用价值），从而提高经济效益。

2. 寻找可能的供应商

企业可从以往合作过的供应商、工商名录、电话簿、广告、展销会、供应商上门推销留下的资料中寻找可能的供应商。另外，在实际中，企业为了体现公平公正的购买原则，或对货源不清楚时，常常采用招标采购，或在媒体上刊登广告，广泛地寻找供应商。

3. 选择与认证供应商

供应商的选择与认证是购买工作的关键。企业可以从多方面综合地选择供应商，如品种、质量、性能、价格、服务、技术条件、运输条件、结算条件、供应能力、交货时间及合作精神等，其中质量是基本条件。同时，企业还必须对供应商进行认证，一般供应商认证有以下几步。

（1）对供应商进行认证。包括对供应商的设备条件及环境等硬件的认证和对供应商的人员技术水平、工艺流程、管理制度及合作意识等软件的认证。

（2）对供应商提供的样件进行试制认证。目的是检验供应商提供的样件是否能满足企业的技术和品质要求。

（3）对供应商提供的小批量产品进行中试认证。样件认证合格并不代表小批量产品合格，往往小批量产品的质量与样件的质量是有差异的。

（4）对供应商提供的批量产品认证。目的是检验供应商供应的产品的质量稳定性。

如果供应商能顺利地通过企业的认证，成为企业优先合作的对象，供应商的产品就有了较稳定的销路。

4. 正式订购

企业与选定的供应商经过谈判，确定具体的价格和购买条件，包括交货方式、地点、付款方式、违约责任与赔偿等，然后正式签订购销合同。

5. 绩效评价

企业对供应商进行评价，主要是对供应商提供的产品的使用情况、履行合同的情况等进行检查和评价。评价的结果直接影响企业是否会重新选择供应商。因此，供应商应该密切关注企业的购后评价，了解自己的产品是否满足了企业的需求，以便找出自己产品中和工作中的不足，改善经营活动。

总之，生产者购买决策过程主要包括提出并确认需求、寻找可能的供应商、选择和认证供应商、正式订购及绩效评价等阶段。对新购来说，这几个阶段都应该经历；而直接重购和修正重购则可以省略其中的某些阶段，具体见下表。

购买阶段	直接重购	修正重购	新购
1．提出并确认需求	否	可能	是
2．寻找可能的供应商	否	可能	是
3．选择和认证供应商	否	可能	是
4．正式订购	是	是	是
5．绩效评价	是	是	是

任务三 了解中间商市场购买行为

中间商市场购买行为与生产者市场购买行为有一些相似之处，如购买类型、购买决策过程、购买决策的参与者及影响购买行为的因素等，但是中间商市场又有其自身的特点。

（一）中间商市场的特点

中间商市场的特点

与生产者市场相比，中间商市场有以下特点。

（1）中间商的购买需求源于消费者的需求。与生产者相比，中间商更接近消费者。中间商的需求更直接地反映了消费者的需求，因此常常受到消费者需求的影响与制约。

（2）中间商对价格更重视。中间商是为卖而买的，进而从中获取利润。价格的高低会影响其竞争力和利润。

（3）中间商需要供应商为其提供广告支持。一般而言，中间商经营的范围较广泛，无力对所有的产品进行广告宣传，所以中间商需要供应商为其提供广告支持。

（4）中间商需要供应商协助其对消费者提供服务。特别是对于技术含量较高的产品，中间商需要供应商提供技术服务、售后服务，以提高产品的市场竞争力。

（5）中间商对交货时间要求高。中间商一旦向供应商订货，就希望供应商尽快交货，否则一旦发生缺货、脱销等情况便会给中间商造成损失。例如，销售延迟、销售损失、失去消费者等，会使中间商失去赚钱的机会、失去信誉。特别是对于市场寿命周期短的产品，如流行性产品，中间商对交货时间通常要求会更高。

（二）中间商购买决策的内容

1. 确定品种组合

品种组合策略一般有 4 种。

（1）单一组合，即只经营某一生产企业的不同品种的同类产品，如某品牌服装专卖店。

（2）深度组合，即经营许多生产企业的同类产品，如某西装店销售来自不同服装生产企业的不同品牌的西装。

（3）广度组合，即经营多种系列的相关产品，如某家电商场经营电冰箱、电视机、空调、洗衣机及手机等。

（4）混杂组合，即经营多种系列彼此无关的产品，如百货商店经营食品、服装、家电及文具等。

2. 引进新产品的决策

中间商在进行新产品引进决策时，主要是看该新产品能否为自己带来利润。如果有利可图，就引进新产品。

3. 供应商的选择决策

中间商在选择供应商时一般比较慎重，往往实力较弱的中间商会选择产品比较畅销、知名度较大的品牌，想借助供应商的良好信誉来扩大销售。而实力较强的中间商除会经营产品比较畅销、知名度较大的品牌外，往往还会选择合适的生产企业为其生产自有品牌的产品。一般来说，这类生产企业实力较弱，但产品质量好，其为了打开产品市场，以低价将产品卖给中间商，借助中间商的信誉、知名度来扩大产品的影响。

4. 改善交易条件

与生产者相比，中间商更重视交易条件，其会向供应商提出各种有利于自己的交易条件，如要求供应商给予更多的价格优惠、增加服务及广告津贴等。

任务四　了解政府市场购买行为

（一）政府采购的基本含义

政府采购是各级政府机关、事业单位或其他组织，为了开展正常的政务活动或为公众提供公共服务，在财政部门的监督下，按一定的形式、方法和程序，对货物、工程和服务的购买。

各级政府机构购买服务是为了行使政府职能，如维持政府机构运转、加强国防建设、改善基础设施、扶持重点产业、发展教育事业及兴办社会福利事业等。巨额的政府支出形成了巨大的市场需求。

（二）政府采购的特点

政府采购的特点

与营利性组织市场的购买行为相比，政府采购有如下特点。

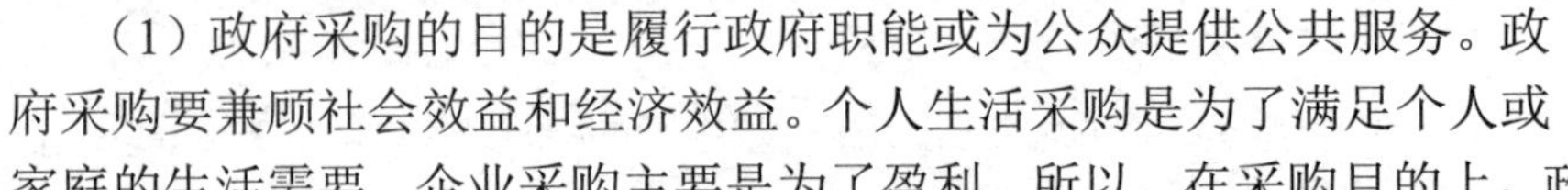

（1）政府采购的目的是履行政府职能或为公众提供公共服务。政府采购要兼顾社会效益和经济效益。个人生活采购是为了满足个人或家庭的生活需要，企业采购主要是为了盈利。所以，在采购目的上，政府采购区别于个人生活采购和企业采购。

（2）政府采购资金来源于财政性资金。政府采购资金来源于纳税人的税收所形成的公共资金。而个人生活采购或企业采购的资金来源于个人或企业自己的或筹集来的资金。实际上，正是由于采购资金的来源不同，才将政府采购单独列出来研究。

（3）政府采购具有规范性。政府采购的规范性表现在对供应商的选择、采购产品的选择及采购方法和程序等有一定的要求。例如，对供应商除有专业资格要求之外，还要审查其基本资格，包括是否有违法行为、是否注重环境保护等。

（4）政府采购具有公开性。政府采购的整个过程是公开的，并公开接受有关方面的监督，以体现政府采购的公开、公平、公正。

（5）政府采购具有广泛性。政府采购的对象根据实际需要，可以是生活资料、生产资料及国防用品等。

（6）政府采购数额巨大。从宏观角度看，政府始终是各类市场中的最大用户。我国每年有上千亿元的政府预算用于政府采购。对于市场营销者来说，这是一个巨大的市场。

由此可见，政府采购对供应商的要求比一般采购对供应商的要求更高。一旦成为政府采购的供应商，其销售资金可以可靠地、及时地回笼，加速资金周转。因此，政府采购是一个非常有潜力的市场。

（三）政府采购的主要参与者

与一般采购不同，政府采购的参与者较多，主要包括以下几种。

（1）采购人。利用财政性资金采购的各级国家机关、事业单位或其他组织。

（2）供应商。依法为政府提供货物、工程和服务的组织或个人。

（3）政府采购机构。政府设立的负责本级财政性资金的集中采购和采购招标组织工作的专门机构。

（4）招标代理机构。依法取得招标代理资格，从事招标代理业务的社会中介组织。委托政府采购业务代理机构（以下简称代理机构）招标的招标人应与代理机构签订委托协议，并报同级政府采购管理机关备案。

（5）主管机构。对政府采购起到管理和监督作用的财政部门。财政部门负责政府采购

的管理和监督工作，通过管理和监督，使政府采购应遵循的公开、公平、公正、效益及维护公共利益的原则落到实处。财政部门对政府采购的监督包括内部监督及政府采购管理机构对采购活动的监督。

政府采购的主要参与者如下图所示。

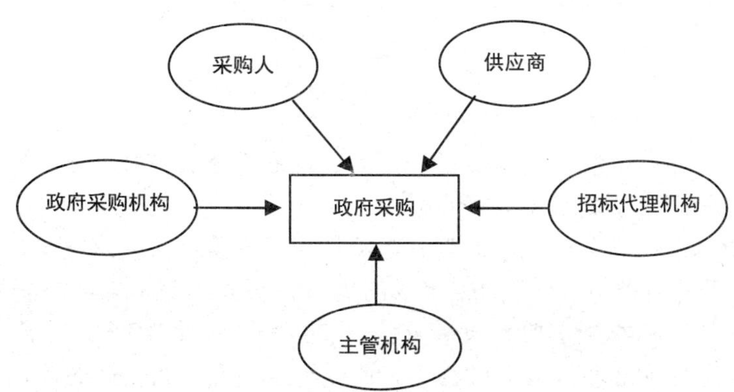

内部监督的表现方式之一就是政府采购管理机构和采购机构分离，管理机构不参与和干涉政府采购中的具体商业活动。这一要求与《中华人民共和国合同法》的精神是一致的，即采购机构和供应商属于平等主体，管理机构为监督主体活动的“裁判”。政府采购管理机构对采购活动的监督，不是全过程参与，而是通过一定的方式抓住重点环节，掌握采购活动的动态和进展。

（四）政府采购的步骤

（1）招标。政府采购机构在官方指定的媒体上公开刊登招标通告，通告的主要内容包括：采购人的单位名称，采购对象的名称、规格、数量、质量等要求，供应商的资格要求，投标的时间及地点等，开标的时间及地点等，发售招标文件的时间及地点等。

（2）投标。有兴趣的供应商可以在购买招标书和交纳保证金后，在规定的时间内，准备投标书，投标书的内容要与招标书的要求相一致。供应商在规定的投标日期内提交投标文件。在开标以前，所有的投标文件必须密封，妥善保管。

（3）开标。开标就是招标机构在招标公告规定的时间和地点，以公开的方式，当众进行验标、拆开投标资料、唱标、宣布评标原则、宣布评标的时间和地点等。

（4）评标。一般由评标委员会对投标书的交易条件、技术条件及法律条件等进行评审、比较，选出最佳的供应商。评标委员会一般由采购人、招标机构、技术、法律、经济等方面的专家组成，委员会的人数一般是5人以上的单数，以便通过举手表决来确定最佳的供应商。

（5）授标及签订合同。决标后，政府采购机构向中标的供应商发出中标通知书，同时也通知其他没有中标的供应商，并退还投标保证金。

政府采购机构与中标的供应商签订采购合同，合同一旦签订，就正式生效，采购工作进入合同实施阶段。

（6）结算。采购人凭合同、到货验收单等资料到财政部门办理付款手续，由财政部门直接向供应商支付货款。

项目总结

【内容要点】

组织市场是由各种组织机构形成的对企业产品和服务需求的总和。组织市场可以分为以下 3 种类型：生产者市场、中间商市场和政府市场。

相对于消费者市场，生产者市场具有以下特点：市场交易的次数少，购买批量大；购买专业性强；市场的需求是派生需求；市场的需求波动大；市场的需求是缺乏弹性的需求。

生产者市场的购买类型主要有直接重购、修正重购和新购 3 种。生产者购买决策受到环境因素，主要是受外部环境因素的影响，还受组织因素，如企业的营销目标、组织机构和管理制度等的影响，另外，人际因素与个人因素也对生产者购买决策具有一定影响。生产者购买决策过程主要包括提出并确认需求、寻找可能的供应商、选择和认证供应商、正式订购、绩效评价等阶段。

与生产者市场相比，中间商市场有以下特点：中间商的购买需求源于消费者的需求；中间商对价格更重视；中间商需要供应商为其提供广告支持；中间商需要供应商协助其对消费者提供服务；中间商对交货时间要求高。

中间商购买决策的内容主要包括：确定品种组合；引进新产品的决策；供应商的选择决策；改善交易条件。

与营利性组织市场相比，政府采购有如下特点：政府采购的目的是履行政府职能或为公众提供公共服务；政府采购资金来源于财政性资金；政府采购具有规范性；政府采购具有公开性；政府采购具有广泛性；政府采购数额巨大。

政府采购的步骤一般包括：招标、投标、开标、评标、授标及签订合同、结算。

【实务要点】

生产者购买决策分析；生产者购买决策过程；中间商购买决策分析；政府采购步骤。

【复习与思考】

1．什么是组织市场？组织市场分为哪些类型？各有什么特点？
2．生产者市场的采购类型主要有哪些？
3．简述生产者购买决策过程。
4．中间商市场有哪些特点？
5．中间商购买决策主要包括哪些内容？
6．政府采购有哪些特点？
7．简述政府采购的步骤。

项目综合实训

一、实训目的

1．认知企业的购买行为。

2．明确影响企业购买行为的因素。

3．分析此次企业购买行为的特点。

二、实训内容

通过深入企业开展市场调研，讨论分析某一次典型的生产者市场购买行为。

三、实训组织

该实践训练项目由指导教师与所指导班级利用实践教学时间组织进行。

1．根据班级成员总人数进行分组，5～6人为一组。

2．各小组选一个组长负责组内工作，要求组员团结协作。

3．各小组展开市场营销调研活动，搜集有关企业购买行为的信息资料。

4．各小组分析企业购买行为特征及影响其购买行为的主要因素，提出企业应对的措施与建议。

5．各小组完成分析报告。

四、实训考核

1．各小组分析讨论后，形成小组报告。

2．各小组选派代表，以PPT形式在全班展示小组报告。

项目七 市场竞争分析

项目目标

【知识目标】

- 了解市场竞争的含义。
- 把握竞争者的主要类型。
- 掌握发现企业竞争者的方法。

【能力目标】

- 具有分析和判断企业竞争者的能力。
- 能选择适合企业的市场营销竞争战略。

【素质目标】

- 树立以顾客为中心，以竞争为导向，以企业能力为基础的营销价值观念。
- 提高交流沟通的能力。

项目导入

HW 公司通过市场调研，看到了环保型新能源市场的巨大发展空间和市场机会，同时发现了市场上较为激烈的竞争状况。为有效满足市场需求，为消费者提供优质产品和优良服务，HW 公司应如何进行市场竞争分析呢？

项目实施

任务一 认识市场竞争和竞争者

根据导入项目，先通过市场调研，了解市场竞争状况、分析竞争者的类型。

（一）市场竞争的含义和竞争类型

1. 市场竞争的含义

市场竞争是市场经济中同类经济行为主体出于自身利益的考虑，以增强自己的经济实力，排斥同类经济行为主体的相同行为的表现。它是市场经济的基本特征。在市场经济条件下，企业从各自的利益出发，为取得较好的产销条件、获得更多的市场资源而竞争。市场竞争可以实现企业的优胜劣汰，进而实现生产要素的优化配置。

市场竞争的内在动因在于各个经济行为主体自身的物质利益驱动，以及因为物质利益被市场中同类经济行为主体所排挤的担心。

【小案例 7-1】

在家电市场中，国美零售和苏宁易购曾经风光无限，不过家电卖场的美好光景转瞬即逝。在新零售背景下，传统家电零售商加速了融合与变革。国美零售与苏宁易购也走出了不同的道路。

国美零售提出了共享零售模式和“家·生活”整体解决方案，从传统电器向家居、家装、家服务、百货及金融等多个领域纵深。所谓共享零售，是指利用“社交+商务+利益共享”玩法，以国美 App 为载体，实现零售各环节打通。此外，国美零售还转型“家·生活”服务商，瞄准 10 万亿级的泛家居市场。

苏宁易购智慧零售模式经过多年探索，已进入快速发展阶段，其经营业态由家电 3C 店向母婴、超市、社区便利店等全品类发展。在零售业务基础上，苏宁易购延伸了物流、金融业务。在店面互联网化及数据化建设上，苏宁易购运用“千里传音”“店+”“金矿”等数据营销产品来提高坪效。

虽然都在变革，但国美零售与苏宁易购的差距越来越明显，国美零售的转型之路仍然漫长，效果还不明显。如何改变“量跌利亏损”的局面，成为国美零售接下来要解决的问题。

【分析提示】

市场竞争是不可避免的，关键是如何参与竞争，并在竞争中居于不败的地位。为此，企业必须了解自己的竞争对手，并制定正确的竞争策略，积极应对市场竞争。

2. 市场竞争的类型

（1）完全竞争市场。这是一种没有任何外在力量阻止和干扰的市场情况，是经济学中理想的市场竞争状态。在完全竞争市场中，同质的产品有很多卖方，没有一个卖方或买方能控制价格，卖方进入很容易，并且资源可以随时从一个使用者转向另一个使用者。完全竞争市场明显是一种理想的市场状态，现实中的市场一般不具备这些特点，因而不是完全竞争市场，最多也只是接近完全竞争市场。例如，许多农产品市场就无限近似于完全竞争市场，但是并不等同。

（2）不完全竞争市场。一般是指除完全竞争市场以外、有外在力量控制的市场情况。现实环境的复杂性决定了竞争的多样性，各个产业之间及同一产业在不同阶段的竞争特性都不可能完全相同。竞争的多样性源于产品的同质性或非同质性、生产者的数量及其规模结构、价格制定的方式、交易的方式、市场信息传递的特征和手段、生产者和消费者的地理分布、产出控制的时间特征、工厂或企业规模的差异导致的成本变动、短期产出波动引起的成本变动、生产能力的可伸缩性等多个方面的因素。

按照竞争的强弱程度，不完全竞争市场分为垄断竞争市场、寡头垄断市场及完全垄断市场。

（二）竞争者的含义和类型

1. 竞争者的含义

对于一个企业来说，广义的竞争者来自多个方面。企业与消费者和供应商之间都存在着某种意义上的竞争关系。狭义的竞争者是那些与本企业提供的产品或服务相似、服务的目标消费者也相似的其他企业。

2. 竞争者的类型

竞争者的类型

（1）从消费者需求角度来划分，竞争者的类型有愿望竞争者、平行竞争者、产品形式竞争者和品牌竞争者。

①愿望竞争者。愿望竞争者指提供不同的产品以满足不同需求的竞争者。例如，消费者要选择一种万元消费品，他所面临的选择就可能有电脑、电视机及摄像机等，这时电脑、电视机及摄像机之间就存在着竞争关系，那么提供电脑、电视机及摄像机的不同企业就互相成为彼此的愿望竞争者。

②平行竞争者。平行竞争者指提供不同的产品以满足相同需求的竞争者。例如，自行车、摩托车、小轿车都可以作为家庭交通工具，提供这 3 种产品的企业之间存在着一种竞争关系，它们也就相互成为彼此的平行竞争者。

③产品形式竞争者。产品形式竞争者指生产同类但规格、型号、款式不同的产品的竞争者。例如，自行车中的山地车与城市车、男式车与女式车，提供这些产品的企业之间也存在着竞争关系，也就相互成为彼此的产品形式竞争者。

④品牌竞争者。品牌竞争者指生产规格、型号、款式相同但品牌不同的产品的竞争者。以电视机为例，索尼、长虹、夏普、金星等众多品牌企业就互为品牌竞争者。

（2）从企业所处的竞争地位来划分，竞争者的类型有市场指导者、市场挑战者和市场追随者。

①市场领导者。市场领导者是指在某一产品或服务市场中拥有较大市场份额的企业或组织，这些企业通常在价格变化、新产品引进、分销覆盖和促销强度上起领导作用。在大多数行业中，一般只会存在一家或几家市场领导者，它们处于全行业的领先地位，其一举一动都直接影响到同行业其他企业的市场份额，它们的营销战略成为其他企业挑战、仿效或回避的对象。市场领导者的地位是在竞争中形成的，但不是固定不变的。

②市场挑战者。市场挑战者是指那些积极向市场领导者或其他竞争者发动进攻来扩大其市场份额的企业，这些企业可以是仅次于市场领导者在行业中处于次要地位的企业，也可以是小企业。处于次要地位的企业如果选择“挑战”战略，向市场领导者进行挑战，首先必须确定自己的策略目标和挑战对象，然后选择适当的进攻策略。

③市场追随者。市场追随者是指在行业中居于次要地位，并安于次要地位，在战略上追随市场领导者的企业。现实市场中存在着大量的市场追随者，其主要的特点是跟随。在技术方面，它不是做新技术的开拓者和率先使用者，而是做学习者和改进者。在营销方面，它不是做市场培育的开路者，而是搭便车，以减少风险和降低成本。市场追随者通过观察、学习、借鉴、模仿市场领导者的行为，不断提高自身技能，不断发展壮大。

【小案例 7-2】

王老吉的成功在为自己带来巨大的商业成就的同时，也开启了一个巨大的蓝海市场——凉茶市场。在众多的追随者之间，和其正凉茶无疑是显眼的一支。和其正凉茶是福建达利食品集团推出的一款凉茶。借助集团公司在生产、管理、渠道资源及品牌等方面的综合优势，和其正试图在凉茶市场中占据一席之地。

就凉茶这个细分市场而言，王老吉是领导品牌。经过多年的市场培育，在消费者的心目中，只有符合王老吉这种口味的凉茶，才能称得上是地道或正宗的凉茶。这就要求作为凉茶市场的跟随者，在口味上必须以王老吉凉茶的口味为准，或者无限接近它的口味。只有这样，才能够从凉茶这个细分市场中分得一杯羹。和其正就是这么做的。

在渠道终端方面，和其正凉茶的渠道策略和王老吉类似，都是采取密集分销的策略，尽可能多地占据更多的有效终端网点。

在品牌传播方面，和其正的跟随策略体现得更加明显。在广告创意方面，它的创意和王老吉差不多，都围绕着“清火”“去火”等与上火有关的概念。在传播上，和其正和王

老吉一样，都是在中央电视台这个级别的媒体平台上做广告。这样容易在消费者心目中建立一种和其正和王老吉差不多的品牌形象，从而拉近其和王老吉的品牌差距。

【分析提示】

通过模仿或创新性模仿市场领导者的产品，可以减少投资，降低成本和营销风险，以获得更多利润。

④市场补缺者。市场补缺者多是行业中相对较弱小的一些中小型企业，它们专注于市场中被大企业忽略的某些细小部分，在这些小市场中通过专业化经营来获取最大限度的收益，在大企业的夹缝中求得生存和发展，对满足消费者需求起到拾遗补阙、填补空白的作用。市场补缺者通过生产和提供某种具有特色的产品和服务，赢得发展的空间。

（三）发现企业的竞争者

1. 从本行业角度来发现竞争者

企业的竞争者首先存在于本行业之中，因此企业要先从本行业出发来发现竞争者。提供同一类产品和服务的企业，或者提供可相互替代产品的企业，共同构成一个行业。在同行业内部，一种产品的价格变化会引起相关产品的需求量的变化。因此，企业需要全面了解本行业的竞争状况，制定相应的竞争战略。

2. 从市场消费需求角度来发现竞争者

企业还可以从市场消费需求的角度出发来发现竞争者。凡是满足相同的市场消费需求，或者服务于同一目标市场的企业，无论是否属于同一行业，都可能是企业潜在的竞争者。从市场消费需求角度出发发现竞争者，可以从更广泛的角度认识现实竞争者和潜在竞争者，有助于企业在更广的领域中制定相应的竞争战略。

3. 从市场细分角度来发现竞争者

为了更好地发现竞争者，企业可以同时从行业和市场这两个方面，结合产品细分和市场细分来进行分析。假设市场上同时销售 5 个品牌的某产品，而且整个市场可以分为 10 个细分市场。如果某品牌打算进入其他细分市场，就需要估计各个细分市场的容量、现有竞争者的市场占有率，以及各个竞争者当前的实力及其在各个细分市场的营销目标与战略。从细分市场角度出发发现竞争者，企业可以更具体、更明确地制定相应的竞争战略。

（四）分析企业的竞争者

1. 分析竞争者的优势与劣势

分析竞争者的优势与劣势，主要可考虑以下几个方面的内容。

（1）产品。竞争者产品在市场中的地位；产品的适销性；产品系列的宽度与深度。

（2）销售渠道。竞争者销售渠道的广度与深度；销售渠道的效率与实力；销售渠道的服务能力。

（3）市场营销。竞争者市场营销组合的水平；市场调研与新产品开发的能力；销售队伍的培训与技能。

（4）生产与经营。竞争者的生产规模与生产成本水平；设施与设备的技术先进性与灵活性；专利与专有技术；生产能力的扩展；质量控制与成本控制；区位优势；员工状况；原材料的来源与成本；纵向整合程度。

（5）研发能力。竞争者内部在产品、工艺、基础研究、仿制等方面所具有的研究与开发能力；研究与开发人员在创造性、可靠性、简化能力等方面的素质与技能。

（6）资金实力。竞争者的资金结构；筹资能力；现金流量；资信度；财务比率；财务管理能力。

（7）组织。竞争者的组织成员价值观的一致性与目标的明确性；组织结构与企业策略的一致性；组织结构信息传递的有效性；组织对环境因素变化的适应性与反应程度；组织成员的素质。

（8）管理能力。竞争者的管理领导素质与激励能力；协调能力；管理者的专业知识；管理决策的灵活性、适应性、前瞻性。

2. 预测竞争者的反应模式

竞争者反应模式是指某一竞争者对竞争行动的反应类型，主要包括以下几种。

（1）从容型竞争者：一个竞争者对某一特定竞争者的行动没有迅速反应或反应不强烈。竞争者缺少反应的主要原因：他们可能感到消费者是忠于他们的；对其他竞争者主动行动的反应迟钝；他们也可能缺少反应所需的资金等。企业一定要弄清楚竞争者从容不迫行为的原因。

（2）选择型竞争者：竞争者可能只对某些类型的攻击做出反应，而对其他类型的攻击无动于衷。竞争者可能经常对降价做出反应，为的是说明对手的降价行为是无用的。但它对对手广告费用的增加可能不做任何反应，认为这些并不构成威胁。了解主要竞争对手会在哪方面做出反应可为企业提供最为可行的市场竞争战略。

（3）凶狠型竞争者：这类企业对其他企业向其所在的领域所发动的任何进攻都会做出迅速而强烈的反应。例如，宝洁公司决不会听任一种新的日化用品轻易投放市场。凶狠型竞争者意在向其他企业表明，最好不要发起任何攻击，否则其将迅速做出反击。

（4）随机型竞争者：有些竞争者并不表露可以预知的反应模式。这一类型的竞争者在任何特定情况下可能会也可能不会做出反击，其反应无法预料。许多小企业是随机型竞争者，当他们发现能承受这种竞争时就站在前沿竞争；而当竞争成本太高时，他们就会退出竞争。

3. 制定竞争对策

通过对竞争者的分析，企业可以确认在什么地方应集中优势进攻、在什么地方应加强防守，在什么地方应主动退让，应进攻谁、回避谁，并拟定较适合企业的市场竞争战略，争取处于较为有利的竞争地位。

技能训练 7-1　把握市场竞争的概念

一、训练目的

通过实训，提高学生对市场竞争的认识。

二、训练内容

1．搜集企业在市场营销实践中参与市场竞争的案例。
2．对所搜集的案例资料进行分析。

三、训练组织

该实践训练项目由指导教师与所指导班级利用实践教学时间组织进行。
1．根据班级成员总人数进行分组，5～6人为一组。
2．各小组选一个组长负责组内工作，要求组员团结协作。
3．各小组组员搜集相关案例，并提出个人分析意见。
4．以小组为单位展开讨论分析。

四、训练考核

1．各小组分析讨论后，形成小组意见。
2．各小组选派代表，在全班发表小组讨论意见。

任务二　选择市场营销竞争战略

根据导入项目，HW公司在认识了市场竞争状况之后，根据企业特点选择适合企业的市场营销竞争战略。

（一）市场营销竞争战略

市场营销竞争战略是企业为了自身的生存和发展，为在竞争中保持或提高其竞争地位和市场竞争力而确定的企业目标及为实现这一目标而应采取的各项策略的组合。

正确的市场营销竞争战略是企业实现其市场营销目标的关键。企业要想在激烈的市场竞争中立于不败之地，就必须树立竞争观念，制定正确的市场营销竞争战略，努力取得竞争的主动权。

【小案例 7-3】

苹果公司与微软公司的竞争时间很长，可以说有一定的历史了。原本做硬件的苹果与做软件的微软毫不相干，但随着 IBM 和微软的合作，微软凭借着开放的软件及硬件优势逐渐蚕食了高姿态封闭性的苹果电脑市场份额。之后，微软通过与惠普、戴尔、联想等电脑制造厂商合作，最终使个人电脑市场全面进入微软时代，而苹果电脑则慢慢成了小众用户群体的产品。微软也成了当时世界上最大的软件公司。

在电脑市场占尽优势的微软，在移动端遭到苹果的“复仇”。随着 iPhone 手机的诞生，人们原本以为会形成 iOS 系统、安卓系统和微软 WP 三足鼎立的状态，但是由于微软的战略失误，其错失移动手机市场，微软 WP 已经沦为全球用户不足 1%占比的甚至可以忽略的小众操作系统了。虽然在这期间，微软试图通过收购诺基亚来改变这样的局面，但收效甚微。而苹果在短短几年内，就占据了 30%的全球移动手机市场，iPhone 手机成了苹果公司创造利润最大的业务。

之后，微软和苹果在以 Surface 和 MacBook 为代表的个人电脑硬件方面又来来回回展开了多次竞争，总体来说各有收获，谁也没有对谁产生压倒性的胜利。

对于苹果来说，微软似乎已经不再是你死我活的竞争对手了，因为微软只有 Windows 和 PC 两个拳头产品，而且它们与消费级市场渐行渐远。而对于微软来说，与苹果的抗争，远远没有与苹果合作更具意义，因为微软已经将未来战略定位于大力结合人工智能技术发展云计算和边缘计算。

【分析提示】

苹果与微软的合作并不反常。对于双方而言，合作都是利大于弊的，苹果需要微软强大的软件服务为自己做背书，微软也不能放弃 Mac OS 背后巨大的软件市场，这是两者为了市场扩张而进行的某种妥协，但苹果是在前进中妥协，而微软则是以退为进，苹果是相对占据优势的一方。

（二）市场营销的主要竞争战略

市场竞争的策略

1. 总成本领先战略

总成本领先战略也称为低成本战略，是指企业通过降低自己的生产和经营成本，以低于竞争对手的产品价格，获得市场占有率，并获得同行业平均水平以上的利润。处于低成本地位的战略经营单位往往能够防御竞争对手的进攻，因为较低的成本可使其通过降价与对手进行激烈竞争后，仍然能够获得盈利，从而在市场竞争中站住脚跟。例如，我国出口玩具产品的企业就利用了该产品的劳动密集型特点，发挥我国劳动力成本较低的优势，占领了美国玩具市场较多的份额。

2. 差异化战略

所谓差异化战略，是指为使企业产品与竞争对手的产品有明显的区别、形成与众不同的特点而采取的战略。这种战略的重点是创造被全行业和消费者都视为独特的产品和服务以及企业形象。实现差异化的途径多种多样，如产品设计、品牌形象、技术特性、销售网络、用户服务等。

3. 集中战略

集中战略是指企业把经营的重点目标放在某一特定购买者集体，或某种特殊用途的产品，或某一特定地区上，来建立企业的竞争优势，确定市场地位。由于资源有限，一个企业很难在其产品市场展开全面的竞争，这时企业需要抓住重点，以期产生巨大、有效的市场力量。此外，一个企业所具备的不败的竞争优势，也只能在产品市场的一定范围内发挥作用。

技能训练 7-2　掌握市场营销竞争战略的使用

一、训练目的

通过实训，提高学生对市场营销竞争战略的认识。

二、训练内容

1．搜集企业在市场营销实践中制定竞争战略的案例。
2．对所搜集的案例资料进行分析。

三、训练组织

该实践训练项目由指导教师与所指导班级利用实践教学时间组织进行。

1．根据班级成员总人数进行分组，5～6人为一组。
2．各小组选一个组长负责组内工作，要求组员团结协作。
3．各小组组员搜集相关案例，并提出个人分析意见。
4．以小组为单位展开讨论分析。

四、训练考核

1．各小组分析讨论后，形成小组意见。
2．各小组选派代表，在全班发表小组讨论意见。

项目总结

【内容要点】

不同类型的竞争者与企业之间竞争的激烈程度是不同的，并且对企业营销活动的开展和营销目标的实现也有不同的影响。竞争者的类型、企业市场营销竞争战略的选择各有不

同的实施要求和条件。企业应该把握竞争对手及其竞争战略，并对双方的优势和劣势进行对比分析，选择正确的竞争战略。

【实务要点】

竞争者的类型；发现企业的竞争者；市场营销竞争战略的类型。

【复习与思考】

1．什么是市场竞争？
2．简述不同的市场竞争类型。
3．谈谈你对企业竞争者的认识。
4．简述企业的市场营销竞争战略有哪些。

项目综合实训

一、实训目的

1．增强学生对有关市场竞争知识的理解。
2．培养学生运用市场营销竞争战略解决企业实际问题的能力。
3．提高学生分析与解决问题的能力。

二、实训内容

联系某企业的实际情况，分析该企业现有市场竞争状况及面临的竞争对手，为该企业选择合适的市场营销竞争战略。

三、实训组织

该实践训练项目由指导教师与所指导班级利用实践教学时间组织进行。
1．根据班级成员总人数进行分组，5~6 人为一组。
2．各小组选一个组长负责组内工作，要求组员团结协作。
3．各小组定好实训计划，创造性完成实训。

四、实训考核

1．各小组以 PPT 形式展示实训成果。
2．教师点评。

模块三 开发目标市场

模块描述

【知识目标】

- 了解市场细分的含义和标准。
- 明确目标市场营销策略。
- 掌握市场定位的步骤和策略。

【能力目标】

- 运用市场细分标准对市场进行细分。
- 选择目标市场并运用目标市场营销策略。
- 做出较准确的市场定位。

模块分析

【知识点】

- 市场细分的标准。
- 目标市场的选择。
- 市场定位的步骤与策略。

【技能点】

- 市场细分标准的选取。
- 目标市场的评估。
- 市场定位分析。

市场细分与目标市场选择

项目目标

【知识目标】

- 了解市场细分的含义。
- 理解市场细分的原则。
- 理解目标市场选择的标准。
- 掌握不同目标市场营销策略的运用。

【能力目标】

- 具有分析及选择市场细分标准的能力。
- 具备进行有效的市场细分的能力。
- 具备选择目标市场的能力。
- 具备制定目标市场营销策略的能力。

【素质目标】

- 树立以顾客为中心，以竞争为导向，以企业能力为基础的营销价值观念。
- 提高交流沟通的能力。

项目导入

由于国际能源市场竞争不断升级，HW公司现考虑开发新市场，进军新能源汽车市场。HW公司该如何选择目标市场，并制定企业的市场营销策略呢？

项目实施

根据导入项目，HW公司首先应进行市场调研，搜集市场中有关新能源汽车市场细分的数据，制定出市场细分方案，然后在对整体市场进行细分的基础上，根据自身条件、市场环境、经营宗旨等标准对不同的细分市场进行评估，选择和确定目标市场，明确企业的经营领域，制定企业的市场营销策略。

任务一 市场细分

（一）市场细分的含义和作用

市场细分

市场细分是指企业通过市场调研，依据消费者的需求、购买行为和购买习惯等方面的差异，把某一产品的整体市场划分为若干消费者群的市场分类过程。每一个消费者群就是一个细分市场，每一个细分市场都是由具有类似需求倾向的消费者构成的群体。

市场细分的作用可以归纳为以下几个方面。

（1）市场细分有利于选择目标市场，制定市场营销策略。

市场细分后的子市场比较具体，使企业比较容易了解消费者的需求。企业可以根据自己的经营思想、方针、生产技术和营销力量，确定自己的服务对象，即目标市场，并制定合适的市场营销策略。同时，在细分市场中，一旦消费者的需求发生变化，企业可迅速改变市场营销策略，以适应消费者需求的变化，提高企业的应变能力和竞争力。

【小案例8-1】

联想围绕“锋行”“天骄”“家悦”3个品牌面向的不同消费者群需求，推出了不同的促销方案。选择“天骄”的消费者，可优惠购买让数据随身移动的魔盘、可精彩打印数码照片的3110打印机、SOHO好伴侣的M700多功能一体机及让人尽享数码音乐的MP3；选择“锋行”的消费者，可优惠购买“数据特区”双启动魔盘及“新歌任我选”MP3播放器；钟情于“家悦”的消费者，则可优惠购买“电子小书包”魔盘、名师导学的网校卡及成就电脑高手的XP电脑教程。

【分析提示】

基于市场细分，面对不同的消费者群，联想提出了不同的促销方案。

（2）市场细分有利于发掘市场机会，开拓新市场。

通过市场细分，企业可以对每一个细分市场的购买潜力、满足程度、竞争情况等进行分析对比，探索出有利于本企业发展的市场机会，使企业及时做出投产、移地销售决策，或根据本企业的生产技术条件制订新产品开拓计划，进行必要的产品技术储备，掌握产品更新换代的主动权，开拓新市场，以更好地适应市场需求。

（3）市场细分有利于集中人力、财力、物力投入目标市场。

任何一家企业的人力、财力、物力都是有限的。为了进行有效竞争，企业必须进行市场细分，选择其中最有利可图的目标市场，集中人力、财力、物力投入其中，以取得和增加竞争优势。

（4）市场细分有利于企业提高经济效益。

前面 3 个方面的作用都能使企业提高经济效益。除此之外，通过市场细分，企业可以针对自己的目标市场，生产出适销对路的产品，既能满足市场需求，又可增加企业的收入。同时，产品适销对路可以加速产品流转，加大生产批量，降低企业的生产及销售成本，提高生产工人的劳动熟练程度，提高产品质量，全面提高企业的经济效益。

（二）市场细分的原则

企业进行市场细分的目的是通过对消费者需求的差异予以定位，从而生产差异化的产品，来取得较大的经济效益。众所周知，产品的差异化必然会导致生产成本和推销费用的相应增长，所以企业必须在市场细分所得收益与市场细分所增成本之间进行权衡。由此，我们可以得出有效的市场细分必须遵循以下原则。

1. 可衡量性

可衡量性是指各个细分市场的购买力和规模能被衡量的程度。如果细分变量很难衡量，就无法界定市场。例如，消费者的年龄可以衡量，而且资料可得，那么消费者的年龄即可作为一个细分标准。

2. 可盈利性

可盈利性是指企业选定的细分市场的容量足以使企业盈利。细分市场应具备给企业带来盈利的潜力。每一个细分市场必须大到能够保证企业在其中经营可以盈利。

【小案例 8-2】

宝洁公司曾经在市场上推出过一种低卡路里的糖果，期望能够开辟出一个新的细分市场。不过，这种糖果推出后因为销量不佳，无法弥补投资成本，没多久就退出了市场。

【分析提示】

企业选择的细分市场应该满足企业盈利的基本需要。

3. 可进入性

可进入性是指所选定的细分市场必须与企业自身状况相匹配，企业有优势占领这一细分市场。可进入性具体表现为信息进入、产品进入和竞争进入。考虑市场的可进入性，实际上是研究企业市场营销活动的可行性。

4. 差异性

差异性是指细分市场在观念上能被区别，并对不同的营销组合因素和方案有不同的反应。只有消费者对产品的需求存在差异性时，市场才值得企业进行细分。由于消费者所处的地理位置、社会环境及其购买动机各不相同，他们对产品的需求存在差异性。差异性是市场细分的基础。

5. 相对稳定性

相对稳定性是指细分后的市场有相对应的时间稳定。细分后的市场能否在一定时间内保持相对稳定，直接关系到企业生产经营的稳定性。特别是大中型企业及投资周期长、转产慢的企业，细分市场不稳定更容易造成其经营困难，严重影响企业的经营效益。

（三）市场细分的标准

市场细分标准一般可概括为按地理因素细分、按人口因素细分、按心理因素细分和按行为因素细分 4 类标准。

市场细分标准	因素
地理因素	地理位置、城镇大小、地形和气候等
人口因素	年龄、性别、收入、民族、职业、受教育程度、家庭人口等
心理因素	生活方式、性格、购买动机等
行为因素	产品的购买时间、购买数量、购买频率、对品牌的忠诚度等

1. 按地理因素细分

按地理因素细分，就是按消费者所在的地理位置、地理环境等来细分市场。因为处在不同地理环境下的消费者，对于同一类产品往往会有不同的需求与偏好。例如，对自行车的选购，城市居民喜欢款式新颖的轻便车，而农村居民喜欢坚固耐用的加重车等。

（1）地理位置。可以按照地理区域来进行细分，如我国可以细分为东北、华北、西北、西南、华东和华南等几个地区；也可以按照行政区域来进行细分，如细分为省、市、县等。在不同地区，消费者的需求也存在较大差异。俗话说：一方水土养一方人。在同一地区，消费者的需求特点和消费习惯大致相同。例如，西南地区的人大多数喜欢食麻辣，江浙地区的人大多数喜欢食甜食。

（2）城镇大小。处在不同规模城镇的消费者，在消费结构方面存在较大差异。

（3）地形和气候。按地形细分，我国可细分为平原、丘陵、山区、沙漠地带等；按气候细分，我国可细分为热带、亚热带、温带、寒带等。防暑降温、御寒保暖之类的消费品市场就可按气候来划分。例如，在我国北方，冬天气候寒冷干燥，加湿器很有市场；但在南方，由于空气湿度大，基本上不存在对加湿器的需求。

2.按人口因素细分

按人口因素细分，就是按年龄、性别、收入、民族、职业、受教育程度、家庭人口等，将市场划分为不同的消费者群体。因为人口因素比其他因素更容易测量，且适用范围比较广，所以人口因素一直是市场细分的重要依据。

（1）年龄。不同年龄段的消费者由于生理、性格、爱好、经济状况的不同，对消费品的需求往往存在很大的差异。因此，可按年龄将市场细分为许多各具特色的消费者群，如儿童市场、青年市场、中年市场、老年市场等。从事服装、食品、保健品、健身器材、书刊等生产经营业务的企业，经常依据年龄来细分市场。例如，麦当劳提供的快乐餐中有专为孩子设计的玩具。这是因为麦当劳了解到大部分家庭外出的就餐决策会受到孩子的影响。

（2）性别。按性别可将市场细分为男性市场和女性市场。不少产品在用途上有明显的性别特征，如男装和女装、男表与女表。在购买行为、购买动机等方面，男女之间有很大的差异，如女士是服装、化妆品、小包装食品等市场的主要购买者，男士则是香烟、饮料、体育用品等市场的主要购买者。美容美发、化妆品、珠宝首饰、服装等许多行业，长期以来都是按性别来细分市场的。例如，碧欧泉不仅有女性护肤产品，还突破性地上市了男士系列。

（3）收入。收入的变化将直接影响消费者的需求和支出模式。根据平均收入水平的高低，可将市场细分为高收入、次高收入、中等收入、次低收入、低收入 5 个群体。收入高的消费者一般会比收入低的消费者购买更高价的产品，如钢琴、汽车、豪华家具等；收入高的消费者一般喜欢到百货公司或品牌专卖店购物，收入低的消费者则通常在附近的商店、超市购物。因此，汽车、旅游、房地产等行业一般按收入来细分市场。

（4）民族。世界上大部分国家都拥有多种民族，我国更是一个多民族的大家庭，除汉族外，还有 55 个少数民族。这些民族都各有自己的传统习俗、生活方式，从而呈现出各种不同的需求。只有按民族进行市场细分，才能满足各族人民的不同需求，并进一步扩大企业的产品市场。

（5）职业。由于知识水平、工作条件和生活方式等的不同，不同职业消费者的消费需求存在很大的差异，如教师比较注重书籍、报刊等方面的需求，文艺工作者则比较注重美容、服装等方面的需求。

（6）受教育程度。受教育程度不同的消费者，在志趣、生活方式、文化素养、价值观念等方面都会有所不同，这会影响他们的购买种类、购买行为及购买习惯。

【小案例 8-3】

在风景如画的美国俄勒冈州纽波特海湾，有一家小旅馆，共有 20 间客房，其布置和摆设都极为奇特。每个房间的设计都以一位世界知名作家或闻名于世的小说主人公为主题。这家“小说旅馆”吸引了众多爱好读书的旅客，旅馆生意十分兴隆。

【分析提示】

房间中的摆设可以使旅客联想到不同作家作品中的精辟句子和情节，从而吸引了爱好读书的旅客。

（7）家庭人口。根据家庭人口数量可将市场细分为单身家庭（1 人）、单亲家庭（2 人）、小家庭（2～3 人）、大家庭（4～6 人，或 6 人以上）等群体。家庭的人口数量不同，其在住宅大小、家具、家用电器乃至日常消费品的包装大小等方面都会出现需求差异。

3. 按心理因素细分

按心理因素细分，就是将消费者按其生活方式、性格、购买动机、态度等因素细分成不同的群体。

（1）生活方式。越来越多的企业，如服装、化妆品、家具、娱乐等行业，重视按人们的生活方式来细分市场。生活方式是人们对工作、消费、娱乐的特定习惯和模式，不同的生活方式会产生不同的需求偏好，如“传统型”“新潮型”“节俭型”“奢侈型”等。这种细分方法能显示出不同群体对同种产品在心理需求方面的差异性，如美国有的服装公司就把妇女划分为“朴素型妇女”“时髦型妇女”“男子气质型妇女”3 种类型，并分别为她们设计了不同款式、颜色和质料的服装。

【小案例 8-4】

海尔进入美国市场的主流产品是小冰箱而不是大冰箱，这跟美国人的生活习惯有很大的关系。美国人一般每星期只开车购物一次，然后将买回来的东西放在冰箱里，所以冰箱要很大。海尔准备进入美国市场时进行了市场细分，找到了一个缝隙市场，即根据大学生群体的需求，开发小冰箱，顺利地占据了学生市场的较大份额。

【分析提示】

要找到新市场的切入点，要根据相关的标准对市场进行有效细分，争取进入市场后可以成为该细分市场的领导品牌。

（2）性格。消费者的性格与其产品偏好有很大的关系。性格可以用外向、内向、乐观、悲观、自信、顺从、保守、热情、老成等词句来描述。性格外向、容易感情冲动的消费者往往喜欢购买能表现自己个性的产品；性格内向的消费者则往往喜欢购买比较大众化的产品；富于创造性和冒险心理的消费者，则对新奇、刺激性强的产品特别感兴趣。

很多企业会赋予品牌以个性，以迎合消费者的性格。例如，20 世纪 50 年代末，福特汽车和雪佛兰汽车在促销方面就强调其个性的差异。有不少人认为购买福特汽车的消费者有独立性、有男子汉气概，敏于变革并富有自信心；购买雪佛兰汽车的消费者往往保守、节俭，恪守中庸之道。

（3）购买动机。常见的购买动机包括求实、求新、求名、求廉、从众、求美、求便等，这些都可作为市场细分的依据。例如，有人购买服装是为了遮体保暖，有人是为了追求美，有人则是为了体现自身的经济实力等。因此，企业可按购买动机对市场进行细分，并确定目标市场。

4. 按行为因素细分

按行为因素细分，就是按照消费者购买或使用某种产品的时间、购买数量、购买频率、对品牌的忠诚度等因素来细分市场。

（1）购买时间。许多产品的消费具有时间性，如月饼的消费主要在中秋节之前，而旅游景点在旅游旺季时的生意最兴隆。因此，企业可以根据消费者产生需求、购买或使用产品的时间进行市场细分，如航空公司、旅行社在寒暑假期间大做广告，推行票价优惠策略，以吸引师生乘坐飞机外出旅游；商家在酷热的夏季大做空调广告，以有效增加销量等。因此，企业可根据购买时间进行细分，在适当的时候加大促销力度，采取优惠价格，以促进销售。

（2）购买数量。根据购买数量，可将市场细分为大量用户、中量用户和少量用户 3 类。大量用户的人数不一定多，但消费量大，如文化用品的大量使用者是知识分子和学生，化妆品的大量使用者是青年女性等。

（3）购买频率。购买频率是指消费者在一定时期内购买某种或某类产品的次数。一般来说，消费者的购买行为在一定的时限内是有规律可循的。根据购买频率，可将市场细分为经常购买、一般购买、不常购买（潜在购买者）3 类，如可将网购消费者细分为经常网购的消费者和不常网购的消费者。

【小案例 8-5】

飞行常客奖励计划是航空公司给忠实乘客的一种奖励，具体形式：乘客们通过这个计划累计自己的飞行里程，并使用这些里程来兑换免费的机票、产品和服务及其他类似贵宾休息室或优先值机之类的特权。

获得积分的基本方式就是选择对应的航空公司的航班进行飞行，大多数飞行常客奖励计划都是基于飞行的里程数来给予积分的，大多数航空公司根据乘客每年的飞行里程或次数来调整他们的会员资格等级及所获得的额外福利。

【分析提示】

根据行为因素细分出企业的忠诚消费者，并通过实施奖励计划提高消费者的满意度和忠诚度。

（4）购买习惯（对品牌的忠诚度）。据此可将市场细分为坚定品牌忠诚者、多品牌忠诚者、转移的忠诚者、无品牌忠诚者等消费者群。例如，有些消费者忠诚于某些产品，如海尔电器、中华牙膏等；有些消费者忠诚于某些服务，如东方航空公司、某酒店或饭店等；有些消费者忠诚于某一个机构、某一项事业等。为此，企业必须辨别其忠诚消费者及特征，以便更好地满足他们的需求，必要时给忠诚消费者以某种形式的回报或鼓励，如给予一定的折扣。

【小案例8-6】

20世纪90年代末，中国汽车市场还是桑塔纳、捷达、富康的“天下”，但是10年之后，市场中的竞争者有200余个，几乎在每一个以万元为单位的价格区间内，都有十几款车型在竞争。尤其是市场份额最大的10万元至20万元的中级车市场，挤满了凯越、花冠、思域、标致307、帕萨特、宝来、马自达3、马自达6、福克斯等车型。正如上海通用汽车总经理所感叹的那样：“没有哪一个国家的消费者像中国这样，有如此差异化的需求；也没有哪个国家的汽车市场像中国这样，极度多元化、细分化。”现在，所有的汽车厂家都在思考一个问题：市场已经拥挤得无法再进一步进行细分了，那么企业该如何寻找新的细分市场？

【分析提示】

汽车市场的细分化不会停止，其步伐只会越来越快。如何寻找属于自己的细分市场，关系到所有厂家的生死存亡。

（四）市场细分的基本方法

1. 单一变量法

单一变量法是指企业根据市场营销调研结果，把影响消费者选择或用户需求最主要的因素作为细分变量，进行市场细分的方法。这种市场细分方法是以企业的经营实践、行业经验和对消费者的了解为基础，在宏观变量或微观变量中，找到一种能有效区分消费者并使企业的营销组合产生有效对应的变量而进行的细分。

2. 主导因素排列法

主导因素排列法是指当一个细分市场的选择存在多因素时，可以从消费者的特征中寻找和确定主导因素，然后将其与其他因素有机结合，从而确定细分目标市场。

3. 综合因素细分法

综合因素细分法是指根据影响消费需求的两种或两种以上的因素进行综合细分。例如，根据生活方式、收入水平、年龄三个因素，可将妇女服装市场划分为不同的细分市场，如下图所示。

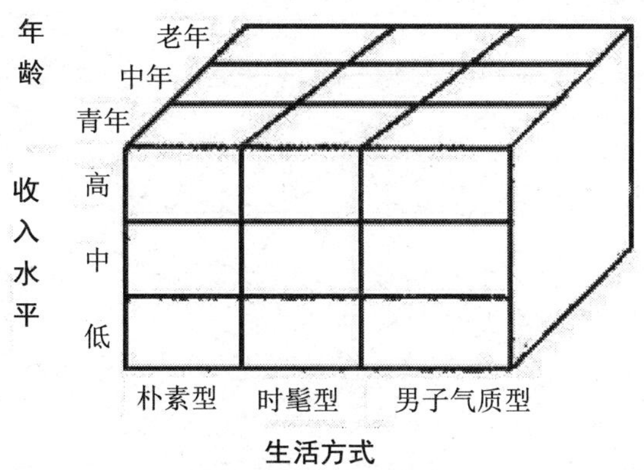

4. 系列因素细分法

系列因素细分法是指细分市场涉及多项因素，并且各项因素按一定顺序逐步进行细分的方法。系列因素细分法可使目标市场变得越来越具体，如某地的皮鞋市场就可以用系列因素细分法做如下细分。

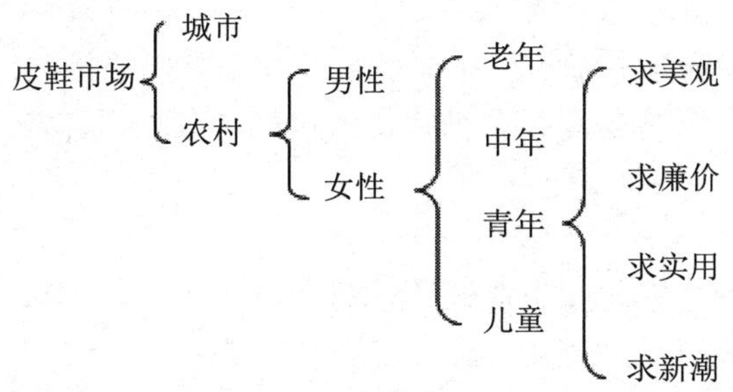

通常情况下，企业是组合运用相关变量来细分市场的，而不是单一根据某一变量来进行市场细分的。

（五）市场细分的步骤

市场细分作为一个比较、分类、选择的过程，应该按照一定的程序来进行。美国营销学家麦卡锡提出了市场细分的 7 个步骤。

1. 正确选择市场范围

企业根据自身的经营条件和经营能力确定进入市场的范围，如进入什么行业、生产什么产品及提供什么服务等。

2. 列出市场范围内潜在消费者的需求情况

根据细分标准，比较全面地列出市场范围内潜在消费者的需求情况，将其作为深入研究的基本资料和依据。

3. 分析潜在消费者的不同需求，初步划分市场

企业将所列出的各种需求通过抽样调查，进一步搜集有关市场信息与消费者背景资料，然后初步划分出一些差异较大的细分市场。

4. 筛选

根据市场细分的条件，对所有细分市场进行分析研究，剔除不合要求的无用的细分市场。

5. 为细分市场定名

为便于操作，可结合各细分市场中消费者的特点，用形象化、直观化的方法为细分市场定名，如某旅游市场分为商人型、舒适型、好奇型、冒险型、享受型及经常外出型等。

6. 复核

进一步对细分市场进行调查研究，充分认识各细分市场的特点，本企业所开发的细分市场的规模与潜在需求，以及还需要对哪些特点进一步分析研究等。

7. 选定目标市场

企业在各细分市场中选择与本企业经营优势和特色相一致的市场作为目标市场。没有这一步，就没有达到细分市场的目的。

技能训练 8-1　设计市场细分方案

一、训练目的

通过市场细分标准的选择及市场细分方案的确定，培养学生进行有效市场细分的能力。

二、训练内容

针对我国目前个人笔记本电脑市场的需求及其发展状况，提出针对个人笔记本电脑市场的细分方案。

三、训练组织

该实践训练项目由指导教师与所指导班级利用实践教学时间组织进行。

1．根据班级成员总人数进行分组，5~6 人为一组。
2．各小组选一个组长负责组内工作，要求组员团结协作。
3．各小组围绕可能用于细分个人笔记本电脑市场的标准，设计调查问卷。
4．各小组开展市场调查，分析调查数据，确定市场细分标准。
5．各小组细分个人笔记本电脑市场，并对各细分市场进行描述。

四、训练考核

1．按时完成市场调研分析。
2．比较准确地分析调查所搜集的信息资料。
3．市场细分标准的选取较为准确。
4．各小组分析讨论后，形成小组方案。
5．各小组选派代表，在全班展示小组方案。

任务二　选择目标市场

（一）目标市场的概念

目标市场是企业在对整体市场进行细分的基础上，根据自身条件、市场环境及经营宗旨等标准对不同的细分市场进行评估之后，决定进入的那些细分市场。

选择目标市场，明确企业的经营领域，是企业制定市场营销战略的首要内容和基本出发点。

（二）目标市场选择标准

1. 有一定的规模和发展潜力

企业进入某一市场是期望能够有利可图，如果市场规模狭小或者趋于萎缩状态，企业进入后就难以获得发展，这时企业应谨慎考虑，不宜轻易进入。当然，企业也不宜以市场吸引力作为唯一的选择标准，特别是应力求避免“多数谬误”，即与竞争企业遵循同一思维逻辑，将规模最大、吸引力最大的市场作为目标市场。大家共同争夺同一个消费者群的结果是过度的竞争和社会资源的无端浪费，同时使消费者的一些本应得到满足的需求遭受冷落和忽视。现在，国内很多企业将城市尤其是大中城市作为其首选市场，而对小城镇和农村市场不够重视，很可能就步入了误区，如果转换一下思维角度，一些目前经营尚不理想的企业可能出现“柳暗花明”的局面。

2. 细分市场的吸引力

细分市场可能具备理想的规模和发展潜力，然而从盈利的角度来看，它未必有吸引力。波特认为，有5种力量决定了整个市场或其中任何一个细分市场的长期的内在吸引力。这5种力量是供应商的议价能力、购买者的议价能力、潜在竞争者进入的能力、替代品的替代能力及行业内现有竞争者的竞争能力。

3. 符合企业的发展目标和能力

某些细分市场虽然有较大吸引力，但不能推动企业实现发展目标，甚至还会分散企业的精力，使之无法完成其发展目标。企业应考虑放弃这样的市场。另外，企业还应考虑自身的资源条件是否适合在某一细分市场经营。企业只有选择那些有条件进入、能充分发挥其资源优势的市场作为目标市场，才会立于不败之地。

【小案例8-7】

美国天美时钟表公司刚开始只是一个不大起眼的公司，因此公司极力想在美国钟表市场上占据一席之地。当时，知名的钟表公司几乎都是以生产名贵手表为主的，而且主要通过大百货公司、珠宝商店推销。但是，天美时钟表公司通过市场营销研究发现，实际上市场可进行细分，其把市场上的消费者分为了三类。

第一类消费者希望能以尽量低的价格购买能计时的手表，他们追求的是低价位的实用品。这类消费者占23%。

第二类消费者希望能以较高的价格购买计时准确、耐用或式样好的手表，他们既重实用，又重美观。这类消费者占46%。

第三类消费者想买名贵的手表，主要是把它作为礼物。这类消费者占整个市场的31%。

由此发现，以前市场上提供的产品仅是以第三类消费者为对象的。美国天美时钟表公司意识到，一个潜在的、充满生机的大市场即在眼前！于是，公司根据第一类、第二类消费者的需要，制造了一种叫作“天美时”的物美价廉的手表，并承诺一年内保修，而且利用新的销售渠道，广泛通过超级市场等各种类型的商店大力推销，很快提高了“天美时”的市场占有率，其也成为世界上比较大的钟表公司之一。

【分析提示】

企业要以自身条件、市场环境、经营宗旨及消费者需求等为依据来选择目标市场。

（三）企业可考虑的目标市场模式

企业可考虑的目标市场模式

企业在对不同细分市场进行评估后，就必须对进入哪些市场和为多少个细分市场服务做出决策。企业可考虑的目标市场模式一般有以下5种。

1. 产品—市场集中化模式

产品—市场集中化模式是指企业选择一个细分市场集中营销。如果细分市场补缺得当，企业的投资便可获得高回报。但市场集中营销比一般营销风险更大，因此许多企业更愿意在若干个细分市场分散营销。

2. 产品专门化模式

产品专门化模式是指企业集中生产一种产品，并向各类消费者销售这种产品。企业通过这种模式，在某种产品方面树立起很高的声誉。但如果这种产品被一种其他的新产品所替代，就很容易发生危机。

【小案例 8-8】

伊士曼柯达公司，简称柯达公司，创立于 1880 年，是一家专业从事影像产品及相关服务的生产和供应商，其为大众所熟知的就是其摄影胶片产品。在 20 世纪的大部分时间里，柯达一直以行业领导者的姿态不断进行创新，给影像行业带来了无穷活力。但是，在数码摄影开始发展之后，柯达还是坚守自家的传统胶片业务，没能及时跟上时代发展的步伐，最终在 20 世纪末，柯达开始显现出没落的苗头。虽然柯达后知后觉地开始追赶潮流，却还是难逃被市场淘汰的命运。2012 年 1 月，柯达公司正式申请破产保护，同年 8 月，柯达公司宣布将会出售大量业务以筹集资金，脱离破产保护。2013 年 9 月，在出售了大量业务及专利之后，柯达脱离了破产保护，但此时的柯达早已不是当年的影像业巨头，经历重组之后，其变身为一家小型的数码影像公司。

【分析提示】

由于柯达公司的摄影胶片产品被数码摄影所替代，其难逃被市场淘汰的命运。

3. 市场专门化模式

市场专门化模式是指企业专门为满足某个消费者群体的各种需要而服务。在这种模式下，企业经营的产品类型众多，有助于其与消费者形成稳定的购买关系，从而降低交易成本，分散经营风险。但消费者群体可能会削减预算或缩减需求规模，当这类消费者的需求下降时，企业也会面临收益下降的风险。

4. 选择性专业化模式

选择性专业化模式是指企业选择若干个细分市场，其中每个细分市场在客观上都有吸引力，都有可能盈利，并且都符合企业的发展目标，但各细分市场之间很少有或者根本没有任何联系。这种多细分市场目标优于单细分市场目标，因为这样可以分散企业经营风险，即使某个细分市场失去吸引力，企业仍可继续在其他细分市场获取利润。一般具有较强资源和营销实力的企业会采用这种模式，如长江集团的业务包括物业发展及投资、房地产代理及管理、港口及相关服务、电讯、酒店、零售、能源、基建、财务及投资、电子商贸、建材、媒体与生命科技等。

5. 完全市场覆盖（全面进入）模式

完全市场覆盖（全面进入）模式是指企业想用各种产品满足各种消费者群体的需求。一般只有大企业才会采用完全市场覆盖（全面进入）模式。

下图为5种目标市场模式的市场覆盖战略图。其中，P代表产品，M代表市场。

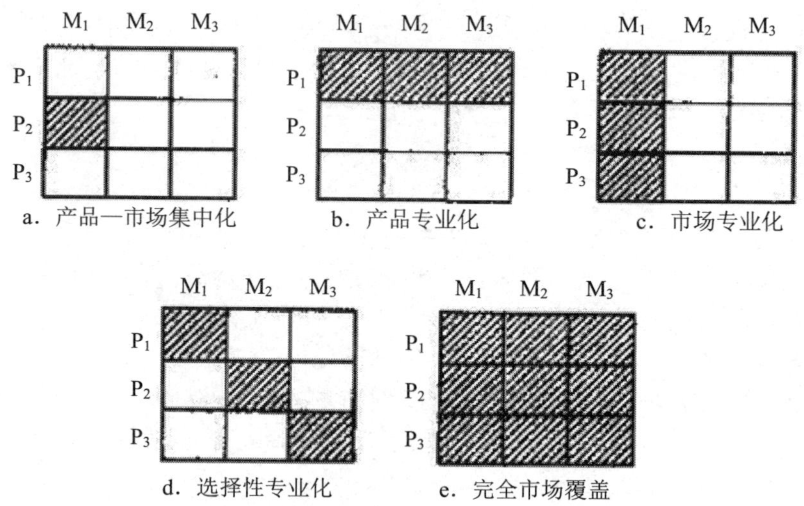

【小案例8-9】

通过对我国化妆品市场的环境分析，欧莱雅公司采取多品牌战略对所有细分市场进行了完全市场覆盖，其在我国的品牌框架包括高端、中端和低端3个部分。

其中，高端产品约由12个品牌构成。第一品牌是赫莲娜，其产品品质和价位都是这12个品牌中最高的，其面对的消费者群体年龄相对偏大且具有很强的消费能力；第二品牌是兰蔻，它是全球知名的高端化妆品牌之一，其面对的消费者年龄比赫莲娜年轻一些，也具有相当的消费能力；第三品牌是碧欧泉，它面对的是具有一定消费能力的年轻消费者。

中端产品分为两大块。一块是美发产品，包括卡诗和欧莱雅专业美发。其中，卡诗在染发领域属于高档品牌，比欧莱雅专业美发高一些，它们的销售渠道是专业美发店。另一块是活性健康化妆品，包括薇姿和理肤泉两个品牌，它们通过药房销售。欧莱雅率先把这种药房销售化妆品的理念引入了我国。

低端产品是大众类产品，欧莱雅集团目前共推出5个品牌。其中，巴黎欧莱雅是属于最高端的，它有护肤、彩妆、染发等产品，在全国500多个百货商场设有专柜，还在家乐福、沃尔玛等高档超市有售。第二品牌是羽西，羽西秉承着“专为亚洲人的皮肤设计”的理念，在全国240多个城市的800家百货商场有售。第三品牌是美宝莲——来自美国的大众彩妆品牌，在全国600多个城市中有1.2万个柜台。第四品牌是卡尼尔，在我国主要推出的是染发产品，它相比欧莱雅专业美发更大众化一些，在我国有5000多个销售点。第

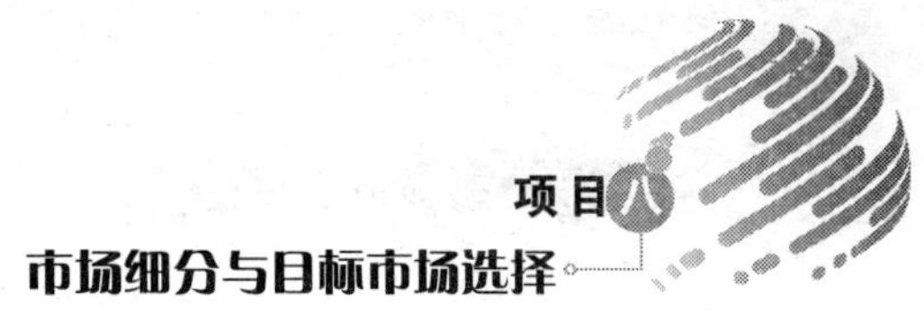

五品牌是小护士，它面对的是追求自然美的年轻消费者，其市场认知度在90%以上，在全国有28万个销售点。

【分析提示】

由于欧莱雅集团对我国的市场分析比较到位，兰蔻在高档化妆品市场、薇姿在通过药房销售的活性健康化妆品市场、美宝莲在大众彩妆市场、欧莱雅专业美发在染发的高端市场已经占据了很高地位。

（四）目标市场营销策略

目标市场营销策略是指企业通过市场细分，选择一个或几个有利于发挥企业优势的细分市场作为自己的目标市场，综合考虑自身实力、竞争状况及产品特性等因素，针对不同的目标市场选择的营销策略。

1. 无差异市场营销策略

无差异市场营销策略是指企业采用单一的市场营销策略来开拓市场，即企业着眼于消费者需求的同质性，把整体市场看作目标市场，对市场的各个部分同等看待，推出同一种产品，采用同一种价格，利用相同的分销渠道，应用相同的广告设计和广告宣传，来占领目标市场。

无差异市场营销策略的理论基础是成本的经济性。生产单一产品，可以减少生产与储运成本；无差异的广告宣传和其他促销活动可以节省促销费用；不搞市场细分，可以减少企业在市场调研、产品开发、制定各种市场营销组合方案等方面的市场营销投入。这种策略比较适合需求广泛、市场同质性高且能大量生产、大量销售的产品。但是，一种产品或品牌长期受消费者欢迎的情况是不常见的。这种策略对于如今大多数企业的产品已经不适用了。

2. 差异性市场营销策略

差异性市场营销策略是指企业将整体市场划分为若干细分市场，针对不同的细分市场制定不同的市场营销方案。

差异性市场营销策略的优点：批量小、种类多、生产机动灵活、针对性强，可以使消费者需求更好地得到满足，以此促进产品销售。另外，由于企业在多个细分市场上经营，在一定程度上可以减少经营风险；一旦企业在几个细分市场上获得成功，就可以提高企业形象及产品的市场占有率。

差异性市场营销策略的不足之处主要体现在两个方面。一是增加营销成本。由于产品种类多，管理和存货成本将会增加；由于企业必须针对不同的细分市场制定不同的市场营销策略，企业在市场调研、促销和渠道管理等方面的市场营销成本也会增加。二是企业的资源配置不能有效集中，容易顾此失彼，甚至在企业内部出现彼此争夺资源的现象，使拳头产品难以形成优势。因此，资源力量有限的中小型企业不要盲目采用这种策略。

【小案例 8-10】

雅高酒店集团是一家大型的法国跨国企业。其在近 100 个国家中约有 4000 家酒店，涵盖了奢华、高档、中档、经济等各个层次，提供了全系列不同层次的酒店服务，满足了不同层次消费者的需要。

其中，Sofitel 吸引高档商务消费者，Novotel 吸引中档消费者，而 Hotel F1 就吸引家庭和预算型消费者。雅高酒店集团为每个目标市场提供了不同的市场营销组合，因此它必须为每一种品牌制订市场营销计划、组织市场营销调研、进行预测、做销售分析、制订促销计划和策划广告等，因此市场营销成本较高。

【分析提示】

该企业针对不同层次消费者的要求，采取了差异性市场营销策略。

3. 集中性市场营销策略

集中性市场营销策略是指企业集中力量进入一个或少数几个细分市场，实行专业化生产和销售。实行这一策略企业的目的是力求在一个或几个子市场中占有较大份额。

集中性市场营销策略的指导思想：与其四处出击收效甚微，不如突破一点取得成功。这一策略特别适合资源力量有限的中小型企业。中小型企业由于受财力、技术等因素的制约，在整体市场上可能无力与大企业抗衡，但如果集中资源力量在大企业尚未顾及或尚未建立绝对优势的某个或某几个细分市场中进行竞争，成功的可能性则较大。

集中性市场营销策略的局限性体现在两个方面。一是市场区域相对较小，企业发展受到限制。二是具有较大的经营风险，一旦目标市场突然发生变化，如消费者偏好发生转移、或强大竞争对手的进入、或新的更有吸引力的替代品的出现，都可能使企业因没有回旋余地而陷入困境。

【小案例 8-11】

尼西奇公司自 1921 年创建以来，就一直以生产和销售婴儿尿垫为主。但同时也生产雨衣、旅游帽、卫生带等橡胶制品。企业规模小，订货不足，经营并不稳定。有一次，尼西奇公司的经理看到一份人口普查报告，得知日本每年大约出生 250 万个婴儿。他想，如果每个婴儿用两条尿垫，一年就需要 500 万条，这是一个相当广阔的尿垫市场，于是决定集中资源力量生产尿垫。之后，尼西奇公司成为名副其实的“尿布大王”。

【分析提示】

中小型企业由于受到财力、物力等的限制，在整体市场上与大公司相比缺乏竞争力，不如集中自己的资源力量，在某个或几个细分市场中进行竞争，这样成功的可能性更大。

技能训练 8-2 情景模拟：目标市场选择及制定目标市场营销策略

一、训练目的

培养学生选择目标市场，制定目标市场营销策略的能力。

二、训练内容

某电脑企业通过市场调研，认为经营个人笔记本电脑产品是一项比较有发展前途的业务。在进入这个产品领域之前，企业对目前市场的消费特点、核心消费人群、产品功能定位、新入市场的机会及未来市场变化的趋势进行了了解。现需要进行企业目标市场选择及制定目标市场营销策略。

三、训练组织

该实践训练项目由指导教师与所指导班级利用实践教学时间组织进行。

1．根据班级成员总人数进行分组，5～6 人为一组。

2．各小组选一个组长负责组内工作，要求组员团结协作。

3．结合技能训练 8-1，各小组讨论、分析企业市场细分标准及各个细分市场的特点。

4．各小组选择企业的目标市场并确定相应的目标市场营销策略。

5．各小组撰写目标市场选择及目标市场营销策略确定的报告。

四、训练考核

1．能够按时完成市场调研分析。

2．比较准确地分析企业市场细分标准及各个细分市场的特点。

3．能较为准确地选择目标市场并提出相应的目标市场营销策略。

项目总结

【内容要点】

市场细分是指企业通过市场调研，依据消费者的需求、购买行为和购买习惯等方面的差异，把某一产品的整体市场划分为若干消费者群的市场分类过程。市场细分的原则是可衡量性、可盈利性、可进入性、差异性和相对稳定性。市场细分的方法有单一变量法、主导因素排列法、综合因素细分法和系列因素细分法。

目标市场是企业在对整体市场进行细分的基础上，根据自身条件、市场环境及经营宗旨等标准对不同的细分市场进行评估之后，决定进入的那些细分市场。企业可以选择的目标市场营销策略包括无差异市场营销策略、差异性市场营销策略和集中性市场营销策略。

【实务要点】

市场细分的标准；市场细分的方法；目标市场的选择；目标市场营销策略。

【复习与思考】

1. 企业为什么要进行市场细分？
2. 企业进行市场细分的标准和要求有哪些？
3. 企业选择目标市场应从哪些方面考虑？
4. 结合实际，谈谈有哪些因素影响企业目标市场营销策略的选择？
5. 一般有哪几种目标市场营销策略可供企业选择？比较其优缺点。

项目综合实训

【案例 1】

中国的吸烟人群大多知道万宝路香烟，但很少知道生产、经销万宝路香烟的菲利普·莫里斯公司，就是这家公司在 1970 年买下了位于密尔瓦基的美勒公司，并运用市场营销的技巧，使美勒公司在啤酒行业的市场占有率稳步提升。

原来的美勒公司在美国啤酒行业中排名第七，市场占有率为 4%，业绩平平。到 1983 年，美勒公司在美国啤酒行业市场占有率已达 21%，仅次于当时处于第一位的布什公司（市场占有率为 34%），并且将第三、第四位的公司远远抛在后面，人们认为美勒公司创造了一个奇迹。

美勒公司的实践也纠正了啤酒同行业者的错误观念，即过去一直认为啤酒市场是同质市场，只要推出一种产品及一种包装，消费者就会得到满足。

美勒公司并入菲利普·莫里斯公司的第一步行动，是将原来的唯一产品“高生”牌重新定位，美其名为“啤酒中的香槟”，吸引了许多不常饮用啤酒的妇女及高收入者。公司还发现，约 30%的豪饮者大约消耗 80%的啤酒，于是它在广告中展示了石油钻井成功后两人狂饮的镜头，还有年轻人在沙滩上冲刺后开怀畅饮的镜头，塑造了一个精力充沛的形象，另外广告还强调“有空就喝美勒”，从而成功地占据了啤酒豪饮者的市场达 10 年之久。

美勒公司还寻找新的细分市场，在原有的 12 盎司（1 盎司=0.02957 升）罐装啤酒的基础上开发了一种 7 盎司的号称“小马力”的罐装啤酒，结果大获成功。

1975 年后，美勒公司又成功地推出了一种名叫“Lite”的低热量啤酒。虽然自 1900 年以来，不少厂商试图生产低热量啤酒，但他们把节食者作为销售对象，宣传低热量啤酒是节食者的饮料，效果很差。因为大多数节食者几乎不喝啤酒。美勒公司把它售给那些真正的喝啤酒的人，并强调这种啤酒喝多了不会发胀，广告还聘请知名运动员现身说法。因此，低热量啤酒从此销路大开。

美勒公司还推出高质量的超级王牌啤酒“鲁文伯罗”，定价很高，与啤酒头号公司——布什公司展开对攻战，结果又获得很大成功。人们认为在特殊场合一定要用这一美勒超级王牌啤酒来招待好朋友。

【案例2】

国内某化妆品有限责任公司于20世纪80年代初开发出适合东方女性需求特点的具有独特功效的系列化妆品，并在多个国家获得了专利保护。营销部经理初步分析了亚洲各国、各地区的情况，首选日本作为主攻市场。为迅速掌握日本市场的情况，公司派调研人员直赴日本搜集第一手资料。调查资料显示，日本市场需求量大，购买力强，且没有同类产品竞争者。公司又在调查基础上按年龄层次将日本女性化妆品市场划分为15～18岁、18～25岁（婚前）、25～35岁及35岁以上4个子市场，并选择了其中最大的一个子市场进行重点开发。

【案例讨论】

1．在案例1中，美勒公司运用了哪些市场细分的原则？采用了哪些目标市场营销策略？

2．在案例2中，该化妆品公司进行市场细分的细分变量主要是什么？

【实训操作】

请运用市场细分原则及目标市场营销策略，根据日本市场的特点，为该化妆品公司选择重点开发的目标市场，并确定相应的市场营销策略。

市场定位

项目目标

【知识目标】

- 了解市场定位的含义及意义。
- 了解市场定位的依据。
- 掌握市场定位的步骤与策略。

【能力目标】

- 具有确定产品市场定位的能力。

【素质目标】

- 树立以顾客为中心，以竞争为导向，以企业能力为基础的营销价值观念。
- 提高交流沟通的能力。

项目导入

由于国际能源市场竞争不断升级，HW 公司在进军新能源汽车市场的进程中，已经完成了市场细分，确定了目标市场及目标市场营销策略，但如何给企业在市场确定一个明确的、区别于其他竞争者产品的、符合市场消费者需求的位置呢？

项目实施

根据导入项目，HW 公司通过市场细分为企业发掘了多种营销机会，通过目标市场选择及目标市场营销策略的确定，为企业寻找到了准备进入的最佳市场，以及进入这个市场的营销策略。目前，HW 公司面临的问题就是如何进行明确的市场定位。首先，企业要对市场定位有一个明确的认识，其次在掌握市场定位的原则、步骤及定位策略的基础上进行市场定位。

任务一 认识市场定位

（一）市场定位的含义和意义

1. 市场定位的含义

市场定位是在 20 世纪 70 年代由美国营销学家艾·里斯和杰克·特劳特提出的，具体是指企业根据竞争者现有产品在市场中所处的位置，针对顾客对该类产品某些特征或属性的重视程度，为本企业产品塑造与众不同的、让人印象深刻的形象，并将这种形象生动地传递给顾客，从而使该产品在市场上确定适当的位置。

市场定位并不是要对产品本身做什么，而是要让顾客在心目中相信产品是什么。市场定位的实质是使本企业与其他企业严格区分开来，使顾客明显感觉和认识到这种差别，从而使本企业在顾客心目中占据特殊的位置。市场定位是通过为自己的产品创立鲜明的个性，从而塑造出独特的市场形象来实现的。一个产品是多个因素的综合反映，包括性能、构造、成分、包装、形状及质量等，市场定位就是要强化或放大某些产品因素，从而使产品形成与众不同的独特形象。产品差异化是实现市场定位的手段，但并不是市场定位的全部内容。市场定位不仅强调产品差异，还要通过产品差异塑造独特的市场形象，赢得顾客的认同。

【小案例 9-1】

“箭牌”口香糖至少有 4 种口味以供应不同的消费者：绿色薄荷香型、红色玉桂香型、黄色鲜果香型、白色兰花香型。这4种不同口味和包装的口香糖，有不同的细分和定位，并被赋予了颇具创意的附加功能。其中，绿箭是“清新之箭”，以清雅的口味，令人全身爽快，清新舒畅；红箭是“热情之箭”，以独特的口味，令人热情似火，也暗喻爱神丘比特的“爱之箭”；黄箭是“友谊之箭”，可以令人与他人迅速缩短距离，打开双方的心扉；白箭则是“健康之箭”，主张“运动你的脸”。

【分析提示】

“箭牌”口香糖通过产品差异塑造了独特的市场形象，赢得了顾客认同，因此其在市场上经久不衰。

2. 市场定位的意义

首先，市场定位有利于建立企业及产品的市场特色，是企业及产品参与现代市场竞争的有力武器。在现代社会中，许多市场都存在严重的供过于求的现象，众多生产同类产品的企业争夺有限的顾客资源，使市场竞争异常激烈。为了使自己生产经营的产品获得稳定的销路，防止被其他企业的产品所替代，企业必须塑造出独特的市场形象，以期在顾客心目中形成一定的偏好。

其次，市场定位决策是企业制定市场营销组合策略的基础。企业的市场营销组合要受到企业市场定位的制约。例如，某企业决定生产、销售优质低价的产品，那么其市场定位就确定了：产品的质量要高、价格要低，广告宣传的内容要突出强调产品特色。

（二）市场定位的依据

各个企业经营的产品不同，面对的顾客不同，所处的竞争环境不同，因而市场定位的依据也不同。市场定位的依据主要包括以下几种。

1. 根据具体的产品特点定位

构成产品内在特色的许多因素都可以作为市场定位的依据，如所含成分、材料、质量、价格等。例如，“七喜”汽水的定位是“非可乐”，强调它是不含咖啡因的饮料，与可乐类饮料不同；“泰宁诺”止痛药的定位是“非阿司匹林的止痛药”，显示药物成分与以往的止痛药有本质的差异。

2. 根据特定的使用场合及用途定位

为老产品找到一种新用途，是为该产品创造新的市场定位的好方法。小苏打曾一度被广泛地用作家庭的刷牙剂、除臭剂和烘焙配料，现在已有不少新产品代替了小苏打的上述功能。有的企业将小苏打定位为冰箱除臭剂，另外还有企业把它当作调味汁和肉卤的配料，甚至有企业发现它可以作为冬季流行性感冒患者的饮料。

【小案例 9-2】

金六福酒业销售有限公司诞生于 1996 年，其产品金六福酒始终坚持“福文化”的定位，并以其上乘的酒质、新颖的包装，深受顾客青睐。

金六福借助一系列主题传播——“中秋团圆·金六福酒”“春节回家·金六福酒”“我有喜事·金六福酒”，使金六福酒逐步成为人们节庆消费中必不可少的产品。金六福的品牌名称具有很强的节日联想度，不但名字朗朗上口，而且很直观地给人一种“喜庆、幸福、吉祥、圆满”的感觉，让人能够联想到很多节日的内容和体验。再加上金六福围绕“福文化”的品牌定位进行了一系列的营销传播，使得金六福在很大程度上成了目标消费群体“喜庆”“幸福”“吉祥”“圆满”等情感体验的产品载体。这就为金六福的节庆市场营销打开了一扇竞争对手所不具备的营销大门。

【分析提示】

金六福的品牌名称具有很强的节日联想度，再加上“福文化”的品牌定位，为金六福的节庆市场营销打开了大门。

3. 根据顾客得到的利益定位

产品提供给顾客的利益是顾客最能切实体验到的，这也可以当作市场定位的依据。

4. 根据使用者类型定位

企业将其产品指向某一类特定的顾客，以便根据这类顾客的看法塑造恰当的形象。

事实上，许多企业进行市场定位的依据往往不止一个。要体现企业及其产品的形象，市场定位必须是多维度的、多侧面的。

【小案例 9-3】

20 世纪 70 年代初，露华浓的调查表明当时的女性比男性更具竞争力，她们在努力寻求个性。针对这些女性，露华浓开发了“查理”——首种“生活方式”香水。成千上万的女性把其当作勇敢的独立宣言，因此它很快成为世界畅销的香水。

到了 20 世纪 70 年代末，露华浓的调查发现女性的态度正在转变——女性已取得了平等，这正是“查理”要表明的。现在，女性正渴望体现一种女人味，因为使用“查理”香水的女孩们已长大成人。因此，露华浓巧妙地改变了一下“查理”的市场定位：该香水仍然是“独立生活方式”的宣言，但同时又加上了一点“女人味和浪漫”。露华浓继续精心改进“查理”的市场定位，在 20 世纪 90 年代，公司的目标市场是“全都能做，同时又清楚地知道自己想干什么”的女性。通过不断调整但又很精妙的市场重新定位，目前“查理”仍然是大众市场的畅销香水。

【分析提示】

针对不同的目标消费群体，企业应生产不同的产品，并且要根据目标消费群体的变化，随时做出相应的定位变化。

技能训练 9-1　分析市场定位方案

一、训练目的

通过对市场营销实践中企业成功的市场定位案例的分析，提高学生市场分析及市场定位的能力。

二、训练内容

1．学生搜集企业成功的市场定位案例。

2．对所搜集的案例进行分析、讨论。

3．完成企业成功市场定位分析报告。

三、训练组织

该实践训练项目由指导教师与所指导班级利用实践教学时间组织进行。

1．根据班级成员总人数进行分组，5～6 人为一组。

2．各小组选一个组长负责组内工作，要求组员团结协作。

3．各小组搜集、讨论并分析案例。

四、训练考核

1．各小组完成市场定位分析报告，并以 PPT 形式进行汇报。

2．教师讲评。

任务二　实施市场定位

（一）市场定位的步骤

市场定位的步骤

市场定位的关键是企业要找出比竞争对手更具有竞争优势的特性。企业市场定位可以通过以下三大步骤来完成。

1. 分析目标市场的现状，确定本企业潜在的竞争优势

这一步骤的中心任务是要回答以下 3 个问题，通过回答问题，企业就可以从中把握和确定自己潜在的竞争优势。

一是竞争对手的产品定位如何?

二是目标市场上顾客需求的满足程度如何，以及顾客还需要什么?

三是针对竞争对手的市场定位和潜在顾客真正的需求，企业应该及能够做什么?

2. 准确选择竞争优势，对目标市场进行初步定位

竞争优势代表企业能够胜过竞争对手的能力。选择竞争优势的过程实际上就是一个企业与竞争对手各方面实力相比较的过程。比较的指标应是一个完整的体系，只有这样，企业才能准确地选择竞争优势。通常的方法是分析企业与竞争对手相比，在经营管理、技术开发、采购、生产、市场营销、财务和产品等方面究竟哪些是强项、哪些是弱项，借此选出适合本企业的优势项目，以初步确定企业在目标市场中所处的位置。

3. 准确传递独特的竞争优势

这一步骤的主要任务是企业要通过一系列的宣传促销活动，将其独特的竞争优势准确传递给潜在顾客，并在顾客心目中留下深刻印象。为此，企业首先应使目标顾客了解、知道、熟悉、认同、喜欢和偏爱本企业的市场定位，在顾客心目中建立与该定位相一致的形象。其次，企业通过各种努力强化其在目标顾客心目中的形象，保持对目标顾客的了解，稳定目标顾客的态度，加深与目标顾客的感情。

【小案例 9-4】

苹果 MacBook Air 的广告展示了一个能装在信封里的电脑，体现了其极致轻薄的独特卖点。而“世界上最薄的笔记本电脑”的广告语，也是其对自身的准确定位。

【分析提示】

根据顾客需求，找到自己的产品和其他品牌产品的差异点和创新点，并向顾客准确传递这个独特的优势。

（二）市场定位的策略

市场定位的策略

市场定位不仅是为了在顾客心目中留下特别的印象，还是为了让自己和竞争对手的形象区分开来。常用的定位策略主要有以下几种。

1. 避强定位

避强定位是指企业力图避免与实力最强的或较强的其他企业直接发生竞争，而将自己的产品定位于另一市场区域内，使自己的产品在某些特征或属性方面与最强或较强的竞争对手有比较显著的区别。这种策略可使自己迅速在市场上站稳脚跟，并在顾客心目中树立起一定形象。由于这种做法风险较小，成功率较高，常为多数企业所采用。

2. 迎头定位

迎头定位是指企业根据自身的实力，为占据较佳的市场位置，不惜与市场上占支配地位的、实力最强或较强的竞争对手发生正面竞争，使自己的产品进入与竞争对手相同的市场位置。由于竞争对手强大，这一竞争过程往往会引人注目，企业及其产品能较快地为顾客所了解，从而达到树立市场形象的目的。但这种策略具有较大的风险，可能引发激烈的市场竞争。因此，企业必须知己知彼，正确判定自己和竞争对手的实力对比情况。

3. 补隙定位（创新定位）

补隙定位（创新定位）是指企业寻找新的尚未被占领且有潜在市场需求的位置，填补市场上的空缺，生产市场上没有的、具备某种特色的产品。采用这种市场定位方式时，企业应明确补隙定位所需的产品在技术上、经济上是否可行，有无足够的市场容量，能否为企业带来合理而持续的盈利。例如，大众甲壳虫汽车在小型车市场的补隙定位取得了巨大成功。

4. 重新定位

重新定位是指企业在选定了市场定位目标后，如果定位不准确或虽然开始定位得当，但由于市场情况发生变化，或由于某种原因顾客的偏好发生变化，转移到竞争对手方面时，企业就应考虑重新定位。重新定位是以退为进的策略，目的是实施更有效的定位。

【小案例 9-5】

强生公司生产的婴儿洗发剂，以强调该洗发剂不刺激眼睛来吸引有婴儿的家庭。但随着出生率的下降，销售量逐渐减少。为了促进销售，该企业将产品重新进行定位，强调使用该洗发剂能使头发松软有光泽，以吸引更多、更广泛的顾客。

【分析提示】

重新定位是企业为了适应市场环境而进行的战略转移。重新定位可能会使产品的名称、价格、包装发生改变，也可能会使产品用途和功能发生改变，企业必须考虑定位转移的成本和重新定位的收益问题。

企业在进行市场定位时，应慎之又慎，要通过反复比较和调查研究，找出合理的突破口，以避免出现定位混乱、定位过度、定位过宽或定位过窄的情况。而一旦确立了理想的定位，企业必须通过一致的表现与沟通来维持此定位，并应经常加以监测以随时适应目标顾客的偏好和竞争对手策略的改变。

技能训练 9-2　情景模拟：明确市场定位的步骤

一、训练目的

通过情景模拟，使学生掌握市场定位的步骤。

二、训练内容

宏图公司是一家生产木地板的厂家，其在进行市场调研后发现目标顾客关心的主要是产品的质量和价格。目前，市场中有几家生产厂家，厂家甲主要生产的是高价格、高质量的产品；厂家乙生产的是中等价格、中等质量的产品；厂家丙生产的是低价格、低质量的产品；厂家丁生产的是高价格、低质量的产品。其中，厂家乙所占的市场份额最大，厂家甲和厂家丙所占的市场份额为中等水平，而厂家丁所占的市场份额最小。

请问：宏图公司该如何为自己进行市场定位呢？

三、训练组织

该实践训练项目由指导教师与所指导班级利用实践教学时间组织进行。

1. 根据班级成员总人数进行分组，5～6 人为一组。
2. 各小组选一个组长负责组内工作，要求组员团结协作。
3. 学生先个人完成市场竞争者竞争状况分析，明确企业的竞争优势。
4. 小组讨论、选择企业竞争优势，初步确定市场定位方案。
5. 提出市场定位的措施。

四、训练考核

1. 各小组分析讨论后，形成小组意见。
2. 各小组选派代表，在全班发表小组讨论意见。

项目总结

【内容要点】

市场定位是在 20 世纪 70 年代由美国营销学家艾·里斯和杰克·特劳特提出的，具体是指企业根据竞争者现有产品在市场中所处的位置，针对顾客对该类产品某些特征或属性的重视程度，为本企业产品塑造与众不同的、让人印象深刻的形象，并将这种形象生动地传递给顾客，从而使该产品在市场中确定适当的位置。市场定位的依据包括根据具体的产品特点定位，根据特定的使用场合及用途定位，根据顾客得到的利益定位和根据使用者类型定位。市场定位的策略包括避强定位、迎头定位、补隙定位（创新定位）和重新定位。

【实务要点】

市场定位策略及其实施。

【复习与思考】

1．什么是市场定位？市场定位有什么作用？
2．联系实际说明市场定位的步骤。
3．市场定位的策略有哪些？
4．结合实际，谈谈你对市场细分、目标市场、市场定位三者及其关系的认识。

项目综合实训

一、实训目的

1．熟练市场细分技巧。
2．掌握目标市场营销策略及技巧。
3．具备结合企业的实际情况和产品特性确定市场定位的能力。

二、实训内容

以生活中常见的产品或服务（如洗发水）为对象，依市场细分、目标市场选择、市场定位的步骤进行实践，为这个新介入市场的产品或服务确定其市场定位，并完成市场定位报告。

三、实训组织

该实践训练项目由指导教师与所指导班级利用实践教学时间组织进行。
1．根据班级成员总人数进行分组，5～6人为一组。
2．各小组选一个组长负责组内工作，要求组员团结协作。
3．各小组完成实训项目具体任务的实施。
4．各小组汇报分析报告。

四、实训考核

教师根据以下标准给予学生成绩评定。
1．能够按时完成市场调研。
2．市场细分标准选取恰当，能较为准确地进行市场细分。
3．目标市场策略运用恰当，市场定位准确。

模块四 制定营销策略

模块描述

【知识目标】

- 掌握产品策略制定的相关知识。
- 掌握价格策略制定的相关知识。
- 掌握分销渠道选择与设计的相关知识。
- 掌握促销组合策略制定的相关知识。

【能力目标】

- 初步具备制定企业营销策略的能力。
- 增强自主学习、沟通交流、团队合作、探索创新、信息技术应用、统筹运作等能力。

模块分析

【知识点】

- 产品策略、价格策略、分销渠道选择与设计、促销组合策略。

【技能点】

- 产品规划能力、定价能力、渠道设计能力、设计促销方案能力。

项目十 制定产品策略

项目目标

【知识目标】

- 了解产品的整体概念和分类。
- 掌握产品的组合策略。
- 熟悉产品的生命周期各个阶段的特点及其市场营销策略。
- 熟悉产品的品牌和包装策略。

【能力目标】

- 具有制定产品最佳组合策略的能力。
- 具有联系企业的实际情况,确定企业产品的生命周期阶段并制定不同生命周期阶段的市场营销策略的能力。
- 具有获得品牌成功和有效包装的能力。

【素质目标】

- 增强自主学习的能力。
- 具备探索创新的能力。

项目导入

HW 公司在市场中面临着激烈的竞争，为了寻求新的发展，公司要对其产品进行新的规划。公司应该如何在分析现有产品生命周期的基础上，进行新产品的开发及品牌和包装的设计呢？

项目实施

根据导入项目，HW 公司首先应该通过市场分析，确定新的产品定位，再做出企业的产品方案。

任务一 把握产品整体概念

企业开发满足消费者需求的产品，并将产品迅速、有效地传送到消费者手中，这就是企业营销活动的主体。产品是什么？随着科学技术的快速发展，社会的不断进步，消费者需求特征的日趋个性化及市场竞争程度的加深，产品的内涵和外延也在不断扩大。

（一）产品整体概念

产品整体概念

人们通常理解的产品是指具有某种特定物质性状和用途的物品，是看得见、摸得着的东西，这是狭义的产品。市场营销学认为，广义的产品是指人们通过购买而获得的，能够满足人们某种需求和欲望的物品的总和。它既包括具有物质形态的产品实体，又包括非物质形态的利益。这就是产品的整体概念。

【小案例 10-1】

某保险柜生产企业的负责人在海外市场发现一种被称为“大班柜”的产品很畅销，而且利润也很高，于是将其引入国内。大班柜与大班桌和大班椅是配套的，是显示身份的文件柜。该柜多用上好的木料制作，内嵌先进的保险柜，外层一般做成书柜或者多宝格的样式，用于存放装饰性工具书或收藏品。在海外市场，大班柜一般售价在 1 万美元以上，购买者多为企业老板。

【分析提示】

大班柜之所以获得老板们的喜欢，主要是在功能和外观上大有讲究。产品是一组实体

特色的组合，包括包装、价格、质量和品牌，以及提供的服务等。

（二）产品整体概念的层次和意义

1. 产品整体概念的层次

产品整体概念包含核心产品、形式产品、期望产品、附加产品和潜在产品5个层次，每个层次都有不同的内涵。

（1）核心产品是指消费者购买某种产品时所追求的主要利益，是消费者真正要买的东西，因而在产品整体概念中也是基本、主要的部分。消费者购买某种产品，并不是为了占有或获得产品本身，而是为了获得能满足某种需求的基本效用或利益。例如，买汽车是为了代步，买汉堡是为了充饥，买化妆品是为了增添魅力等。因此，企业在开发产品、宣传产品时只有明确地确定产品所能提供的利益，才能使产品具有吸引力。

（2）形式产品是核心产品借以实现的形式，即向市场提供的实体和服务的形式。如果形式产品是实体物品，则它在市场上通常表现为产品质量、外观特色、式样、品牌名称和包装等。产品的基本效用必须通过某些具体的形式才能得以实现。企业应首先着眼于消费者购买产品时所追求的利益，以求更完美地满足消费者的需求，从这一点出发再去寻求利益得以实现的形式，进行产品设计。 产品的形式特征主要指质量、款式、特色及包装等，如冰箱的形式产品不仅包括冰箱的制冷功能，还包括它的质量、造型、颜色、容量等。

（3）期望产品是指消费者购买某种产品通常所希望和默认的一组产品的属性和条件。一般情况下，消费者在购买某种产品时，往往会根据以往的消费经验和企业的营销宣传，对想购买的产品形成一种期望，如旅店的客人期望的是干净的床、香皂、毛巾、热水、电话和相对安静的环境等。消费者所得到的是购买产品应该得到的，也是企业在提供产品时应该提供给消费者的。对于消费者来讲，在得到这些产品基本属性时，并没有形成偏好，但是如果没有得到这些产品基本属性，消费者就会非常不满意。

（4）附加产品是消费者购买有形产品时所获得的全部附加服务和利益，包括提供信贷、送货、安装、售后服务等。附加产品的概念来源于对消费者需求的深入认识。因为消费者的目的是满足某种需求，因而他们希望得到与满足这种需求有关的一切。

美国学者西奥多·莱维特曾经指出："新的竞争不是各个工厂生产什么产品，而是其产品能提供何种附加利益（如包装、服务、广告、消费者咨询、融资、送货、仓储及具有其他价值的形式）。"产品的消费是一个连续的过程，既需要售前宣传产品，又需要售后持久、稳定地发挥效用，因此服务是不可缺少的。可以预见，随着市场竞争的日益激烈和消费者需求的不断提高，附加产品越来越成为企业在市场竞争中获胜的重要手段。

【小案例10-2】

海尔的星级服务制度对我国家电企业提高服务水平有着重要的启示意义。海尔在其星级服务制度中提出"一二三四模式"。一个结果：服务圆满；二条理念：带走用户的烦恼，留下海尔的真诚；三个控制：服务投诉率、服务遗漏率、服务不满意率控制在十万分之一以内；四个不漏：一个不漏地记录用户反映的问题，一个不漏地处理用户反映的问题，一个不漏地复查处理结果，一个不漏地将处理结果反映到设计、生产和经营部门。

【分析提示】

在当今社会，随着市场竞争的激烈展开，附加产品逐渐成为企业在市场竞争中获胜的重要手段，任何企业都应该增强服务意识以赢得更多的消费者。

（5）潜在产品是指一个产品最终可能实现的全部附加部分和新增加的功能。许多企业通过对现有产品的附加与扩展，不断向消费者提供潜在产品，使消费者感到满意和惊喜。潜在产品指出了产品可能的演变，也使消费者对于产品的期望越来越高。潜在产品要求企业不断寻求满足消费者需求的新方法，不断将潜在产品变成现实的产品，这样才能使消费者得到更多的意外惊喜，更好地满足消费者的需求。

产品整体概念图如下图所示。

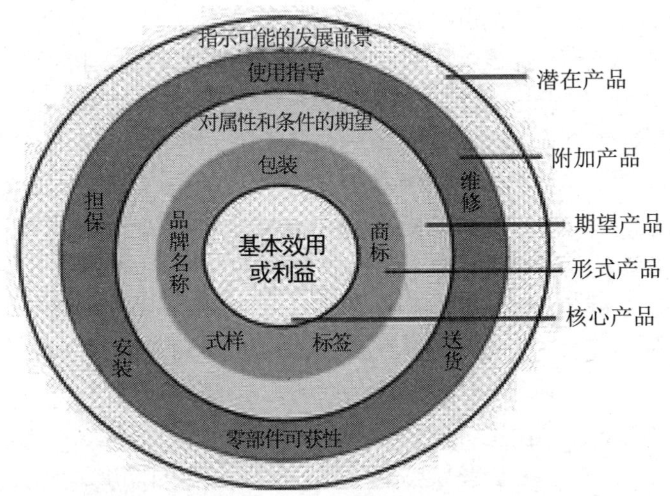

2. 产品整体概念的意义

（1）产品整体概念以消费者的基本利益为核心，指导整个市场的营销管理活动，是企业贯彻市场营销观念的基础。企业市场营销管理的根本目的就是要保证消费者的基本利益。产品整体概念明确地向产品的生产经营者指出，要竭尽全力地通过形式产品和附加产品去满足核心产品所包含的一切功能和非功能的要求，充分满足消费者的需求。可以断言，不懂得产品整体概念的企业不可能真正贯彻市场营销理念。

（2）只有通过产品层次的最佳组合才能确立产品的市场地位。营销人员要把对消费者提供的各种服务看作产品的统一体。由于科学技术在如今的社会中能以更快的速度扩散，也由于消费者对切身利益关注度的提高，企业的产品想要以独特的形式出现变得越来越困难，消费者也就越来越以产品的整体效果来确认自己满意的产品和企业。

（3）产品差异是构成企业特色的主体，企业如果要在激烈的市场竞争中取胜，就必须致力于创造自身产品的特色。不同产品项目之间的差异是非常明显的。这种差异或表现在功能上，或表现在设计风格、品牌、包装上，或表现在产品的附加服务和利益上，甚至表现在与产品相联系的文化因素上。总之，在产品整体概念的5个层次上，企业都可以形成自己的特色，从而与竞争者的产品区别开来。随着现代市场经济的发展和市场竞争的加剧，企业所提供的附加利益在市场竞争中显得越来越重要。国内外许多企业的成功，在很大程度上归功于他们充分认识到服务等附加产品在产品整体概念中的重要性。

（三）产品的分类

根据不同的分类依据，产品可分为不同的类别。

（1）根据产品之间的相互影响关系，可以将产品分为独立品、互补品和替代品。

①独立品是指一种产品的销售状况不受其他产品的销售变化的影响，如日光灯和电脑，两者之间不存在任何的销售方面的关系。通常来讲，独立品用于满足消费者的不同需求。

②互补品是指两种产品之间存在着某种消费依存关系，即一种产品的消费必须与另一种产品的消费相配套。一般而言，某种产品的互补品价格上升，将会导致互补品需求量的下降，进而导致该产品需求量的下降。互补品通常用于满足消费者的同一类消费需求。

③替代品是指两种产品存在相互竞争的销售关系，即一种产品销售量的增加会减少另一种产品的潜在销售量，反之亦然。替代品与互补品是相互对立的概念。

（2）根据消费者的购物习惯，可以将产品分为便利品、选购品、特殊品和非渴求品。

①便利品是指消费者经常需要，只肯花较少的时间和精力去购买的物品，如日用品。便利品大多是非耐用品，且多为消费者日常生活必需品。因此，经营便利品的零售商店一般分散在居民住宅区、车站、码头、工作地点和公路两旁，以便消费者随时随地购买。

②选购品是指消费者对使用性能、质量、价格和式样等基本方面要进行认真权衡比较的产品。在购买之前，消费者要进行反复比较，注重产品的品牌与特色。选购品占产品的大多数，价格一般也要高于便利品。消费者往往对选购品缺乏专门的知识，所以在购买时花费时间比较长。服装、皮鞋、农具、家电产品等是典型的选购品。

③特殊品是指那些具有独特的品质特色或拥有知名商标的产品。消费者注重这类产品的商标与信誉，而不注重它的价格。名牌手表、名牌服装等属于此类产品。因为消费者会不顾路途遥远去购买，所以特殊品的销售并不要求有很多的网点，也不需要考虑购买者是否方便，只需要使消费者知道购买地点即可。

④非渴求品，又称非寻求品，是消费者不知道或虽然知道但一般情况下也不会主动购买的产品。传统的非渴求品有保险产品、工艺类陶瓷及百科全书等，刚上市的、消费者从未了解的新产品也可归为非渴求品。当然，非渴求品并不是保持不变的，特别是新产品，随着消费者对产品信息的了解，它可能转换为其他类别的产品。

技能训练 10-1　把握产品整体概念

一、训练目的

通过实训，提高学生对产品的认知，树立产品整体概念。

二、训练内容

1．搜集企业相关产品在市场营销实践中获得成功或遭遇失败的案例。
2．对所搜集的案例资料以产品整体概念进行分析。

三、训练组织

该实践训练项目由指导教师与所指导班级利用实践教学时间组织进行。
1．根据班级成员总人数进行分组，5～6 人为一组。
2．各小组选一个组长负责组内工作，要求组员团结协作。
3．各小组组员搜集相关案例，并做出个人分析意见。
4．以小组为单位展开讨论分析。

四、训练考核

1．各小组分析讨论后，形成小组意见。
2．各小组选派代表，在全班发表小组讨论意见。

任务二　制定产品组合策略

根据导入项目，HW 公司分析其原有产品组合可能存在的问题及对市场的影响，制定企业产品新的组合策略。

（一）产品组合概念

通常情况下，企业都不只生产一种产品，如何将这些产品统筹安排从而促进总体营销目标的实现，就是产品组合所需要解决的事情。

所谓产品组合，就是一个企业提供给市场的所有产品线和产品项目。

1．产品线和产品项目

产品线是指在技术上和结构上密切相关，具有相同使用功能，满足消费者同类需求的不同规格的一组产品。

产品项目是指在企业产品线中不同品种、规格、质量和价格的特定产品。很多企业都拥有众多的产品项目。

一个企业可以只有一条产品线，也可以有多条产品线，每条产品线中产品项目的数量也各不相同。

2. 产品组合的宽度、长度、深度和关联性

产品组合可以通过宽度、长度、深度和关联性反映出来。

产品组合的宽度是指在企业的产品组合中所拥有的产品线数量的多少。产品线越多，产品组合就越宽，反之就越窄。一般情况下，大型企业的产品线较多，产品组合就比较宽；小型企业或者专业化企业的产品线较少，产品组合就比较窄。

产品组合的长度是指在企业产品组合中产品项目的总数。如果企业具有多条产品线，可将所有产品线的长度加起来，得到产品组合的总长度。

产品组合的深度是指产品组合中每种产品有多少品种和规格。例如，宝洁公司的海飞丝洗发水，假设有两种规格和三种配方，那么海飞丝洗发水的产品深度为6。

产品组合的关联性是指企业各条产品线在最终用途、生产条件、分配渠道或其他方面密切相关的程度。

产品组合的宽度、长度、深度和关联性对企业的市场营销活动会产生重大影响。一般而言，增加产品组合的宽度，即增加产品线和扩大经营范围，可以使企业获得新的发展机会，更充分地利用企业的各种资源，也可以分散企业的投资风险；增加产品组合的长度和深度，可以使各产品线具有更多规格、型号的产品，更好地满足消费者的不同需求与爱好，增强企业的竞争力；增强产品组合的关联性，可以发挥企业的资源优势，提高企业在某一地区、行业的声誉，避免进入不熟悉行业可能带来的经营风险。因此，产品组合决策就是企业根据市场需求、竞争形势和企业自身能力对产品的宽度、长度、深度和关联性方面做出的决策。

【小案例 10-3】

进入中国市场以来，可口可乐从推出单一品牌“可口可乐”，到拥有“雪碧”“芬达”等国际品牌和“醒目”等中国本土品牌，发展非常迅猛。但可口可乐并没有实施多元化策略，因为可口可乐过去也曾开过酒厂，开过种植场，甚至涉足电影业，但都失败了。因此，可口可乐公司总部规定，公司可以涉足茶、减肥饮料、八宝粥在内的所有饮料行业，但不能搞多元化。专注于饮料业的可口可乐把主业做得精益求精。它在发展任何一种饮品的时候都可以利用原有的销售渠道，使新产品迅速打开市场，同时也大大节约了成本。

【分析提示】

增强产品组合的关联性，可以发挥企业的资源优势，提高企业在行业内的声誉，避免进入不熟悉行业可能带来的经营风险。

3. 产品组合的动态平衡

由于市场需求和竞争形势的变化，产品组合中的产品项目必然会在变化的市场环境中发生分化，一部分产品获得较快的成长，一部分产品继续取得较高的利润，另有一部分产品则逐渐衰退。企业如果不重视新产品的开发和衰退产品的剔除，则必将逐渐出现不健全的、不平衡的产品组合。

为此，企业需要经常分析产品组合中各产品项目或产品线的销售增长率、利润率和市场占有率，判断各产品项目或产品线销售成长方面的潜力或发展趋势，以确定企业资金的运用方向，做出开发新产品和剔除衰退产品的决策，调整产品组合。

产品组合的动态平衡是指企业根据市场环境和资源条件的变动，适时增加应开发的新产品和剔除应退出的衰退产品，从而使企业随着时间的推移仍能维持住最大利润的产品组合。可见，及时调整产品组合是保持产品组合动态平衡的条件。动态平衡的产品组合亦称最佳产品组合。

产品组合的动态平衡，实际上是产品组合动态优化的问题，只能通过不断开发新产品和剔除衰退产品来实现。产品组合动态平衡的形成需要综合地研究企业资源和市场环境可能发生的变化，各产品项目或产品线的销售增长率、利润率、市场占有率将会发生的变化，以及这些变化对企业总利润率的影响。对一个产品项目或产品线众多的企业来说，这是一个非常复杂的问题。而目前，系统分析方法和电子计算机的应用，已为解决产品组合问题提供了良好的前景。

（二）产品组合策略

产品组合策略是根据企业的经营目标，对产品组合的宽度、长度、深度和关联性进行最优的组合。为了使产品组合更为优化，可以根据企业的不同情况，采取下列不同的产品组合策略。

1. 缩减产品组合策略

缩减产品组合策略是指通过缩减产品组合的宽度、深度等，实行相对集中经营。在市场需求旺盛的时期，长而宽的产品组合会为企业带来更多的利润；而在市场需求缩减、原材料紧张、劳动力成本增加的情况下，企业可以通过剔除那些获利很小甚至是亏损的产品项目和产品线，来集中力量发展获利较多的产品项目和产品线，从而使企业总利润增加。

【小案例 10-4】

20 世纪 60 年代，美国通用电气公司由于对电子计算机和喷气式发动机开展先行投资而出现财政赤字，于是在 20 世纪 70 年代初被迫采用“战略性计划体系”，把经营资源重点分配给预计有发展前途的领域，将研究开发的重点和设备投资集中在有希望增长的领域。

【分析提示】

在市场不景气的情况下，缩减产品组合反而能保证企业的利润。

2. 扩大产品组合策略

扩大产品组合策略，即扩大产品组合的宽度，增加产品组合的深度。扩大产品组合的宽度是在原产品组合中增加一条或者几条产品线，扩大产品的范围；增加产品组合的深度是在原有产品类别中增加新的产品项目。

当企业预测销售额和利润率在未来可能下降时，就需要考虑在现有产品组合中增加新的产品线，或者重点发展其中有潜力的产品线。扩大产品组合策略在本质上说是一种多元化的经营策略，可以充分利用企业现有的资源和剩余生产能力，提高企业经济效益。当然，也要注意扩大产品组合可能带来的负面影响。

【小案例 10-5】

松下公司原本是知名的家用电器厂商，但现在也在生产大型集成电路和精密陶瓷；丰田公司不仅生产汽车，还生产预制房屋，经营房地产业务；精工除大力发展钟表新品种外，还投资于机械、电脑等行业；索尼公司的经营范围也逐步由电子产品扩展到保险业与体育用品业；吉利公司过去的大部分利润来自剃须刀，目前积极从事花露水、香水及理发工具等产品的开发。

【分析提示】

扩大产品组合策略可以满足不同偏好的消费者多方面的需求，还可以利用现有商标的知名度，扩大经营规模。

3. 产品线的扩展策略

产品线的拓展

产品线的扩展策略又叫产品线延伸策略，是指企业在特定的产品线内部，全部或者部分地改变企业原有产品的市场定位。其扩展方式主要有向上扩展、向下扩展和双向扩展。

（1）向上扩展。有些企业的产品线原来只定位于低档产品，但由于希望建设各档产品齐全的完全产品线，或者是受到高档产品较高的利润率和销售增长的吸引，企业会采取产品线向上扩展的策略，准备进入高档产品市场。

向上扩展可能存在一些风险：生产高档产品的竞争者会不惜一切坚守阵地，并可能会反戈一击，向下扩展进攻低档产品市场；对于一直生产低档产品的企业，消费者往往会怀疑其高档产品的质量水平；企业的营销人员和分销商若缺乏培训和才干，可能不能胜任为高档产品市场服务的工作。

（2）向下扩展。生产高档产品的企业可能决定生产低档产品，即将产品线向下扩展。

企业采取向下扩展的策略，也会有一些风险：企业新增的低档产品可能会损害高档产品的销售，危及企业的质量形象，所以企业最好用新的品牌命名新增低档产品，以保护原有的高档产品；可能会刺激原来生产低档产品的企业转入高档产品市场而加剧竞争；经销商可能因低档产品获利微薄及有损原有形象而不愿意或没有能力经营低档产品，从而企业不得不另建分销网，增加销售费用。

（3）双向扩展。生产中档产品的企业在市场上可能会同时向产品线的上下两个方向扩展，扩大产品的市场阵地。

【小案例 10-6】

华龙根据企业不同的发展阶段，适时地推出适合市场的产品。

在发展初期，华龙将目标市场定位于河北省及周边几个省的农村市场。由于农村市场本身受经济发展水平的制约，不可能接受高价位的产品，于是华龙一开始就推出了适合农村市场的“大众面”系列。该系列产品由于其超低的价位，一下子就为华龙打开了农村市场的大门，随后“大众面”系列红遍大江南北，抢占了大部分低端市场。

在发展几年后，华龙积聚了更多的资本和更充足的市场经验，又推出了面向全国其他市场的“大众面”的中高档系列，如中档的“小康家庭”“大众三代”等。华龙由此打开了北方的农村市场。这是华龙根据市场发展需要和企业自身状况而推出的又一阶段性的产品策略，同样取得了成功。

从 2000 年开始，华龙的发展更为迅速，它开始逐渐丰富自己的产品系列，面向全国不同市场开发出了十几个产品种类，几十种产品规格。2001 年，华龙的销售额约为 19 亿元。此时，华龙主要抢占的仍然是中低档面市场。

华龙从 2001 年开始推行区域品牌策略，针对不同地域的消费者推出不同口味和不同品牌的系列新品。

从 2002 年起，华龙开始走高档面路线，开发出第一个高档面品牌——“今麦郎”。华龙开始大力开发城市市场中的中高价位市场，此举在北京、上海等大城市大获成功。

【分析提示】

华龙面的产品组合是一个高、中、低相结合的产品组合形式。而低档面仍占据着其市场销量的大部分份额。

技能训练 10-2　产品组合策略运用分析

一、训练目的

通过实训，提高学生对产品组合的认知，培养学生制定最佳产品组合策略的能力。

二、训练内容

五粮液是我国知名的白酒品牌，以优良的品质、卓越的声誉、独特的口感享誉国内外。

五粮液集团十分注重产品组合的发展。当“五粮液”品牌在高档白酒市场站稳脚跟后，五粮液集团开发了“五粮春”“五粮醇”“尖庄”等品牌，分别进入中偏高档、中档和低档白酒市场。同时，五粮液集团还先后与几十家地方酒厂联合开发了具有地方特色的系列白酒，在这些产品中均注明“五粮液集团荣誉出品”。五粮液集团借助这些策略，有效地实施了低成本扩张，使其市场份额不断扩大。

请问：五粮液集团运用了哪些产品组合策略？这些策略的运用对企业的发展有何现实意义？

三、训练组织

该实践训练项目由指导教师与所指导班级利用实践教学时间组织进行。

1．根据班级成员总人数进行分组，5～6人为一组。

2．各小组选一个组长负责组内工作，要求组员团结协作。

3．以小组为单位展开讨论分析。

四、实训练考核

1．各小组分析讨论后，形成小组意见。

2．各小组选派代表，在全班发表小组讨论意见。

任务三 制定产品生命周期策略

根据导入项目，分析 HW 公司所经营产品及其市场的特点，确定其产品所处的生命周期阶段，再根据所处的生命周期阶段制定企业市场营销策略。

（一）产品生命周期及其各阶段特点

产品生命周期是指产品从进入市场开始，直到最终退出市场所经历的市场生命循环过程。通常，产品生命周期被分为4个阶段：进入期、成长期、成熟期和衰退期。在产品生命周期的不同阶段，产品的市场占有率、销售额、利润额是不一样的。典型的产品生命周期曲线如下图所示。

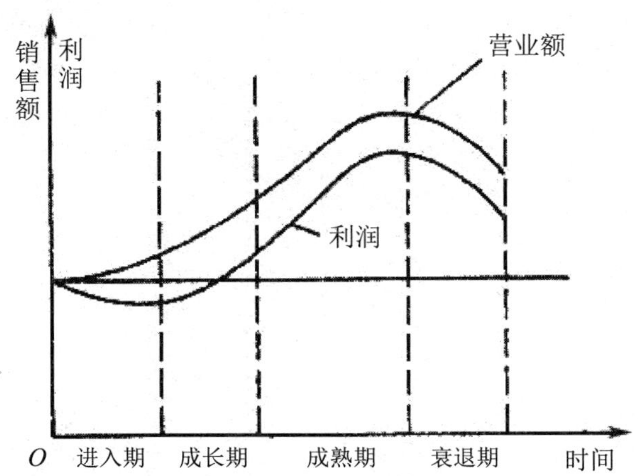

产品生命周期的各阶段有各自不同的特点，具体如下。

（1）进入期，又称导入期、引入期。新产品投入市场，便是进入期。此时，消费者对产品还不了解，只有少数追求新奇的消费者可能购买，因此销售量通常很低。企业为了扩展销路，需要对产品进行大量宣传。在这一阶段，由于技术方面的原因，产品不能大批量生产，因而成本高，销售额增长缓慢，企业非但得不到利润，可能还会亏损。另外，产品也有待进一步完善。

（2）成长期。这时消费者对产品已经熟悉，大量消费者开始购买，市场逐步扩大。产品可以大批量进行生产，生产成本相对降低，企业的销售额迅速上升，利润也迅速增长。竞争者看到有利可图，将纷纷进入市场参与竞争，使同类产品供给量增加，产品价格随之下降，企业利润增长速度逐步减慢。

（3）成熟期。市场需求趋向饱和，潜在的消费者已经很少，销售额增长缓慢直至下降，标志着产品进入了成熟期。在这一阶段，市场竞争逐渐加剧，产品价格继续降低，促销费用增加，企业利润下降。

（4）衰退期。随着科学技术的发展，新产品或新的替代品出现，使消费者的消费习惯发生改变，转向其他产品，从而使原来产品的销售额和利润额迅速下降。这标志着产品进入了衰退期。

产品生命周期各阶段的特征如下表所示。

	进入期	成长期	成熟期		衰退期
			前期	后期	
销售量	低	迅速增长	缓慢增长	有下降趋势	下降
利润	低或负	迅速增长	高峰	逐渐降低	低或负
购买者	试用、爱好新奇者	较多	大众	大众	后随者
竞争者	很少	增多	最多	甚多	减少

产品生命周期是一个很重要的概念，它和企业制定产品策略及营销策略有着直接的关系。企业如果想使产品有一个较长的销售周期，以赚取足够的利润来补偿在推出该产品时

所做出的一切努力和经受的一切风险，就必须认真研究和运用产品生命周期理论。此外，产品生命周期也是营销人员用来描述产品和市场运作方法的有力工具。但是，在开发市场营销策略的过程中，产品生命周期却显得有点力不从心，因为市场营销策略既是产品生命周期的原因又是其结果。产品现状可以使人想到最好的市场营销策略。此外，在预测产品性能时产品生命周期的运用也受到限制。

（二）产品生命周期各阶段的市场营销策略

1. 进入期的市场营销策略

进入期的市场营销策略

进入期的特征是产品销量少，促销费用高，制造成本高，销售利润很低甚至为负值。根据这一阶段的特点，企业应努力做到：投入市场的产品要有针对性；进入市场的时机要合适；努力寻找潜在消费者。这会使市场尽快接受该产品，从而缩短进入期，使产品更快地进入成长期。

在产品的进入期，可以将产品、分销、价格、促销4个基本要素组合成各种不同的市场营销策略。仅将价格高低与促销费用高低结合起来考虑，就有下面4种策略。

（1）快速取脂策略，又称快速掠取策略，即以高价格、高促销费用推出新产品。实行高价格策略可在每单位销售额中获取最大利润，尽快收回投资；高促销费用能够使产品快速提高知名度，占领市场。实施这一策略必须具备以下条件：产品有较大的需求潜力；目标消费者求新心理强，急于购买新产品；企业面临潜在竞争者的威胁，需要及早树立品牌形象。一般而言，在产品的进入期，只要新产品与替代的产品相比有明显的优势，市场对其价格就不会特别计较。

【小案例10-7】

20世纪60年代，美国有一位名叫米尔顿·雷诺兹的企业家。他在阿根廷谈生意时，偶然发现了圆珠笔。其实，圆珠笔早在19世纪就已问世，只是没有形成批量生产，不为世人所知罢了。

雷诺兹立即敏锐地认为圆珠笔具有广阔的市场前景，于是他赶回国内，不分昼夜地研究改进，只用了一个多月的时间，就拿出了自己的样品。之后，他拿着仅有的一个样品来到纽约的金贝尔百货公司，向公司主管们展示这种笔的不凡之处："可以在水中写字，也可以在高海拔地区写字。"这些都是雷诺兹根据圆珠笔的特点和美国人追新求异的性格，精心制定的促销策略。公司老板被这种奇妙的笔打动了，立即订购了2500支，并同意采用雷诺兹的促销口号作为广告。

当时，这种圆珠笔的生产成本每支仅0.5美元，但雷诺兹认为，这种产品在美国是第一次出现，奇货可居，而且尚无竞争者，就果断地将价格定在了每支12.5美元，零售商又以每支20多美元的价格卖给消费者。雷诺兹认为，只有这样的价格才能显出这种笔的非凡之处。尽管价格如此高昂，圆珠笔却在之后一段时间内以其新颖、奇特的形象而风靡

美国，在市场上十分畅销。金贝尔百货公司在销售这种笔时，竟出现了几千人争购的壮观场面。订单像雪片般飞向雷诺兹的公司。短短半年，雷诺兹的公司不仅收回了生产圆珠笔所投入的2.6万美元资本，还获得了155万美元的税后利润。后来，其他厂家紧随其后，使这种笔的成本下降到每支0.1美元，零售价也下降到每支0.7美元。

【分析提示】

进入期是新产品进入市场的第一步，企业究竟是想“一炮打响”还是想缓慢地渗透，可根据产品自身的特点和市场情况做出选择。

（2）缓慢取脂策略，又称缓慢掠取策略，即以高价格、低促销费用推出新产品，目的是以尽可能低的费用开支取得更多的利润。实施这一策略的条件：市场规模较小；产品已有一定的知名度；目标消费者愿意支付高价；潜在竞争者的威胁不大。

（3）快速渗透策略，即以低价格、高促销费用推出新产品。目的在于先发制人，以最快的速度将产品推向市场，取得尽可能高的市场占有率。然后，再随着产品生产规模和销售量的扩大，使产品单位成本降低，取得规模效益。实施这一策略的条件：该产品市场容量相当大；潜在消费者对产品不了解，且对价格十分敏感；潜在竞争较为激烈；产品的单位制造成本可随生产规模和销售量的扩大而降低。

（4）缓慢渗透策略，即以低价格、低促销费用推出新产品。低价格可扩大销售，低促销费用可降低营销成本，增加利润。这种策略的适用条件：市场容量很大；市场上该产品的知名度较高；市场对价格十分敏感；存在某些潜在的竞争者，但威胁不大。

2. 成长期的市场营销策略

新产品经过进入期以后，消费者对该产品已经熟悉，消费习惯也已形成，销售量迅速增长，这时新产品就进入了成长期。进入成长期以后，原有消费者重复购买，并且带来了新的消费者，使销售量激增，企业利润迅速增长并在这一阶段达到高峰。随着销售量的增加，企业生产规模也逐步扩大，产品成本逐步降低，新的竞争者会参与竞争。随着竞争的加剧，新的产品特性开始出现，产品市场开始细分，分销渠道增加。企业为维持其市场增长率，需要保持或稍微增加促销费用，但由于销量增加，平均促销费用有所下降。

针对成长期的特点，企业为维持其市场增长率，延长获取最大利润的时间，可以采取以下几种策略。

（1）改进产品。例如，增加新的功能，改变产品款式，开发新的型号、用途等。对产品进行改进，可以提高产品的竞争力，满足消费者更广泛的需求，吸引更多的消费者。

（2）寻找新的细分市场。通过市场细分，找到新的尚未满足的细分市场，根据其需求组织生产，迅速进入这一新的细分市场。

（3）改变广告宣传的重点。把广告宣传的重心从介绍产品转到建立产品形象上来，树立产品品牌，维系原有消费者，吸引新的消费者。

（4）适时降价。在适当的时机，可以采取降价策略，以激发那些对价格比较敏感的消费者产生购买动机，采取购买行为。

【小案例 10-8】

中国移动在完成市场细分与品牌定位之后，将大量资金投向立体化的整体传播，以大型互动的活动为主线，通过体验营销的心理感受，为“动感地带”的营销传播推波助澜。

（1）传播立体轰炸。选择目标消费群体关注的电视、网络等，将动感地带的品牌形象、品牌主张、资费套餐等迅速传达给目标消费群体。

（2）活动以点带面。以新闻发布会携手明星、结盟麦当劳等，形成全国市场的互动，并为市场形成了良好的营销氛围。

（3）高空地面结合。中国移动在进行广告高空轰炸、大型活动推广传播的同时，还走进校园进行相关推广活动，建立校园联盟。在业务形式上，其通过开通移动 QQ、铃声下载等活动，为消费群体提供实在的服务内容。

（4）情感中的体验。让目标消费群体参与到活动中来，产生情感共鸣，特别是“全国街舞挑战赛”，更是吸引了广大消费者。

【分析提示】

当产品进入到成长期，企业应当通过各种营销手段的合力应用全力推广产品。

3. 成熟期的市场营销策略

进入成熟期以后，产品的销售量增长缓慢，逐步达到最高峰，然后缓慢下降；产品的销售利润也从最高点开始下降；市场竞争非常激烈，各种品牌、各种款式的同类产品不断出现。

针对成熟期的特点，企业宜采取主动出击的策略，使成熟期延长，或使产品生命周期出现再循环。为此，企业可以采取以下 3 种策略。

（1）市场改进策略。这种策略不是要调整产品本身，而是发现产品的新用途、寻求新的消费者或改变推销方式等，使产品销售量得以扩大。

（2）产品改进策略。这种策略通过产品自身的调整来满足消费者的不同需求，以吸引消费者。整体产品概念的任何一个层次的调整都可视为产品的改进。

（3）市场营销组合改进策略，即通过对产品、定价、渠道、促销 4 个市场营销组合因素加以综合调整，刺激销售量的回升。常用的方法包括降价、提高促销水平、扩展分销渠道和提高服务质量等。

【小案例 10-9】

月饼是中秋佳节的传统食品，但近年来其主要用途已由家庭消费变为人情消费，成为中秋送礼之首选。高额的利润驱动着厂家大量生产，结果每年月饼大战过后便是月饼过剩，造成了巨大浪费。究其原因，在各式或豪华或精美的包装之下的月饼并没有太大差异，试想如此众多的雷同产品一齐供应短暂的时令市场，怎能不造成积压呢？

某糕点企业决定采取不同的策略，推出全新的冰皮月饼，以差异化对抗同质化。该企业发现人们已经厌倦了月饼甜腻的传统口味，转而渴望清爽、清淡的口感，于是推出了冰皮月饼。这种月饼采用进口原料制作，不经烘制，故而毫不油腻，它的颜色也一反传统的金黄而呈清冷的白色。细看一个个月饼冰清玉洁、晶莹剔透，微微显出里面绿豆沙的馅——连这馅也是与众不同的！冰皮月饼从里到外都与众不同，如新月般悄然出场。

对冰皮月饼这一概念的测试表明，人们愿意接受这一产品，对月饼的独特颜色也不排斥。清爽味淡的冰皮月饼一经投放市场就大受欢迎，简直供不应求，在中秋节前几天就销售一空，使该糕点企业的销售收入超过预期50%。

【分析提示】

月饼是一种处于成熟期的产品，但是只要准确把握消费者的需求，传统产品也能创出新意。

4. 衰退期的市场营销策略

衰退期的主要特点：产品销售量急剧下降；企业从这种产品中获得的利润很低甚至为零；大量的竞争者退出市场；消费者的消费习惯已发生改变等。面对处于衰退期的产品，企业需要进行认真的研究分析，决定采取什么策略，在什么时间退出市场。通常有以下几种策略可供选择。

（1）继续策略，也称维持策略，是指企业继续沿用过去的策略，仍按照原来的细分市场，使用相同的分销渠道、定价及促销方式，直到这种产品完全退出市场为止。

（2）集中策略，企业把资源集中在最有利的细分市场和分销渠道上，从中获取利润。这样既有利于缩短产品退出市场的时间，同时又能为企业创造更多的利润。

（3）收缩策略，也称榨取策略，即企业大幅度降低促销水平，尽量减少促销费用，以增加目前的利润。这样可能导致产品在市场上的衰退加速，但也能从忠实于这种产品的消费者手中得到利润。

（4）放弃策略，对于衰退比较迅速的产品，企业应该当机立断，放弃经营。企业可以采取完全放弃的方式，如把产品完全转移出去或立即停止生产；也可采取逐步放弃的方式，将其所占用的资源逐步转向其他的产品。

技能训练10-3　根据产品生命周期制定市场营销策略

一、训练目的

通过实训，提高学生对产品生命周期理论的认知，掌握企业对产品生命周期各阶段产品的市场营销策略。

二、训练内容

1．搜集某个企业产品的相关资料。
2．根据产品生命周期理论对搜集的产品进行分析。
3．根据产品生命周期不同阶段的特点制定企业市场营销策略。

三、训练组织

该实践训练项目由指导教师与所指导班级利用实践教学时间组织进行。

1．根据班级成员总人数进行分组，5～6人为一组。

2．各小组选一个组长负责组内工作，要求组员团结协作。

3．各小组组员搜集并分析企业产品的相关资料。

4．明确产品生命周期的各个阶段。

5．制定产品生命周期各个阶段的市场营销策略。

四、训练考核

1．各小组分析讨论后，形成小组意见。

2．各小组选派代表，在全班发表小组讨论意见。

任务四 制定产品品牌和包装策略

根据导入项目，HW公司要进行产品品牌的定位，确定产品的包装策略。

（一）品牌

1．品牌的含义

品牌是指企业的名称、产品或服务的商标和其他有别于竞争对手的标识、广告等构成企业独特市场形象的无形资产。

品牌是一种识别标志、一种精神象征、一种价值理念，是品质优异的核心体现。培育和创造品牌的过程也是不断创新的过程，企业自身有了创新的力量，才能在激烈的竞争中立于不败之地，继而巩固原有品牌资产，多层次、多角度、多领域地参与竞争。

【小案例10-10】

中国移动作为国内专注于移动通信发展的通信运营公司，曾成功推出了“全球通”“神州行”两大子品牌。但市场的进一步饱和，使我国移动通信市场弥漫着价格战的硝烟。如何吸引更多的客户资源、提升客户品牌忠诚度、充分挖掘客户的价值，成为运营商成功突围的关键。

当时，麦肯锡对中国移动用户的调查资料表明，25岁以下的新一代消费群体将成为未来移动通信市场最大的增值群体。中国移动敏锐地捕捉到这一信息，将以业务为导向的

市场策略率先转向了以细分的客户群体为导向的品牌策略，在众多的消费群体中锁住15～25岁年龄段的学生、白领，以发展新的增值市场。以学生和白领为主的年轻用户，对移动数据业务的潜在需求大，且购买力会不断增长，3～5年以后将从低端客户慢慢变成高端客户。有效锁住此部分消费群体，中国移动便可以为在未来竞争中占有优势埋下伏笔。中国移动推出的“动感地带”有效锁住了以学生和白领为主的时尚用户，其推出了语音与数据套餐服务，全面出击移动通信市场，牵制住了竞争对手，形成了预置性威胁。

【分析提示】

企业培育和创造品牌的过程也是不断创新的过程，只有不断进行创新，企业才能在激烈的竞争中立于不败之地。

品牌实质上代表着企业对提供给消费者的产品特征、利益和服务的一贯性的承诺。但品牌还是一个更复杂的象征。品牌的含义可分成以下6个层次。

（1）属性：对于消费者来讲，品牌首先给他带来的是这个品牌的产品属性。例如，某品牌汽车表现出制造优良、工艺精湛、耐用、声誉极高等产品属性。企业可以利用这些属性中的一个或几个方面进行广告宣传。

（2）利益：品牌不仅代表一系列属性，还体现着某种特定的利益。从某种意义上说，消费者买的不是属性，而是利益。属性需要转化为功能性或情感性的利益，如摆放在客厅的红木家具让客人感觉自己很重要并受人尊重，某品牌汽车的属性体现了购买者的财富、身份和地位。

（3）价值：品牌在提供属性和利益时，也包含了营销价值。营销价值就是市场上的“品牌效应”，即当一个品牌被消费者所喜爱时，用它来标记任何产品，营销都会变得非常容易，营销者不必再为此花费过多的营销费用。例如，某品牌汽车体现了高性能、安全和声望等。品牌的营销人员必须分辨出对这些价值感兴趣的消费者群体。

（4）文化：品牌可象征一种文化或文化中某种令人喜欢或热衷的东西。在文化中，最能使品牌得到市场高度认可和赞同的是文化所体现的核心价值观。文化可表现为品牌实际的或消费者感受到的品牌的历史、起源及特色等。例如，某品牌汽车体现了有组织、有效率、高质量的文化。

（5）个性：品牌可以具有一定的共性，也可以具有个性。不同的品牌会使人产生不同的品牌个性联想。

（6）用户：品牌暗示了购买或使用产品的消费者类型。

所有这些都说明品牌是一个复杂的符号。如果企业只把品牌当成一个名字，那就错过了品牌化的要点。品牌化的挑战在于制定品牌的一整套含义。当公众可以识别品牌的6个层次时，我们称之为深度品牌，否则其只是一个肤浅品牌。

在这6个层次中，价值、文化和个性是品牌的深层含义，它们构成了品牌的实质。

2. 品牌的内容

（1）品牌名称：指品牌中可以用语言读出来的部分，如“李宁”品牌中的“李宁”或“LI-NING”。

（2）品牌标记：指品牌中能够被辨别，但不能被发音或用语言明确读出来的部分，如“麦当劳”品牌中的金黄色的拱形“M”。

3. 品牌和商标的区别

（1）商标是品牌的一部分。商标是品牌中的标志和名称部分，其作用是便于消费者识别。但品牌的内涵远不止于此，品牌不仅是一个易于区分的名称和符号，更是一个综合的象征。品牌标志和品牌名称的设计只是建立品牌的第一步，但要真正成为品牌，还要着手品牌个性、品牌认同、品牌定位、品牌传播、品牌管理等各方面内容的完善。这样，消费者对品牌的认识才会由形式到内容、由感性到理性，完成由未知到理解、购买的转变，进而形成品牌忠诚。

（2）商标是法律概念，品牌是市场概念。商标是法律概念，它强调对生产经营者合法权益的保护；品牌是市场概念，它强调企业（生产经营者）与消费者之间关系的建立、维系与发展。商标的法律作用主要表现在通过商标专用权的确立、续展、转让、争议仲裁等法律程序，保护商标所有者的合法权益，同时促使企业（生产经营者）保证产品质量，维护商标信誉。

4. 品牌的特征

（1）品牌是专有的。品牌是用以识别生产或销售者的产品或服务的。品牌拥有者经过法律程序的认定，享有品牌的专有权，有权要求其他企业或个人不能仿冒、伪造。

（2）品牌是企业的无形资源。由于品牌拥有者可以凭借品牌的优势不断获取利益，可以利用品牌的市场开拓力、形象扩张力、资本内蓄力不断发展，因此品牌的价值虽不能像物质资产那样用实物的形式表现出来，但它能使企业的无形资产增加，并且还可作为产品在市场上进行交易。

【小案例 10-11】

由世界品牌实验室（World Brand Lab）独家编制的 2018 年度（第十五届）《世界品牌 500 强》排行榜在美国纽约揭晓，腾讯、海尔、华为、青岛啤酒、茅台等 38 个中国品牌入选。

连续十五年发布的《世界品牌 500 强》的评判依据是品牌的世界影响力。品牌影响力是指品牌开拓市场、占领市场并获得利润的能力。

“世界品牌 500 强”平均年龄为 100.14 岁，100 岁及以上的“百年老牌”多达 213 个，在入选的 38 个中国品牌中，只有茅台、青岛啤酒、五粮液、中国银行超越百龄。

2018 年《世界品牌 500 强》排行榜入选国家共计 28 个。从品牌数量的分布国家看，美国占据 500 强中的 223 席，继续保持世界领先的地位；法国和英国分别有 43 个和 42 个品牌上榜，分列第二位和第三位；日本、中国、德国、瑞士和意大利则分别有 39 个、

38 个、26 个、21 个和 15 个品牌上榜。

青岛啤酒作为中国品牌的代表，如今已经远销 100 多个国家和地区。青岛啤酒以其百年不变的品质坚守和持续的创新活力，用高品质产品、年轻化品牌、有质量的发展、全球化的影响力，演绎着百年品牌的新青春。2018 年 11 月，青岛啤酒获得了在美国芝加哥举行的“世界啤酒锦标赛”的金奖和在德国纽伦堡举行的“欧洲啤酒之星”大赛大奖。2018 年 12 月 17 日，青岛啤酒正式签约成为 2022 年北京冬奥会官方赞助商。

【分析提示】

品牌作为无形资产，其价值可以有形量化，同时品牌可以作为产品交易，如以品牌入股形式组建企业，或以品牌号召特许经营等。

（3）品牌转化具有一定的风险及不确定性。在品牌成长的过程中，由于市场的不断发展，消费者需求的不断变化，企业的品牌资本可能壮大，也可能缩小，甚至可能在竞争中退出市场。品牌的成长由此存在一定风险，对其评估也存在难度。有时由于企业的产品质量出现意外，有时由于企业的服务不过关，有时由于品牌资本盲目扩张、运作不佳，都会给企业品牌的维护带来难度，使企业品牌效益的评估出现不确定性。

（4）品牌的表象性。品牌是企业的无形资产，不具有独立的实体，不占有空间，但它最原始的目的就是让人们通过一个比较容易记忆的形式来记住某一产品或企业，因此品牌必须有物质载体，需要通过一系列的物质载体来表现自己。品牌的直接载体主要包括文字、图案和符号，间接载体主要包括产品质量、产品服务、知名度、美誉度、市场占有率。没有物质载体，品牌就无法表现自己，更不可能达到其整体传播效果。

【小案例 10-12】

“可口可乐”的文字，使人们联想到这种饮料的饮后效果，红色图案及相应包装也能起到独特的效果。“麦当劳”的黄色拱形“M”会起到独特的视觉效果，使人们感受到一种美国文化、快餐文化，进而联想到质量、标准和卫生。

【分析提示】

优秀的品牌在载体方面表现较为突出，消费者可以通过品牌载体辨别产品。一些企业为自己的品牌赋予了美好的情感，或使其代表了一定的文化，使品牌及产品在消费者心目中树立了良好的形象。

（5）品牌的扩张性。品牌具有识别功能，其代表了一种产品，甚至一个企业，企业可以利用这一特点发挥品牌对市场的开拓能力，还可以利用品牌资本进行扩张。

5. 品牌的作用

（1）品牌——产品或企业核心价值的体现。企业不仅要将产品销售给目标消费者，而且要使消费者通过使用产品对其产生好感，从而重复购买、不断宣传，形成品牌忠诚。如果消费者对品牌、对产品的使用感到满意，就会围绕品牌产生消费经验，为将来的消费决策提供依据。

（2）品牌——识别产品的分辨器。品牌的建立是由于竞争的需要，是用来识别某个企业的产品或服务的。品牌设计应具有独特性，有鲜明的个性特征，品牌的图案、文字等应区别于竞争对手的图案、文字等，代表本企业的特点。同时，互不相同的品牌各自代表着不同形式、不同质量、不同服务的产品，可为消费者购买、使用产品提供借鉴。

（3）品牌——质量和信誉的保证。企业设计品牌、创立品牌、培养品牌的目的是希望自己的品牌能变为名牌，于是其努力提高产品质量和售后服务质量。同时，品牌代表企业，企业从长远发展的角度出发必须在产品质量上下功夫，特别是名牌产品、名牌企业，于是品牌特别是知名品牌就代表了一类产品的质量水平，代表了企业的信誉。

（4）品牌——企业的“摇钱树”。品牌产品以质量取胜，品牌常富有文化和情感内涵，所以品牌给产品增加了附加值。同时，品牌有一定的信任度、追随度，企业可以为品牌制定相对较高的价格，以获得较高的利润。

6. 品牌命名的原则

品牌命名的原则

（1）合法原则。合法是指品牌能够在法律上得到保护，这是品牌命名的首要前提。

（2）易读易记原则。品牌名称只有易读易记才能高效地发挥出它的识别功能和传播功能。品牌命名时应做到简洁、独特、新颖、响亮等，如红豆、动感地带、上好佳等。

（3）尊重文化与跨越地域限制原则，即适应消费者的文化价值观念和潜在市场的文化观念。

（4）无歧义原则。品牌命名可以让消费者浮想联翩，如金利来。

（5）暗示产品特点原则，即从产品的特点、功能、形态等属性来命名，使消费者从产品的名字就可以看出它是什么类别的产品，如五粮液、雪碧等。

7. 品牌策略

（1）品牌有无策略。一般来讲，现代企业都建立了自己的品牌和商标，即便这会使企业增加成本费用。也有许多企业对其产品不规定品牌名称和品牌标识，也不想注册登记，实行非品牌化，企业生产的这种产品叫无牌产品，所谓无牌产品是指在市场上出售的无品牌、包装简易且价格便宜的普通产品。企业推出无牌产品的主要目的是节省包装、广告等费用，降低价格，扩大销售。一般来讲，无牌产品使用的原料质量较差，而且包装、广告、标贴的费用都较低。

（2）品牌归属策略，也称为品牌使用者决策，是指企业决定使用本企业（制造商）的品牌，还是使用经销商的品牌，或两种品牌同时兼用的策略。

一般情况下，品牌是制造商的产品标记，制造商决定产品的设计、质量、特色等。享有盛誉的制造商还将其商标租借给其他中小型制造商，收取一定的特许使用费。近年来，经销商的品牌日益增多。西方国家许多享有盛誉的百货公司、超级市场、服装商店等都使用自己的品牌，有些知名商家（如美国的沃尔玛）经销的90%的产品都用自己的品牌。同

时，一些强有力的批发商也有许多使用的是自己的品牌，从而增强其对价格、供货时间等方面的控制能力。

（3）品牌统分策略。如果企业决定其大部分或全部产品都使用自己的品牌，那么还要进一步决定其产品是分别使用不同的品牌，还是统一使用一个或几个品牌。具体可分为3种策略。

①个别品牌策略，是指企业各种不同的产品分别使用不同的品牌。

②统一品牌策略，是指企业所有的产品都统一使用一个品牌。

③分类品牌策略，是指各类产品分别命名，同一类产品使用同一个品牌。

（4）品牌延伸策略。品牌延伸策略是指企业利用其成功品牌的声誉来推出改良产品或新产品，包括推出新的包装规格、香味和式样等。

【小案例 10-13】

海尔公司在其洗衣机、空调等产品获得成功的基础上进行了品牌的延伸，推出了海尔手机、海尔电脑等。在洗衣机方面，海尔推出了神童、小小神童、至爱、关爱等系列；在电脑方面，海尔推出了潜龙、见龙、游龙等系列。

【分析提示】

海尔通过其品牌的延伸，满足了消费者在产品的规格、档次、功能上的不同需求。只有制定合理的品牌策略，才能最大限度地满足目标消费者的需求。

（5）多品牌策略。多品牌策略是指企业同时经营两种或两种以上相互竞争的品牌。这种策略是由宝洁公司首创的。宝洁公司认为，单一品牌并非万全之策。因为一种品牌形成之后，容易在消费者心中形成固定的印象，不利于产品的延伸，尤其是像宝洁这种横跨多种行业、拥有多种产品的企业。

多品牌策略的最佳结果应是企业的品牌逐步挤占竞争对手品牌的市场份额，或多品牌策略所增加的利润应大于因为相互竞争所造成的利润损失。

【小案例 10-14】

自1989年创立以来，丽斯达日化有限公司一直是品牌大旗的高举者。它相继推出了“立得”“邦氏”“古方”“小护士”“兰歌”五大品牌。1999年，依靠“小护士”站稳脚跟的丽斯达计划用新的品牌“兰歌”来进攻“大宝”，但严重亏损。失败并不可怕，可怕的是加上前几个品牌的挫折，丽斯达几乎没有了推广新品牌的勇气。

【分析提示】

多品牌战略适用于实力较强的大企业，因为其费用一般比较高，而且各品牌之间的竞争会削弱企业单个品牌的竞争能力。

（6）品牌重新定位策略。随着竞争对手品牌的逼近，企业品牌的独特性会逐渐消失，消费者可能会转向其他品牌，因此即使企业品牌在市场上的最初定位很好，但随着时间的推移也必须重新定位。

当企业在制定品牌重新定位策略时，要考虑两个方面的因素：一方面，要全面考虑把自己的品牌从一个市场转移到另一个市场的成本费用，一般来讲，重新定位的距离越远，其成本费用就越高；另一方面，还要考虑把自己的品牌确定在新的位置上能获得多少利润。

（二）包装

1. 包装的含义

包装是产品的重要组成部分，通常是指保护产品的容器或包装物及其设计和装潢。包装的好坏直接关系到产品的价值和销路，因此一直受到生产经营者的高度重视。

2. 包装的作用

（1）保护产品，便于储运。产品包装的基本功能便是保护产品，便于储运。有效的产品包装可以起到防潮、防热、防冷、防挥发、防污染、保鲜、防变形等一系列保护产品的作用。因此，企业要注意对产品包装材料的选择及对包装技术的掌握。

（2）包装能吸引注意力，说明产品的特色，给消费者以信心，有助于产品在消费者心目中形成一个良好的总体印象。包装有助于消费者迅速辨认出企业或品牌名称，很多企业和品牌形象公司已意识到设计良好包装的巨大作用。

（3）包装能提供创新的机会。包装的创新能够激发消费者的好奇心，进而引发其购买欲望，从而给企业带来利润。

3. 包装设计的原则

包装不仅具有保护产品的功能，还具有积极的促销作用。近年来随着市场竞争的日益激烈，更多的人在想办法使包装发挥其促销作用。日本学者伊吹卓曾提出了“目、理、好”原则。

（1）醒目。包装要起到促销的作用，首先要能吸引消费者的注意，因为只有吸引消费者注意的产品才有被购买的可能。因此，只有造型新颖别致、色彩鲜艳夺目、图案美观精巧、材质各有特点，才能使包装表现出醒目的效果，使消费者一眼看见就产生强烈的兴趣。

（2）理解。成功的包装不仅要通过造型、色彩、图案、材质吸引消费者对产品的注意，激发消费者的兴趣，还要使消费者通过包装准确理解产品。因为人们购买的并不是包装，而是包装内的产品。准确传达产品信息的有效方法是真实地传达产品形象。例如，可以采用全透明包装，可以在包装上开窗展示产品，可以在包装上绘制产品图形，可以在包装上进行简洁的文字说明，可以在包装上印刷彩色的产品照片等。

（3）好感。包装的造型、色彩、图案、材质要能引起人喜爱的情感，因为人的喜恶对购买冲动起着极为重要的作用。好感来自两个方面。首先是实用方面，即包装能否满足消费者各方面的需求，并提供方便，这涉及包装的大小、多少、精美等方面。好感还来自包装的造型、色彩、图案、材质的感觉，这是一种综合性的心理效应，与个人及个人所处的

环境有密切关系。总之，产品包装要使用能引起人喜爱的造型、色彩、图案和材质，这需要通过各种市场调查和心理测试来寻找。

【小案例 10-15】

随着销售额的下降，美国啤酒行业的竞争变得越来越激烈，大型的啤酒公司占据越来越大的市场份额，把一些小的地区性啤酒公司逐渐排挤出了市场。出产于宾夕法尼亚州西部小镇的罗林洛克啤酒在其经理夏佩尔的经营下摆脱了被排挤的困境，走上了飞速发展的道路。其中，包装扮演了重要角色。夏佩尔为了克服广告预算的不足，决定让包装发挥更大的作用。他解释道："我们不得不把包装变成品牌的广告。"公司为罗林洛克啤酒设计了一种绿色长颈瓶，并漆上显眼的艺术装饰，使其在众多的啤酒中引人注目。夏佩尔说："有些人以为瓶子是手绘的，它跟别的瓶子都不一样，独特而有趣。因此，人们愿意把它摆在桌子上。"

【分析提示】

罗林洛克啤酒的包装发挥了识别产品、美化产品、促进销售和增加盈利的作用。罗林洛克啤酒的包装能有效地美化产品，激起消费者的购买欲望，从而促进了销售，达到了增加盈利的目的。

4. 包装策略

（1）类似包装策略。企业对其生产的产品采用相同的图案、相同的色彩、相同的包装材料和相同的造型进行包装，便于消费者识别出本企业的产品。对于忠实于本企业的消费者来说，类似包装无疑具有促销的作用，企业还可因此而节省包装的设计、制作费用。但类似包装策略只适用于质量相同的产品，并不适用于品种差异大、质量水平悬殊的产品。

（2）配套包装策略。按消费者的消费习惯，将数种有关联的产品配套包装在一起成套出售，便于消费者购买、使用和携带，同时还可提高产品的销售量。另外，在配套产品中加入某种新产品，可使消费者在不知不觉中习惯使用新产品，有利于新产品的上市和普及。

（3）再使用包装策略，即包装内的产品使用完后，包装物还有其他的用途，如各种形状的香水瓶可用作装饰物，精美的食品盒也可被再利用等。这种包装策略可使消费者产生一物多用的感觉，从而激起其购买欲望，而且包装物的重复使用也起到了对产品的宣传作用。

（4）附赠包装策略，即在产品包装物中附赠礼物（奖券或实物），或者包装本身可以换取礼品，以吸引消费者重复购买。

（5）等级包装策略。企业对不同等级的产品分别设计和使用不同的包装。

（6）差异包装策略。企业的各种产品都有自己独特的包装，在设计上采用不同的风格、色调和材料。

（7）改变包装策略，即改变和放弃原有的产品包装，改用新的包装。由于包装技术、包装材料的不断更新，消费者的偏好不断变化，采用新的包装可以弥补原包装的不足。企业在改变包装的同时必须配合好宣传工作，以避免消费者产生产品质量下降或其他误解。

【小案例 10-16】

百威啤酒长期以来注重产品包装的创新，并以其在包装上所体现出来的丰富创意闻名于世。百威（武汉）国际啤酒有限公司秉承了这一传统，不断在包装上推陈出新，为我国消费者提供更多选择：1997 年的压花玻璃小瓶装百威，1999 年的大口盖拉环罐装百威，2000 年的 4 罐便携装百威，以及推出的 700 毫升装百威和 500 毫升百威。百威在包装上的每一次创新都给我国消费者带来了惊喜。其中，700 毫升装和 500 毫升装更是百威针对我国消费者特别推出的，充分显示了其对我国消费者的高度重视。

【分析提示】

优质的包装与卓越的品质紧密相连，体现了百威不懈进取、精益求精的企业精神。正是这种对每一个细节都追求完美的工作态度，成就了百威在我国啤酒市场上领先的外资品牌地位。

技能训练 10-4　海尔品牌策略分析

一、训练目的

通过实训，提高学生对企业品牌及品牌策略的理解，树立创新意识。

二、训练内容

1．搜集海尔集团在企业和产品品牌运作过程中的相关资料。
2．从品牌策略的角度对所搜集的资料进行分析。

三、训练组织

该实践训练项目由指导教师与所指导班级利用实践教学时间组织进行。
1．根据班级成员总人数进行分组，5～6 人为一组。
2．各小组选一个组长负责组内工作，要求组员团结协作。
3．各小组组员搜集相关资料，先提出个人分析意见，再以小组为单位展开讨论分析。

四、训练考核

1．各小组分析讨论后，形成小组意见。
2．各小组选派代表，在全班发表小组讨论意见。

任务五　新产品的开发与推广

根据导入项目，确定 HW 公司新产品开发的类型及开发的策略，明确新产品开发的程序，并找到新产品推广的方法。

（一）新产品的概念

市场营销意义上的新产品含义很广，是指采用新技术原理、新设计构思研制、生产的全新产品，或在结构、材质、工艺等某方面比原有产品有明显改进，从而显著提高了产品性能或扩大了使用功能的产品。从市场营销的角度看，凡是企业向市场提供的过去没有生产过的产品都可以称为新产品。具体地说，只要是产品整体概念中的任何一部分发生变革或创新，并且给消费者带来新的利益、新的满足的产品，都可以被认为是一种新产品。

（二）新产品的类型

新产品的类型

按照新产品的创新与改进的程度不同，新产品可以分为以下 4 种类型。

1. 全新产品

全新产品是指在市场中从未出现过的，由于新的发明创造，采用新的原理、新的结构、新的技术和新的材料而生产出来的产品。全新产品的研制时间长、难度大，因此大多数企业很难开发出全新产品。一项新的科学技术的发明应用于生产，需要经历较长的时间，需要花费巨大的人力和财力。但是，这种新产品一旦开发出来并且被市场所接受，就可以使企业获得巨大的利润。

2. 换代新产品

换代新产品是指在原有产品的基础上，部分采用新技术、新材料而制成的性能有显著提高的新产品，如电视机由黑白发展为彩色甚至数字式等。换代新产品的出现往往伴随着科学技术的进步。

3. 改进新产品

改进新产品是指对现有产品在结构、材料、性能、款式、包装等方面进行改进。改进新产品技术含量低或不需要新技术，企业可以依靠自己的力量就能较容易地开发出新产品。改进新产品进入市场后，比较容易被消费者接受，但也容易被竞争对手仿制，所以市场竞争比较激烈。

4. 仿制新产品

仿制新产品是指企业模仿市场上已有的产品而生产的产品。这类产品对市场来说并不是什么新产品，但却是企业以前从未生产和销售过的产品，所以对企业来讲仍然是新产品。从企业经营上看，仿制新产品在企业发展中是不可避免的，它可以缩短企业的产品开发时间，降低设计成本。

【小案例 10-17】

麦片富含营养，有益健康。希洛公司（Hero）生产各种食物，但在早餐麦片市场占有的份额却不高。公司应如何提高市场占有率？麦片市场早已饱和了，希洛公司并不打算在这个市场中碰运气。其想到的方法是重新定义麦片的食用价值。它把麦片当作任何时候都能食用的健康点心，而不是当作普通的早餐。如果把当点心的麦片用袋子包装起来，消费者也许只能用手吃了。于是，希洛公司采用了一种消费者熟悉的产品形状——巧克力条。麦片加上巧克力条就出现了新的类别——麦条。这在当时是一个突破，它是一种真正的新产品，并由此创造了新的消费场合。如今，该公司已成为欧洲市场上较大的麦条类产品的制造商之一。

【分析提示】

企业想要持久地占领市场，不能仅靠现有产品，必须不断地更新换代，推陈出新，这样才能适应不断变化的市场需求。

（三）新产品开发的原则

1. 服从企业总体经营战略的要求

包括新产品开发策略的产品决策是企业总体经营战略的一部分，而企业总体经营战略应当并已经在企业资源与外部环境之间做出了最佳选择，所以制定新产品开发策略首先应该服从企业总体经营战略的要求。

2. 准确定义新产品开发的目标

只有准确定义新产品开发的目标，才能约束和限定开发工作的方向，才能在开发过程中对执行情况进行准确评价，并制订正确的新产品市场营销计划。

（四）新产品开发的策略

新产品开发要以满足市场需求为前提，以企业获利为目标，遵循“根据市场需求，开

发适销对路的产品；根据企业的资源、技术等能力确定开发方向；量力而行，选择切实可行的开发方式”的原则进行。

企业采用何种策略，取决于企业自身的实力、市场情况和竞争对手的情况。当然，这与企业决策者的个人素质也有很大关系，开拓型与稳定型的企业决策者通常会采用不同的策略。新产品开发常用的策略有以下几种。

1. 先发制人策略

先发制人策略是指企业率先推出新产品，利用新产品独有的特点，占据市场的有利地位。采取先发制人策略的企业应具备强烈地占据市场“第一”的意识。因为对于广大消费者来说，对企业和产品形象的认知都是先入为主的，他们认为只有第一个上市的产品才是“正宗”的产品，其他产品都要以第一个为参照标准。因此，企业采取先发制人策略，就能够在市场上捷足先登，利用先入为主的优势，最先建立品牌偏好，从而获取丰厚的利润。企业要想采用先发制人的策略必须具备以下条件：企业实力雄厚，且科研实力、经济实力兼备，并具备对市场需求及其变动趋势的超前预判能力。

2. 模仿式策略

模仿式策略就是在其他企业推出新产品后，企业立即加以仿制和改进，然后推出自己的产品。采用这种策略的企业没有把投资用在研究新产品上，而是绕过新产品开发这个环节，专门模仿市场上刚刚推出并畅销的新产品，进行追随性竞争，以此分享市场收益。所以，模仿式策略又被称为竞争性模仿策略，既有竞争，又有模仿。模仿式策略绝不是纯粹的模仿，而是在模仿中创新。企业采取模仿式策略，既可以避免市场风险，又可以节约研究开发费用，还可以借助竞争对手领先开发新产品的声誉顺利进入市场。更重要的是，企业通过对市场领先者的创新产品做出许多建设性的改进，有可能实现后来居上。

3. 系列式产品开发策略

系列式产品开发策略就是围绕产品向各个方向延伸，开发出一系列类似的但又各不相同的产品，形成不同类型、不同规格、不同档次的系列产品。采用该策略的企业可以充分利用已有的资源，设计、开发出更多的相关产品。

【小案例 10-18】

旺旺的持续成功与其不断推陈出新的产品策略密不可分。自 1992 年进入我国食品市场以来，旺旺集团对新产品的开发一直非常重视。如今，旺旺的产品已经涵盖米果、糖果、饮料、酒类等多种产品，产品种类达 130 多种。在这个庞大的产品体系中，米果、糖果、牛奶是旺旺集团的三大支柱。至今在旺旺的产品体系中，雪饼依然占有很重要的地位，旺旺仙贝也一直长盛不衰。与此同时，旺旺又不断开发出贝比玛玛、厚烧海苔、旺仔小馒头、旺旺饼干、旺仔 QQ 糖等充满个性的产品。旺旺不断推陈出新，充分保持着品牌的活力。

旺仔 QQ 糖自 1997 年上市以来，以惊人的速度渗透到我国消费市场的各个角落，受到了不同年龄阶层消费者的青睐，开创了中国软糖市场的先河；旺旺黑白配以它浓浓的巧克力香味吸引了千千万万的消费者；旺旺泡芙以小巧可爱的外形，牛奶与巧克力的内芯，风靡我国与日本。

旺仔牛奶是旺旺集团特别针对儿童设计的保健型牛奶，是行业液态奶中得到国家保健食品认证的产品。旺仔牛奶有别于一般的牛奶，在生产工艺和原料配方上有其独特的方面，其长达15个月的保质期独树一帜。旺仔牛奶和旺旺其他产品一样倾向于儿童，其配方也专门针对儿童口味加以设计，如今已成为儿童钟爱的产品之一。

旺旺也在试图进入咖啡市场。经过多年的精心规划，在对国内咖啡消费市场进行了深入细致的调查后，旺旺依国人的口味与喜好研究开发出邦德咖啡。其引进德国先进成套设备，采用咖啡原豆研磨萃取，配以成熟的灌装工艺，最大限度地保证了咖啡的香醇，甚至与咖啡馆的咖啡品质相差无几。

【分析提示】

此外，旺旺还开发出旺旺果冻、旺旺大米及神旺白酒等产品，新产品的不断开发为保持旺旺品牌的活力做出了重要的贡献。

（五）新产品开发的程序

一个完整的新产品开发过程要经历以下8个阶段。

1. 新产品构思的产生

进行新产品构思是新产品开发的首要阶段。构思是一种创造性思维，即对新产品进行设想或创意的过程，一个好的新产品构思是新产品开发成功的关键。企业通常可从企业内部和企业外部寻找新产品构思的来源。企业的内部构思来源包括研究开发人员、市场营销人员、高层管理人员及其他部门的人员。这些人员与产品的直接接触程度各不相同，但他们的共同点是熟悉企业业务的某个方面或某几个方面。他们对企业提供的产品较外人有更多的了解与关注，因而往往能针对产品提出改进或创新的构思。企业可寻找的外部构思来源包括消费者、中间商、竞争对手、企业外的研究和开发人员、咨询公司及营销调研公司等。

2. 新产品构思筛选

新产品构思筛选是采用适当的评价系统及科学的评价方法对各种构思进行分析比较，从中把最有希望实现的构思挑选出来的一个过滤过程。在这个过程中，企业应力争做到除去亏损最多和必定亏损的新产品构思，选出潜在盈利较多的新产品构思。构思筛选的主要方法是建立一系列评价模型。评价模型一般包括评价因素、评价等级、权重和评价人员，其中能否确定合理的评价因素和给每个因素确定适当的权重是评价模型是否科学的关键。

3. 新产品概念的形成

新产品构思是企业希望提供给市场一些可能的新产品设想，其只是为新产品开发指明了方向。只有把新产品构思转化为新产品概念，才能真正指导新产品的开发。新产品概念是企业从消费者的角度对产品构思进行详尽描述，即将新产品构思具体化，描述出产品的性能、具体用途、形状、优点、外形、价格、名称、提供给消费者的利益等，让消费者能一目了然地认识到新产品的特征。因为消费者不是购买新产品构思，而是购买新产品概念。新产品概念形成的过程即把粗略的产品构思转化为详细的产品概念。任何一种产品构思都可转化为几种产品概念。新产品概念的形成来源于针对新产品构思提出问题的回答，一般通过对以下 3 个问题的回答，可形成不同的新产品概念，即谁使用该产品？该产品提供的主要利益是什么？该产品适用于什么场合？

4. 制订市场营销战略计划

根据已经形成的新产品概念制订市场营销战略计划是新产品开发过程的一个重要阶段。该计划将在之后的开发阶段中不断完善。市场营销战略计划包括 3 部分：第一部分描述目标市场的规模、结构和消费者行为，以及新产品在目标市场中的定位等；第二部分是对新产品的价格策略、分销策略和第一年的营销预算进行规划；第三部分描述预期的长期销售量和利润目标，以及不同时期的营销组合。

5. 商业分析

商业分析的主要内容是对新产品概念进行财务方面的分析，即预估销售量、成本和利润，判断它是否满足企业开发新产品的目标。

6. 新产品实体开发

新产品实体开发主要解决产品构思能否转化为在技术上和商业上可行的产品这一问题，它是通过对新产品实体的设计、试制、测试和鉴定来完成的。根据美国科学基金会调查，新产品开发过程中的产品实体开发阶段所需要的投资和时间分别占开发总费用的 30%、总时间的 40%，且技术要求很高，是最具挑战性的一个阶段。

7. 新产品试销

新产品试销是对新产品正式上市前所做的最后一次测试，且该次测试的评价者是消费者的货币选票。通过市场试销，将新产品投放到有代表性的小范围的目标市场进行测试，这样企业才能真正了解该新产品的市场前景。

市场试销是对新产品的全面检验，可为新产品是否全面上市提供全面、系统的决策依据，也可为新产品的改进和市场营销策略的完善提供启示，有许多新产品是通过试销改进后才取得成功的。新产品试销的第一步是决定是否试销，并非所有的新产品都要经过试销，可根据新产品的特点及试销对新产品的利弊来分析决定。如果决定试销，第二步是对试销市场进行选择，所选择的试销市场在广告、分销、竞争和产品使用等方面要尽可能接近新产品最终要进入的目标市场。第三步是对试销技术的选择。常用的消费品试销技术包括销售波测试、模拟测试、控制性试销及试验市场试销。工业品常用的试销技术是产品使用测试，或通过商业展览会介绍新产品。第四步是对新产品试销过程进行控制，试销人员必须把握的重点是对促销宣传效果、试销成本、试销计划的目标和试销时间的控制。第五步是对试销信息资料的搜集和分析，如消费者的试用率与重购率，竞争者对新产品的反应，消费者对新产品性能、包装、价格、分销渠道、促销等产生的反应。

8. 商业化

完成了以上7个步骤后，才会进入新产品的商品化阶段。针对新产品商业化阶段的营销运作，企业应在以下几个方面慎重决策：何时推出新产品，针对竞争者的产品而言，有3种时机选择，即首先进入、平行进入和后期进入；何地推出新产品；如何推出新产品，企业必须制订详细的新产品上市的营销计划，包括营销组合策略、营销预算、营销活动的组织和控制等。

【小案例10-19】

有一年，市场预测表明，该年的苹果将供大于求，这使众多苹果供应商和营销商暗暗叫苦，他们似乎都已认定必将蒙受损失。

就在他们为即将到来的损失长吁短叹的时候，聪明的A想出了绝招。他想：如果在苹果上增加一个“祝福”的功能，让苹果上出现表示喜庆与祝福的字样，如“喜”“福”等字，准能卖个好价钱！

于是，当苹果还长在树上时，他就把提前剪好的纸样贴在了苹果朝阳的一面，如“喜”“福”“吉”“寿”等。果然，由于阳光照不到贴了纸的地方，苹果上也就留下了痕迹。

这样的苹果的确前所未有，这样的创意也的确领先于人，果然他的“祝福”苹果在该年度的苹果“大战”中独领风骚。

转眼到了第二年，别人学会了他的这一创意，但仍然是他的苹果卖得最好，为什么？因为他想到了更好的创意，他的苹果上不仅有字，而且还能鼓励消费者“成系列地购买”。他将他的苹果一袋袋装好，且袋子里那几个有字的苹果总能组成一句甜美的祝词，如“祝您寿比南山”“祝你们爱情甜美”“祝您中秋愉快”等，于是人们再度慕名而至，纷纷购买他的苹果并作为礼品送人。

【分析提示】

对别人的效仿要事先有所准备，创意一旦传开就不再具有任何新意，要未雨绸缪、另觅高招。

（六）新产品的推广

1. 新产品推广的概念

新产品推广又被称作新产品扩散，是指在新产品上市之后随着时间的推移不断地被越来越多的消费者采用的过程。

2. 新产品被消费者采用的过程

所谓采用过程是指消费者个人由接受新产品到成为重复购买者的各个心理发展阶段。美国学者埃弗雷特·罗杰斯把产品采用过程看作创新决策过程。他认为，这个过程包括5个阶段，即认识阶段、说服阶段、决策阶段、实施阶段和证实阶段。

（1）认识阶段。在认识阶段，消费者受个人因素（如个人的性格特征、社会地位、经济收入、性别、年龄、文化水平等），社会因素（如文化、经济、社会、政治、科技等）和沟通行为因素的影响，逐步认识新产品，并学会使用这种产品，掌握其新的功能。研究表明，较早认识新产品的消费者同较晚认识新产品的消费者有着明显的区别，一般来说，前者与后者相比，有着较高的文化水平和社会地位，他们广泛地参与社交活动，能及时、迅速地搜集有关新产品的信息资料。

（2）说服阶段。有时，消费者尽管认识到了新产品并知道如何使用，但一直没有产生喜爱和占有该产品的愿望。而一旦产生这种愿望，决策过程就进入了说服阶段。在认识阶段，消费者的心理活动尚停留在感性认识上，而在说服阶段，其心理活动对其购买决策就具有影响力了。消费者常常要亲自操作新产品，以避免购买风险。不过即使如此也并不能促使消费者立即购买，除非营销部门能让消费者充分认识到新产品的特性。

（3）决策阶段。通过对新产品特性的分析和认识，消费者开始进行决策，即决定使用还是拒绝使用新产品。消费者也许决定使用新产品，此时有两种可能：一种是在使用之后觉得效果不错，继续使用下去；另一种是使用之后觉得失望，便中断使用，可能改用其他品牌，也可能干脆不使用这类产品。消费者可能决定拒绝使用新产品，此时又有两种可能：一种是以后改变了态度，接受了这种产品；另一种是一直拒绝使用这种产品。

（4）实施阶段。当消费者开始使用新产品时，就进入了实施阶段。在决策阶段，消费者只是在心里思考究竟是使用该产品还是仅仅试用一下，并没有完全确定。到了实施阶段，消费者就要思考以下问题了：怎样使用该产品？我如何解决操作难题？此时，企业营销人员就要积极主动地向消费者进行介绍和示范，并提出自己的建议。

（5）证实阶段。人类行为的一个显著特征是人在做出某项重要决策之后总是要寻找额外的信息，来验证自己的决策是否正确。消费者的购买决策亦不例外。在决策之后，消费者总要评价其购买决策的正确与否。

【小案例10-20】

在比利时，有位地毯商将其生产的地毯销往海湾地区，但是销量总是不佳。经过调查发现，该地区的人都信奉伊斯兰教，无论在家、旅行还是工作，都准时面朝圣地麦加祈祷。于是，该商人灵机一动，将扁平式的指南针嵌入地毯中，但是这种指南针的特殊之处在于它不指向南或北，而是指向圣地麦加。这样，伊斯兰教信徒不管走到哪里，只要把地毯拿出来，就可以精确地辨别麦加的方位。该地毯一上市，即成为抢手货。

【分析提示】

作为新产品，“指南针地毯”的成功在于其设计与开发的要素，其在新产品的构思上考虑到了广大消费者的需求。

3. 新产品采用者的类型

在新产品的推广过程中，由于个人性格、文化背景、受教育程度和社会地位等因素的差异，不同的消费者对新产品接受的快慢程度不同，据此可以把采用者划分为5种类型，即创新采用者（可简称为“创用者”）、早期采用者、早期大众、晚期大众和落后采用者，具体如下图所示。

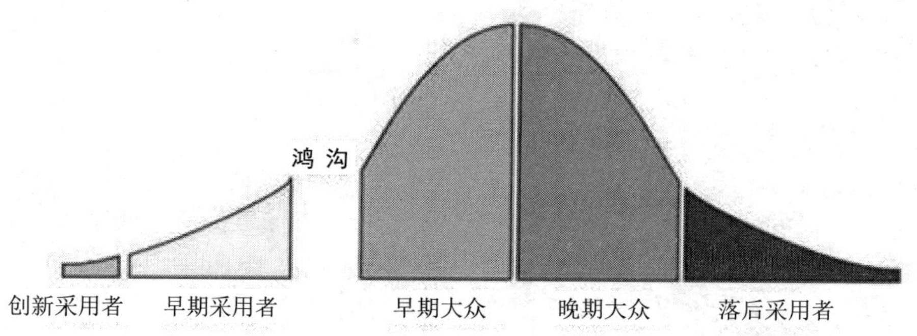

（1）创新采用者。该类采用者处于距离平均采用时间两个标准差以左的区域内，占全部采用者的2.5%。新产品大都是由少数创新采用者率先使用的，因此他们具备如下特征：极富冒险精神；收入水平、社会地位和受教育程度较高；一般是年轻人，交际广泛且信息灵通。企业营销人员在向市场推出新产品时，应把促销手段和传播工具集中于创新采用者身上。如果他们采用后认为效果较好，就会自发宣传，影响以后的使用者。但是，找出创新采用者并非易事，因为很多创新采用者在某些方面倾向于创新，而在其他方面则可能落后。

（2）早期采用者。早期采用者是第二类采用新产品的群体，占全部采用者的13.5%。他们大多是某个群体中具有很高威信的人，受到周围朋友的拥护和爱戴。正因为如此，他们常常去搜集有关新产品的各种信息资料，成为某些领域的舆论领袖。这类采用者多在产品的进入期和成长期采用新产品，并对以后的采用者影响较大，所以他们对新产品的推广具有决定性影响。

（3）早期大众。这类采用者的采用时间较平均采用时间要早，占34%的市场份额。其特征是深思熟虑、态度谨慎、决策时间较长、受过一定教育、有较好的工作环境和固定收入、对舆论领袖的消费行为有较强的模仿心理。他们虽然也希望在大部分人之前接受新产品，但一般是在新产品经过早期采用者认可后才购买。该类采用者与以后的晚期大众共占68%的市场份额，因此研究其消费心理和消费习惯对于加速新产品的推广具有重要意义。

（4）晚期大众。这类采用者的采用时间较平均采用时间稍晚，占34%的市场份额，其基本特征是多疑。他们的信息多来自周围的同事或朋友，很少来自宣传媒体，其受教育程度和收入状况相对较差，所以他们从不主动采用或接受新产品，而是直到多数人都采用且反映良好时才会行动。显然，通过这类采用者进行新产品推广是极为困难的。

（5）落后采用者。这类采用者是采用新产品的落伍者，占16%的市场份额。他们思想保守，拘泥于传统的消费行为模式，并且其社会地位和收入水平在五种采用者中是最低的。因此，他们在产品进入成熟后期乃至进入衰退期时才会采用。

技能训练10-5　新产品开发研究与策划

一、训练目的

1．熟悉新产品概念的提出与可行性评估。
2．掌握新产品上市策划。

二、训练组织

在教师指导下，学生分为若干小组，模拟公司的业务部门，各部门就同一行业（如洗发水行业）推出一款新产品（如植物精华洗发露），并根据实训内容分散训练，之后在给定时间内集中各部门进行交互式对抗演练。

三、训练内容

1．进行市场分析、定位，提出新产品概念。

（1）市场分析。市场机会研究阶段提供了有关市场整体发展趋势，以及主要竞争品在产品、区域、渠道、价格、人力投入各环节的优势、劣势等方面的有效信息，指明了市场机会。

（2）新产品概念的提出。新产品概念至少应包括以下几项：品牌、产品定位、目标消费者特征、目标市场容量、产品包装特征、销售区域及预估销售量、上市进度等。

2．新产品可行性评估。

（1）组织的可行性。
（2）生产的可行性。
（3）财务的可行性。
（4）市场推广的可行性。

3．新产品市场营销策划。

四、训练考核

各部门对抗演练。

（1）各部门派代表进行“新产品推介暨可行性分析”演讲。
（2）除演讲部门外的其他部门提出异议或问题。
（3）由演讲代表或部门成员进行回复。
（4）对各部门进行综合考核，选出其中最切实可行的产品。

项目总结

【内容要点】

产品是人们通过购买而获得的，能够满足人们某种需求和欲望的物品的总和，它是一个整体的概念，包含核心产品、形式产品、期望产品、附加产品和潜在产品5个层次。产品生命周期是指产品从进入市场开始，直到最终退出市场所经历的市场生命循环过程。品牌是指企业的名称、产品或服务的商标和其他有别于竞争对手的标识、广告等构成企业独特市场形象的无形资产。包装是产品的重要组成部分，通常是指保护产品的容器或包装物及其设计和装潢。市场营销意义上的新产品含义很广，是指采用新技术原理、新设计构思研制、生产的全新产品，或在结构、材质、工艺等某方面比原有产品有明显改进，从而显著提高了产品性能或扩大了使用功能的产品。

【实务要点】

产品整体概念；产品组合策略；产品生命周期策略；品牌设计与包装设计，新产品开发程序。

【复习与思考】

1．什么是产品整体概念？
2．简述产品组合宽度、长度、深度和关联性之间的关系。
3．简述产品生命周期各个阶段的特点及其市场营销策略。
4．谈谈你对品牌的认识。
5．新产品开发一般包括哪几个阶段？

项目综合实训

一、实训目的

1．增强学生对有关产品理论知识的理解。
2．培养学生运用产品策略解决企业实际问题的能力。
3．提高学生分析与解决问题的能力。

二、实训内容

联系某企业的实际情况，分析该企业现有产品品牌、产品组合情况、产品所处生命周期的阶段及企业在新产品开发方面所做的工作，为该企业设计新产品市场推广计划及品牌策略实施方案。

三、实训组织

该实践训练项目由指导教师与所指导班级利用实践教学时间组织进行。

1. 根据班级成员总人数进行分组，5~6人为一组。
2. 各小组选一个组长负责组内工作，要求组员团结协作。
3. 制订实训计划，创造性完成实训。

四、实训考核

1. 各小组以PPT形式展示实训成果。
2. 教师点评。

制定价格策略

项目目标

【知识目标】

- 了解影响企业产品定价的因素。
- 掌握企业产品的定价方法。
- 熟悉企业的基本定价策略和调价策略。

【能力目标】

- 具有分析影响定价的因素、选择合适的定价方法的能力。
- 具有针对企业制定相应定价策略和调价策略的能力。

【素质目标】

- 提高统筹运作的能力。
- 提高分析能力。

项目导入

HW 公司在新能源市场上研发了一种产品，面对众多的竞争者，要想在市场上占据一席之地，HW 公司应该怎样制定产品价格来达到公司的总体目标呢？

项目实施

任务一 明确影响企业产品定价的因素

根据导入项目，HW 公司要先明确影响企业产品定价的因素，并对这些影响因素进行分析，为企业产品定价奠定基础。

（一）影响企业产品定价的主要因素

1. 定价目标

企业的定价目标

定价目标是企业在对其生产或经营的产品制定价格时，有意识地要求达到的目的和标准。它是指导企业进行价格决策的主要因素。定价目标取决于企业的总体目标。不同行业的企业，同一行业的不同企业，以及同一企业在不同的时期、不同的市场条件下，都可能有不同的定价目标。

（1）以获取利润为定价目标。获取利润是企业从事生产经营活动的最终目标，具体可通过产品定价来实现。以获取利润为定价目标一般分为以下 3 种类型。

①以获取投资收益为定价目标。这是企业为了能够在一定时期内收回投资并获取预期投资收益的一种定价目标。采用这种定价目标的企业，一般要先根据投资额规定的收益率计算出单位产品的利润额，再加上产品成本作为产品价格。

②以获取合理利润为定价目标。这是企业为避免不必要的价格竞争，以适中、稳定的价格获得长期利润的一种定价目标。采用这种定价目标的企业，往往是为了减少风险、保护自己，或由于力量不足，只能在补偿正常情况下的平均成本的基础上，加上适度利润作为产品价格。

③以获取最大利润为定价目标。这是企业追求在一定时期内获取最大利润的一种定价目标。利润最大化取决于合理价格所推动的销售规模，因而追求最大利润的定价目标并不意味着企业要制定非常高的单价。当然，并不排除在某种特定时期及情况下，企业也会对其产品制定较高的定价，以在短期内获取更大的利润。一些多品种经营的企业经常采用组合定价策略，即有些产品的价格定得比较低，有时甚至低于成本，以此带动其他产品的销售，从而使企业利润最大化。

（2）以提高市场占有率为定价目标。即把保持和提高企业的市场占有率（或市场份额）作为一定时期的定价目标。市场占有率是一个企业的经营状况和企业产品市场竞争力的直接反映，其关系到企业的兴衰存亡。较高的市场占有率可以保证企业产品的销路，巩固企业的市场地位，从而使企业的利润稳步增长。

（3）以维持生存为定价目标。当市场竞争激烈、企业经营状况不佳时，企业应该把维持企业生存作为定价目标。在这种情况下，企业通常会以低价作为基本定价策略。

（4）以防止竞争为定价目标。企业对竞争者的行为十分敏感，尤其是价格的变动状况。在市场竞争日趋激烈的形势下，企业在实际定价前，应广泛搜集资料，仔细研究竞争对手的产品价格情况，通过自己的定价目标去应对竞争对手。

2. 产品成本

产品成本也是影响企业产品定价的一个重要因素。在实际工作中，产品价格是根据成本、利润和税金三部分来制定的。成本又可分为固定成本和变动成本。产品价格有时是由总成本决定的，有时又仅由变动成本决定。成本有时又分为社会平均成本和企业个别成本。就社会同类产品的市场价格而言，其主要是受社会平均成本的影响。在市场竞争充分的情况下，企业个别成本高于或低于社会平均成本，对产品价格的影响并不大。

企业在进行产品定价时，不应孤立地对待产品成本，而应将其同产量、销量、资金周转等因素综合起来考虑。企业产品定价通常以产品成本为最低界限，因为价格只有高于成本，才能使企业补偿生产上的耗费，从而获得一定的利润。但这并不排斥在一段时期内，个别产品的价格低于其成本。

3. 供求关系

企业产品定价除受成本影响外，还受市场需求的影响，即受产品供给与需求的相互关系的影响。当产品的市场需求大于供给时，价格应定得高一些；当产品的市场需求小于供给时，价格应定得低一些。反过来，价格变动影响市场需求总量，从而影响销售量，进而影响企业目标的实现。因此，企业制定产品价格就必须了解价格变动对市场需求的影响程度。反映这种影响程度的一个指标就是产品的需求价格弹性系数。

所谓需求价格弹性系数，是指价格的相对变动引起的需求相对变动的程度。通常可用下式表示：

需求价格弹性系数=需求量变动百分比/价格变动百分比

一般情况下，当产品需求富有弹性时，企业可以采取低价策略来争取较多的利润；当产品需求缺乏弹性时，企业可以通过提高价格来增加利润。

【小案例 11-1】

某产品根据市场调查可获得需求函数：$Q=800-4P$，式中，Q 表示总需求量，P 表示单价。该企业此产品的成本函数：$C=1200+50Q$，式中，C 为总成本。如果该企业的定价目标是利润最大化，那么价格应定为多少？

【分析提示】

根据已知条件，可得销售收入：$S=PQ$

利润：$Z=S-C$

将条件代入可得：$Z=-4P^2+1000P-41200$

解得当 $P=125$ 时，利润有最大值，$Z_{max}=21300$。

因此，如果该企业的定价目标是利润最大化，那么价格应定为 125 元。

4. 竞争因素

市场竞争也是影响企业产品定价的重要因素。根据市场竞争的程度不同，企业采用的定价策略也会有所不同。按照市场竞争程度，可将市场竞争分为完全竞争、不完全竞争与完全垄断三种情况。

完全竞争与完全垄断是市场竞争的两个极端，处在它们中间的是不完全竞争。在不完全竞争条件下，市场竞争的强度对企业产品定价有重要影响。因此，首先企业要了解市场竞争的强度，市场竞争的强度主要取决于产品制作技术的难易、是否有专利保护、供求形势以及具体的市场竞争格局等；其次企业要了解竞争对手的价格策略，以及竞争对手的实力；最后企业还要了解、分析自身在市场竞争中的地位。

（二）影响企业产品定价的其他因素

企业产品定价除受定价目标、产品成本、供求关系及竞争因素的影响外，还受其他多种因素的影响，具体包括政府或行业组织的干预、消费者的心理和习惯、企业或产品的形象等。

1. 政府或行业组织的干预

政府为了维护经济秩序，或为了其他目的，可能通过立法或者其他途径对企业产品定价进行干预。政府的干预包括规定毛利率，规定最高、最低限价，限制价格的浮动幅度或者规定价格变动的审批手续，实行价格补贴等。

2. 消费者的心理和习惯

价格的制定和变动在消费者的心理和习惯上引起的反应也是企业产品定价必须考虑的因素。在现实生活中，面对不太熟悉的产品，消费者常常从价格上判断产品的好坏，从经验上把价格同产品的使用价值联系在一起。消费者心理和习惯上的反应是很复杂的，某些情况下会出现与一般情况完全相反的反应。例如，在一般情况下，涨价会减少购买，但有时涨价反而会引起抢购，增加购买。因此，在研究消费者的心理和习惯对企业产品定价的影响时，要持谨慎态度，仔细了解消费者的心理和习惯及其变化规律。

3. 企业或产品的形象

有时企业会根据企业或产品的理念和形象设计的要求，对产品价格进行限制。例如，企业为了树立热心公益事业的形象，会将某些有关公益事业的产品价格定得较低；企业为了树立高品质的企业形象，会将某些产品价格定得较高等。

【小案例 11-2】

有一家艺术馆，由于缺乏资金，决定通过提高门票价格来增加总收益。如果你是经理，你认为应该提高门票价格还是降低门票价格呢？

【分析提示】

究竟是提高门票价格还是降低门票价格应该取决于需求弹性。如果需求缺乏弹性，那么提高门票价格会增加总收益；如果需求富有弹性，那么涨价反而会使总收益减少。

技能训练 11-1 企业产品定价影响因素分析

一、训练目的

通过训练把握企业产品定价的影响因素。

二、训练内容

调查分析同类产品的不同生产厂家在制定价格时的不一致现象，讨论影响企业产品定价的因素。

三、训练组织

该实践训练项目由指导教师与所指导班级利用实践教学时间组织进行。

1．根据班级成员总人数进行分组，5~6人为一组。

2．各小组选一个组长负责组内工作，要求组员团结协作。

3．各小组选择不同生产厂家的同类产品进行市场调查，详细了解产品的特点、消费者对产品价格的认识及竞争产品的价格状况等方面的信息。

4．各小组分析调查结果，讨论影响企业产品定价的因素。

5．形成影响企业产品定价因素的分析报告。

四、训练考核

1．各小组必须认真完成企业产品市场调查工作，准确搜集信息。

2．各小组分析讨论后，形成小组意见。

3．各小组选派代表，在全班发表小组讨论意见。

任务二 选择企业产品定价的方法

根据导入项目，HW 公司明确了影响企业产品定价的因素后，还必须选择恰当的定价方法。

定价方法是企业在特定的定价目标下，依据对成本、供求关系及竞争因素等状况的研究，运用价格决策理论，对产品价格进行计算或确定的具体方法。它是企业在综合考虑影响定价因素的基础上，对产品价格进行计算或确定的方法，是将企业的定价策略与具体价格水平联系起来的重要环节。

（一）成本导向定价法

成本导向定价法是一种以成本为中心的定价方法，也是传统的、运用较为普遍的定价方法。其具体做法是按照产品成本加一定利润的方式进行定价。这种方法又包含不同的种类，主要有成本加成定价法、目标利润定价法和盈亏平衡定价法。

1. 成本加成定价法

成本加成定价法是指按照单位成本加上一定比例的利润来制定价格的一种方法。其公式如下：

$$单位产品价格=单位产品成本\times（1+成本加成率）$$

在用成本加成方式计算价格时，对成本的确定是在假设销售量达到某一水平的基础上进行的。因此，如果产品销售出现困难，那么预期利润就很难实现，甚至成本补偿也变得不现实了。但是这种方法也有一些优点：首先，这种方法简化了定价工作的操作步骤，便于企业开展经济核算；其次，若某个行业的所有企业都使用这种定价方法，其产品价格就会趋于相似，进而使价格竞争减少；最后，在成本加成的基础上制定出来的价格对买方和卖方来说都比较公平。成本加成定价法一般在租赁业、建筑业、服务业、科研项目投资及批发零售业中被广泛应用。许多企业即使不用这种方法定价，也多用此法制定参考价格。

【小案例 11-3】

某生产笔记本电脑的厂家，其产品单位成本为 1000 元，假设加成率为 30%，则每台电脑的售价为多少？

【分析提示】

采用成本加成定价法核算产品价格，每台笔记本电脑的售价为

$$1000\times（1+30\%）=1300（元）$$

2. 目标利润定价法

目标利润定价法是以企业投资额为基础，并在此基础上加上预期销售量内企业希望达到的目标利润，然后进行定价的一种方法，其计算公式如下：

单位产品价格=（固定成本+目标利润）/预期销售量+单位变动成本

与成本加成定价法类似，目标利润定价法也是一种生产者导向的产物，它很少考虑到市场竞争和需求的实际情况，只是从保证生产者的利益出发来制定产品的价格。另外，这种先确定产品销量，再计算产品价格的做法完全颠倒了价格与销量的因果关系。这种把销量看作价格决定因素的做法，在实际生活中很难行得通。尤其是对于那些需求价格弹性较大的产品，用这种方法制定出来的价格，如果无法保证销量的必然实现，那么预期的投资回收期、目标收益等也就失去意义了。不过，对于需求比较稳定的大型制造业，供不应求且需求价格弹性小的产品，市场占有率高、具有垄断性的产品，以及大型的公用事业、劳务工程和服务项目等，在科学预测价格、销量、成本和利润四要素的基础上，目标利润定价法仍是一种有效的定价方法。

【小案例 11-4】

某企业的固定成本为 200 万元，计划产品销售量为 20 万件，单位变动成本为 10 元，假定该产品的目标利润为 15%。问该产品的销售价格为多少？

【分析提示】

采用目标利润定价法核算产品价格，先计算企业的目标投资利润：

（2000000+10×200000）×15%=600000（元）

再计算该企业的单位产品销售价格：

（2000000+600000）/200000 +10=23（元）

3. 盈亏平衡定价法

盈亏平衡定价法就是运用盈亏平衡原理进行定价的一种方法。这种方法的关键是确定盈亏平衡点，即确定企业收支相抵，利润为 0 时的销售量。其基本原理是在销售量达到一定水平时，企业应如何定价才不会发生亏损；反过来，当已知价格时，该产品应销售多少才能够保本。盈亏平衡定价法的计算公式如下：

单位产品价格=固定成本/预期销售量+单位变动成本

【小案例 11-5】

某产品生产的固定成本为 20000 元，单位产品变动成本为 20 元，若盈亏平衡时销售量为 1000 件，则企业应该至少把价格定为多少才不会亏损？

【分析提示】

采用盈亏平衡定价法核算产品价格，该企业的单位产品价格为

20000/1000+20=40（元）

即当价格至少为40元时，企业才不会亏损。

（二）需求导向定价法

需求导向定价法是以消费者需求为中心的企业产品定价方法。它是指企业根据消费者对产品的需求强度和对产品价值的认识程度来制定产品价格。这种方法又包含不同的种类，主要有理解价值定价法、需求差异定价法和反向定价法。

1. 理解价值定价法

理解价值定价法又叫认知价值定价法，它是利用产品在消费者心目中的价值，也就是以消费者对产品价值的理解程度来制定价格的一种方法。根据消费者对产品价值的认知和理解程度不同，产品价格会形成不同的定价上限，如果产品价格刚好定在这个限度内，那么不仅消费者能顺利购买，企业也能获得相应的利润。

以价值为基础的定价过程与以成本为基础的定价过程完全相反。以价值为基础的定价过程，企业先根据消费者对产品价值的看法设定目标价格。然后，根据价值和目标价格制定产品设计决策及成本决策。这种定价方法的结果是使定价与消费者所理解的价值相匹配。

【小案例 11-6】

卡特匹勒拖拉机公司为其拖拉机定价100000美元，尽管其竞争对手同类的拖拉机售价只有90000美元，但公司的销售量居然超过了竞争者。当一位潜在消费者问卡特匹勒公司的经销商，买卡特匹勒的拖拉机为什么要多付10000美元时，经销商这样回答：

90000美元是拖拉机的价格，与竞争者的拖拉机价格相同；

+7000 美元是最佳耐用性的价格加成；

+6000 美元是最佳可靠性的价格加成；

+5000 美元是最佳服务的价格加成

+2000 美元是零件较长保用期的价格加成；

110000 美元是总价格；

-10000 美元折扣；

最终价格为100000美元。

【分析提示】

实施这一方法的要点在于提高消费者对产品价值的认知和理解程度。企业可以通过实施产品差异化和适当的市场定位，突出企业产品特色，再辅以整体的营销组合策略，塑造企业和产品形象。这样可以使消费者认为购买这些产品能获取更多的相对利益，从而提高他们可接受的产品价格上限。

在运用理解价值定价法时，首先企业应该注意搜集消费者对产品价值理解程度的准确资料。如果企业过高估计了消费者对产品价值的理解程度，其定价就有可能高于消费者可接受水平，从而难以达到应有的销量；反之，若企业低估了消费者对产品价值的理解程度，定价就有可能低于产品应有水平，使企业的收入减少。其次，企业不应该只被动地接受消费者对产品的评价和判断，还要充分运用各种营销组合策略，以此来影响和提高消费者对产品价值的理解程度。

2. 需求差异定价法

所谓需求差异定价法，是指产品价格的确定是以市场需求为依据的，它主要强调的是适应消费者需求的不同特性，而将成本补偿放在次要的地位。这种定价方法是将同一产品在同一市场上制定两个或两个以上的价格，或使不同产品价格之间的差额大于其成本之间的差额。其好处是可以使企业定价更大限度地符合市场需求，促进产品销售，有利于企业获取更佳的经济效益。

【小案例 11-7】

近年来，许多城市的冷饮摊上增加了一类“一元水果”，即切削后分块零卖的水果。商人们把哈密瓜、菠萝、西瓜等削好，切成一块一块，插上一根木条，每块卖一元。虽然“一元水果”相比整卖的水果要贵一些，但其很受消费者喜欢。因此，“一元水果”的生意非常红火。

【分析提示】

“一元水果”的定价不仅满足了消费者的消费心理，还满足了特定消费者的消费需求，故而 “一元水果”虽然比整卖的水果贵，消费者却很乐意购买。

3. 反向定价法

反向定价法也叫价格倒推法，这种定价方法是依据消费者能够接受的最终销售价格计算企业生产经营的成本和利润后，逆向推算产品批发价和零售价。因其定价程序与一般成本定价法相反，故称反向定价法.

企业一般在两种情况下会采用反向定价法：一是为了满足在价格方面与现存类似产品竞争的需要，设计出在价格方面有竞争力的产品；二是对新产品进行设计时，先通过市场调查或向分销商征询意见，拟定出消费者可接受的价格、分销商愿意经销的价格，然后再确定出厂价格，推算产品成本。

（三）竞争导向定价法

竞争导向定价法是以市场上竞争对手同类产品的价格作为企业产品定价依据的定价方法。在竞争激烈的市场上，企业通过研究竞争对手的生产条件、服务状况和价格水平等因素，并依据自身的竞争实力、参考成本和供求状况来确定产品价格。这种定价方法适用于市场竞争激烈、供求变化不大的产品。这种方法又包含不同的种类，主要有随行就市定价法、产品差别定价法、密封投标定价法。

1. 随行就市定价法

在垄断竞争和完全竞争的市场结构条件下，任何一家企业都很难凭借自身实力在市场上取得绝对的优势。为了避免竞争特别是价格竞争带来的损失，大多数企业会采用随行就市定价法——企业将某种产品的价格保持在市场平均价格水平上，并利用这样的价格来获得平均利润。此外，采用随行就市定价法，企业便不必去全面了解消费者对不同价差的反应，也不会引起价格波动。

2. 产品差别定价法

产品差别定价法是指企业通过自身的营销努力，使与竞争者同种同质的产品在消费者心目中树立起不同的产品形象，进而根据自身特点，选取低于或高于竞争者产品的价格作为本企业的产品价格。因此，产品差别定价法是一种进攻性的定价方法。

3. 密封投标定价法

在国内外，许多大宗商品、原材料、成套设备与建筑工程项目的买卖和承包，以及小型企业的出售等，往往采用发包人招标、承包人投标的方式来选择承包人，确定最终承包价格。一般来说，招标方只有一个，处于相对垄断地位，而投标方有多个，处于相互竞争地位。标的物的价格由参与投标的各个企业在相互独立的条件下来确定。在买方招标的所有投标者中，报价最低的投标者通常中标，中标者的报价就是承包价格。这种竞争性的定价方法就称为密封投标定价法。

任务三　掌握企业产品定价的策略

根据导入项目，HW 公司还要在产品基本价格的基础上制定合适的定价策略，确定出该产品的最终价格，并根据竞争对手的反应对产品市场价格进行调整。

定价策略是给所有买者规定一个价格，它形成的动因是 19 世纪末零售业大规模的发展。历史上的多数情况下，价格是买方做出选择的主要决定因素。近些年，在买方选择行为中，非价格因素也已经变得越来越重要了。但是，价格仍是决定企业市场份额和盈利率的非常重要的因素之一。在营销组合中，价格是唯一能产生收入的因素，而其他因素都表现为成本。

企业的定价策略是指企业为了达到总体经营目标，根据产品的特点、市场供求状况、市场竞争状况、产品成本变动状况及消费者购买行为的动向等，采取的各种定价技巧和措施。

【小案例 11-8】

分析格兰仕公司在微波炉市场的发展历程，可将其核心竞争力定义为制造成本的领先优势。格兰仕公司通过整合国际资源，切入微波炉国际价值链中的生产环节，成为微波炉市场的领导者。在保持优势价格的前提下，格兰仕公司同样注重质量和服务，稳步扩大其市场份额。2017 年我国微波炉品牌力指数得分排名第一的是格兰仕，其品牌力指数得分达到 633.8 分；据数据分析，56%的消费者首先会提到格兰仕，其品牌联想度达到 61.4%；C-BPI 得分排名第一的格兰仕比最后一名的威力多出 225.52%。由此分析出，格兰仕公司现有的营销战略可用六个字概括“低价格、高质量”。

【分析提示】

公司要制定合适的定价策略，应考虑多种因素，其核心因素为提高竞争力。

（一）新产品定价策略

新产品定价策略

新产品定价是企业产品定价的一个重要方面。新产品定价合理与否，不仅关系到新产品能否顺利地进入市场、占领市场并取得较好的经济效益，还关系到产品本身的命运和企业的前途。新产品定价策略包括以下几种形式。

1. 撇脂定价策略

撇脂定价策略又叫取脂定价策略，是指在新产品上市之初，企业把价格定得比较高，以便在短期内获取厚利，迅速收回投资，减少经营风险。

采用撇脂定价策略的产品一般先由对新产品价格不太敏感，且求新、求奇的愿望较强的这类消费者导入市场。有时，高价反而会有助于增加产品的吸引力。所以，新产品上市之初，企业必须争取时间，趁竞争者尚未进入市场，抢先用高价获取高额利润。随着企业大批量的生产，竞争者逐步进入市场，产品成本显著下降，其新颖性也会随之降低。

【小案例 11-9】

苹果公司的 iPod 是最近几年非常成功的消费类数码产品，其一经推出就获得成功。第一款 iPod 零售价高达 399 美元，但还是有很多“苹果迷”纷纷购买。苹果的撇脂定价策略取得了成功，但是苹果公司认为还可以“撇到更多的脂”。于是，不到半年苹果公司又推出了一款容量更大的 iPod，其价格也更高，定价 499 美元，但仍然卖得很好。因此，苹果的撇脂定价策略大获成功。

【分析提示】

撇脂定价策略可以帮助企业获得高额利润，并且可以在短期内收回投资成本。

2. 渗透定价策略

与撇脂定价策略相反，渗透定价策略是一种建立在低价基础上的新产品定价策略，即在新产品进入市场初期，企业将新产品价格定得很低，以此来打开产品销路，扩大市场占有率，谋求较长时期的市场领先地位。原有产品也可采用这种定价策略来延长其生命周期。渗透定价策略是一种颇具竞争力的薄利多销策略。采用渗透定价策略的企业，在新产品进入市场初期，获得的利润可能不高，甚至亏损，但通过排除竞争，开拓市场，则可以在长时期内获得较高的利润。因为大批量销售会使边际成本下降，边际收入上升。企业如果排除了竞争对手，控制了一定的市场，就可以提高价格，增加利润。所以，渗透定价策略又被称为“价格先低后高策略”。渗透价格通常既低于竞争者同类产品的价格，又低于消费者的预期价格。

【小案例 11-10】

太麦克斯公司原是一家生产军用计时器的小公司。第二次世界大战结束后，军用计时器的需求量减少，靠原产品已经很难维持公司发展了。于是，其开始转向民用品的生产，20 世纪 50 年代后，该公司开始生产手表。当时，美国市场的手表售价分为两个档次：高档手表，每块 50 美元以上；低档手表，每块 30 美元左右。当时的手表都只在珠宝店销售，在消费者看来，手表是一种贵重物品。基于这种情况，太麦克斯公司决定生产中低档手表，每块的售价定在 10 美元左右，并将这些手表放在一些小店和杂货店销售。太麦克斯手表以如此低价上市，立即受到消费者的欢迎。许多家庭把它作为馈赠亲朋的礼物，一时间它的销量大增。到 20 世纪 50 年代以后，在美国手表市场，50 美元以下的手表中，太麦克斯公司的产品已占到了 1/3。

【分析提示】

这是一则成功的“市场渗透定价”案例。太麦克斯公司运用低价策略，提高了产品的市场占有率。

3. 满意定价策略

满意定价策略是指企业对新产品既不定高价，也不定低价，而是定一个中价，中价即为“满意价格”。高价和低价各有利弊，都有一定的风险，中价介于两种价格之间，取两者之利，弃两者之弊，应该说是一种较为公平的价格。在大多数情况下，企业往往会选择一种对消费者、生产者和中间商都有利的满意价格，不会太高，也不会太低。

（二）折扣定价策略

折扣定价策略是指企业对基本价格做出一定的让步，直接或间接降低价格，来吸引经销商和消费者，促使他们积极地推销或购买本企业的产品，以达到扩大销量，提高市场占有率的目的。折扣定价策略包括以下几种形式。

1. 数量折扣

数量折扣是指根据消费者购买数量的多少而给予其不同的折扣，其购买数量越多，折扣越大。数量折扣的目的是鼓励消费者大量购买产品，或集中向本企业购买产品。数量折扣包括累计数量折扣和一次性数量折扣两种形式：累计数量折扣规定消费者在一定时间内，购买产品若达到一定数量或金额，则按其总量给予一定折扣，其目的是鼓励消费者经常向本企业购买产品，促使消费者成为可信赖的长期客户；一次性数量折扣规定消费者一次购买某种产品达到一定数量或一次购买多种产品达到一定金额，则给予折扣优惠，其目的是鼓励消费者大批量购买产品，从而促进产品多销、快销。

数量折扣的促销作用非常明显，企业因单位产品利润减少而产生的损失完全可以从销量的增加中得到补偿。此外，销售速度的加快，使企业资金周转次数增加，流通费用下降，产品成本降低，从而使企业总盈利水平上升。

运用数量折扣策略的难点是如何确定合适的折扣标准和折扣比例。如果享受折扣的数量标准定得太高，比例太低，则只有很少的消费者能够获得优惠；而购买数量标准过低，比例不合理，又起不到鼓励消费者购买和促进企业销售的作用。因此，企业应结合产品特点、销售目标、成本水平、企业资金利润率、需求规模、购买频率及竞争者手段等因素来制定科学的折扣标准和折扣比例。

2. 现金折扣

现金折扣是对在规定的时间内提前付款或用现金付款的消费者所给予的一种价格折扣，其目的是鼓励消费者尽快付款，加速资金周转，降低销售费用，减少财务风险。采用现金折扣一般要考虑三个因素：折扣比例、给予折扣的时间限制和付清全部货款的期限。

现金折扣的前提是商品的销售方式为赊销或分期付款，因此有些企业通过采用附加风险费用、管理费用的方式，以避免可能发生的经营风险。同时，为了扩大销售，分期付款条件下买方支付的货款总额不宜高于现款交易价太多，否则就起不到“折扣”促销的效果了。

3. 功能折扣

中间商在产品分销过程中所处的环节不同，其所具有的功能、承担的责任和风险也不同，企业据此给予的不同折扣称为功能折扣。功能折扣比例的确定主要考虑中间商在分销渠道中的地位、对企业产品销售的重要性、购买批量、完成的促销功能、承担的风险、服务水平及履行的商业责任等因素。

鼓励中间商大批量订货，扩大销售，并与生产企业建立长期、稳定、良好的合作关系是实行功能折扣的一个主要目的。功能折扣的另一个目的是对中间商经营的有关产品的成本和费用进行补偿，从而使中间商能获得一定的盈利。

4. 季节折扣

有些产品的生产是连续的，而其消费却具有明显的季节性。为了调节供需矛盾，这些

产品的生产企业便采用季节折扣的方式，对在淡季购买产品的消费者给予一定的优惠，使企业的生产和销售能在一年四季中保持相对稳定的状态。例如，啤酒生产厂家对冬季进货的中间商给予大幅度让利，羽绒服生产企业则为夏季购买其产品的消费者提供折扣。

季节折扣比例的确定应考虑成本、储存费用、基价和资金利息等因素。季节折扣有利于减轻库存，加速产品流通，迅速收回资金，促进企业均衡生产，充分发挥生产和销售的潜力，避免因季节需求变化所带来的市场风险。

【小案例 11-11】

日本东京银座美佳西服店为了销售产品采用了一种折扣销售方法，并且大获成功。具体方法是先发布一则公告，介绍某产品品质、性能等一般情况，再宣布折扣的销售天数及具体日期，最后说明打折方法：第一天打九折，第二天打八折，第三、四天打七折，第五、六天打六折，以此类推，到第十五、十六天打一折。这个销售方法的实践结果是，第一、二天消费者不多，来者多半是来探听虚实和看热闹的。第三、四天人渐渐多起来，第五、六天打六折时，消费者像潮水般地涌向柜台争相抢购。以后连续几日都是爆满，还没到一折售货日期，商品早已售缺。

【分析提示】

这是一则成功的折扣定价策略案例。妙在其能准确地抓住消费者的购买心理，有效地运用折扣售货方法销售。大家都希望买到质量好而且价格优的产品，但是谁也不能保证产品一直有货。于是就出现了开始几天消费者犹豫，中间几天抢购，最后几天买不到者惋惜的情景。

（三）地区性定价策略

地区性定价策略是指企业对于卖给不同地区（包括当地和外地不同地区）消费者的某种产品，制定不同或相同的价格。一般来说，一个企业的产品，不仅卖给本地区的消费者，同时也卖给其他地区的消费者。而把产品从产地运到其他地区，需要花一些装运费。因此，企业要决定是否制定地区差价。地区性定价策略包括以下几种形式。

1. FOB 原产地定价

FOB 原产地定价是指消费者（买方）按照出厂价购买某种产品，企业（卖方）只负责将这种产品运到产地某种运输工具（如卡车、火车、船舶、飞机等）上交货。交货后，从产地到目的地的一切风险和费用都由消费者承担。但是，这样定价对企业有不利之处，即较远地区的消费者可能会因此不愿意购买这个企业的产品，而是购买其附近企业的产品。

2. 统一交货定价

统一交货定价和 FOB 原产地定价正好相反。统一交货定价指企业对于卖给不同地区消费者的某种产品，都按照相同的厂价加相同的运费（按平均运费计算）定价。因此，这种定价又叫邮资定价。

【小案例 11-12】

20 世纪初，日本人盛行穿布袜子，石桥便专门生产经销布袜子。当时由于大小、布料和颜色的不同，袜子的品种达 100 多种，价格也是一式一价，买卖很不方便。有一次，石桥乘电车时，发现无论远近，车费一律都是 0.05 日元。由此他产生灵感：如果袜子都以同样的价格出售，必定能大开销路。然而，当他试行这种方法时，同行全都嘲笑他，认为如果价格一样，大家都会买大号袜子，而小号袜子则会滞销，那时石桥必定会赔本。但石桥胸有成竹，力排众议，仍然坚持统一定价，而这种统一定价的方式最终也使布袜子的销量达到了空前的数额。

【分析提示】

由于统一定价方便了买卖双方，深受消费者欢迎，所以布袜子的销量达到空前的增长。

3. 分区定价

分区定价是指企业把全国（或某些地区）分为若干价格区，对于卖给不同价格区消费者的某种产品，分别制定不同的地区价格。距离企业远的价格区，价格定得较高；距离企业近的价格区，价格定得较低。而各个价格区范围内的价格是相同的。

4. 基点定价

基点定价是指企业选定某些城市作为基点，然后按一定的厂价加上基点城市到消费者所在地的运费来定价。有些企业为了提高这种定价方法的灵活性，会选定多个基点城市，按照距离消费者最近的基点计算运费。

5. 运费免收定价

运费免收定价是指有些企业因为急于进入某些地区的市场，而愿意负担其产品的部分或全部运费。这些企业认为，如果能够扩大市场，其平均成本就会降低，而这足以补偿产品运费的开支。采取运费免收定价，可以使企业扩大市场，并且能在竞争日益激烈的市场上站稳脚跟。

（四）差别定价策略

差别定价策略是指企业以两种或两种以上不同的价格来销售同一种产品或服务，但价格的不同并不是基于成本的不同，而是企业为满足消费者不同消费层次的需求而构建的价格结构。首先，差别定价策略的运用要求企业必须具备一定的实力，其在某一行业或某一区域市场必须占有较大的市场份额，使消费者能够将企业产品与企业本身联系起来；其次，在质量大体相同的条件下实行差别定价策略的作用是有限的，尤其对于定位为“质优价高”

形象的企业来说，其必须支付较大的广告、包装和售后服务方面的费用。因此，从长远来看，企业只有通过提高产品质量，才能真正赢得消费者的信任，从而在竞争中拥有强大的竞争力。差别定价策略包括以下几种形式。

1. 顾客差别定价

企业把同一种产品或服务按照不同的价格卖给不同的顾客。

2. 产品形式差别定价

企业按产品的不同型号、不同式样，制定不同的价格，但不同型号或式样的产品其价格之间的差额和成本之间的差额是不成比例的。

3. 形象差别定价

企业可以对同一产品采取不同的包装或商标，从此为产品塑造不同的形象，制定不同的价格。

4. 地点差别定价

企业对处于不同位置或不同地点的产品和服务制定不同的价格，即使这些产品或服务的成本是相同的。

5. 时间差别定价

价格随着季节、日期甚至一天中不同时刻的变化而变化。

【小案例 11-13】

蒙玛公司在意大利以商品无积压而闻名，其秘诀之一就是对时装分多段定价。它规定新时装上市，一套时装以定价卖出，之后时装价格以 3 天为一轮，每隔一轮都削减当前价格的 10%，以此类推，那么到 10 轮(一个月)之后，时装价格就削减到了定价 35%左右的成本价了。这时的时装，蒙玛公司就以成本价售出。时装上市才一个月，价格已跌到原价的 1/3，大家争相购买，一卖即空。蒙玛公司最后结算，仍有盈利。

【分析提示】

时装的价格会随着其上市时间的不同而不同，以新时装上市的时间差别来制定差别价格既满足了顾客的需求，也使企业因此获利。

（五）心理定价策略

每件产品都能满足消费者某一方面的需求，其价值与消费者的心理感受有着很大的关系，这就为心理定价策略的运用提供了基础。心理定价策略是指企业在定价时可以利用消费者的心理因素，有意识地将产品价格定得高些或低些，以满足消费者生理的和心理的、物质的和精神的多方面需求，从而通过消费者对企业产品的偏爱或忠诚，扩大市场销售，获得较大效益。心理定价策略包括以下几种形式。

1. 尾数定价

尾数定价又叫零头定价或缺额定价，即给产品制定一个以零头数结尾的非整数价格。大多数消费者在购买产品时，尤其是购买一般的日用消费品时，乐于接受尾数价格，如0．99元、9．98元等。消费者认为这种价格是经过精确计算的，从而会对此产生信任感。同时，非整数价格虽与整数仅相差几分或几角钱，但还是会给人一种低一位数的感觉，这也符合消费者“求廉”的心理愿望。尾数定价通常适用于基本生活用品。

2. 整数定价策略

整数定价与尾数定价正好相反。整数定价是指企业有意将产品价格定为整数，以显示产品具有一定质量。整数定价多用于价格较贵的耐用品或礼品，以及消费者不太了解的产品。因为对于价格较贵的高档产品，消费者对其质量较为重视，所以往往把价格高低作为衡量产品质量的标准之一。

3. 声望定价

声望定价即针对消费者“便宜无好货、价高质必优”的心理，对在消费者心目中享有一定声望，具有较高信誉的产品制定高价。不少高级名牌产品和稀缺产品，如豪华轿车、高档手表、名牌时装、名人字画、珠宝古董等，在消费者心目中享有极高的声望价值。购买这些产品的消费者，往往不太关注产品价格，而更关心的是产品能否显示其身份和地位。

4. 习惯定价

习惯定价是指有些产品在长期的市场交换过程中已经形成了为消费者所适应的价格。企业对这类产品定价时要充分考虑消费者的习惯倾向，采用“习惯成自然”的定价策略。对消费者已经习惯了的价格，企业不宜轻易变动，因为降低价格会使消费者怀疑产品质量是否有问题；提高价格会使消费者产生不满情绪，进而可能导致其购买的转移。在不得不需要提价时，应采取改换包装或品牌等措施，减少消费者的抵触心理，并引导消费者逐步形成新的习惯价格。

5. 招徕定价

招徕定价是指企业为适应消费者“求廉”的心理，将产品价格定得低于一般市价，个别的甚至低于成本，以此来吸引消费者、扩大销售。虽然低价产品可能不盈利，甚至亏本，但从总的经济效益来看，低价产品带动了其他产品的销售，因此企业还是有利可图的。

【小案例11-14】

火鸡是美国感恩节、圣诞节里重要的一种食物，由于它既营养又便宜，因而很多人都

爱吃。在感恩节或圣诞节的时候，一般火鸡的批发价格都要比平时高，然而消费者购买火鸡所支付的实际价格反而比平时低。

【分析提示】

各商店故意压低火鸡的价格以招揽消费者进入商店，因为火鸡降价而造成的亏损完全可以从消费者购买节日所需的其他产品中得到补偿。

（六）价格调整策略

随着市场营销环境的变化，企业要时常根据生产成本、市场供求关系和竞争状况调整产品价格，通过降低价格或者提高价格，使本企业的产品在市场上保持理想的状态。如果是企业利用自身的产品或成本优势，主动地对价格予以调整，将价格作为竞争的利器，这称为主动调整价格。有时，价格的调整是出于应对竞争的需要，即竞争对手主动调整价格，而企业为了应对竞争也相应地被动调整价格。其实无论是主动调整，还是被动调整，其价格调整策略主要有降价和提价两种。

1. 降价与提价策略

（1）降价策略。企业降价的原因很多，有企业外部需求及竞争等原因，也有企业内部的战略转变、成本变化等原因，还包括国家政策、法令的制约和干预等原因。这些原因具体表现在以下几个方面。

①企业急需回笼大量现金。企业对现金产生迫切需求的原因既可能是其他产品销售不畅，也可能是为了筹集资金来开展某些新活动，而资金借贷来源中断。此时，企业可以通过对某些需求价格弹性大的产品予以大幅度降价，从而增加销售额，获取现金。

②企业通过降价来开拓新市场。一种产品的潜在消费者往往由于其消费水平的限制而阻碍了其向现实消费者转化。在降价不会对原消费者产生影响的前提下，企业可以通过降价方式来扩大市场份额。不过，为了保证这一策略的成功，这一策略有时还需要与产品改进策略相配合。

③企业决策者决定排斥现有市场的边际生产者。对于某些产品来说，各个企业的生产条件、生产成本不同，最低价格也会有所差异。那些以目前价格销售产品仅能保本的企业，在其他企业主动降价以后，会因为价格的被迫降低得不到利润，而停止生产。这无疑有利于主动降价的企业。

④企业生产能力过剩，产品供过于求，但是企业又无法通过产品改进和加强促销等工作来扩大销售。在这种情况下，企业必须考虑降价。

⑤企业决策者预期降价会扩大销售，由此获得更大的生产规模。特别是进入成熟期的产品，降价可以大幅度增进销售，从而在价格和生产规模之间形成良性循环，为企业获取更多的市场份额奠定基础。

⑥企业成本的降低，费用的减少，让企业降价成为可能。随着科学技术的进步和企业经营管理水平的提高，许多产品的单位产品成本和费用在不断下降，因此企业拥有适

当降价的条件。

⑦政治与法律环境及经济形势的变化，迫使企业降价。政府为了实现物价总水平的下调，保护需求，鼓励消费，遏制垄断利润，往往通过政策和法令，采用规定毛利率和最高价格、限制价格变化方式和参与市场竞争等形式使企业产品的价格水平下调。在通货紧缩的经济形势下或者在市场疲软、经济萧条时期，由于币值上升，价格总水平下降，企业产品价格也应随之降低，以适应消费者的购买力水平。此外，消费者运动的兴起往往也会迫使产品价格下调。

【小案例 11-15】

信奉“价格竞争是最高层次的竞争”理念的格兰仕从 1996 年开始，连续对竞争对手发动了多次价格竞争，这将微波炉行业的利润压到非常低，同时这也提高了行业进入门槛，使许多欲进入该行业的企业因此失去兴趣，从而避免了强大潜在竞争对手的出现。

【分析提示】

格兰仕降价特点及策略如下。

第一，不断拉高竞争壁垒。格兰仕数次降价的目的很明显，即消灭散兵游勇、驱逐竞争对手，清除市场“杂音”。生产规模每上一个台阶，产品价格就会进行一次大幅下调。当生产规模达到 125 万台时，就把出厂价定在规模为 80 万台的成本价以下；当生产规模达到 300 万台时，又把出厂价调到规模为 200 万台的成本价以下。此时，格兰仕还有利润，而生产规模低于这个限度的企业，如果也将出厂价调到与格兰仕相同的价格销售，则多卖出一台就多亏损一台。

第二，降价幅度大。格兰仕多次的降价幅度均在 30%～40%，规模小、实力弱的微波炉生产厂商很难抵御这样的价格攻击。

第三，进攻性价格策略。格兰仕的价格策略是“运用降价——增加销量、扩大生产规模——规模经济成本下降——进一步降价”。

（2）提价策略。提价确实能够增加企业的利润率，但提价也会引起企业自身竞争力下降、消费者不满、经销商抱怨，甚至还会受到政府的干预和同行的指责，从而对企业产生不利影响。虽然如此，在实际中仍然存在着较多的提价现象。其主要原因有以下几个方面。

①应付产品成本增加，减少成本压力。这是所有产品价格上涨的主要原因。成本增加的原因主要有两种：原材料价格的上涨和生产或管理费用的提高。企业为了保证利润率不致因此而降低，便会提高产品价格。

②为了适应通货膨胀，减少企业损失。在通货膨胀条件下，即使企业仍能维持产品的原价，但随着时间的推移，其利润也呈下降趋势。为了适应通货膨胀，企业只能提价，从而将通货膨胀的压力转嫁给中间商和消费者。

③产品供不应求，遏制需求。在某些产品需求旺盛而生产规模又不能及时扩大而出现供不应求的情况下，企业可能会通过提价来遏制需求，同时还可取得高额利润。

④利用消费者心理，创造优质效应。作为一种策略，企业可以利用提价营造名牌形象，

使消费者产生价高质优的心理定式，以此来提高企业知名度和产品声望。对于那些革新产品、贵重产品、生产规模受到限制而难以推广的产品，这种效应表现得尤为突出。

2. 价格调整的方式

（1）降价的方式。降价最直接的方式是将企业产品的目录价格或标价降低，但企业更多的是采用各种折扣形式来降低价格，如数量折扣、现金折扣等。此外，变相的降价方式还包括：赠送样品和优惠券，实行有奖销售；给中间商提取推销奖金；允许消费者分期付款；赊销；免费或优惠送货上门、技术培训、维修咨询；提高产品质量，改进产品性能，增加产品功能。由于这些方式具有较强的灵活性，在市场环境变化的时候，即使取消也不会引起消费者太大的反感，同时其又是一种促销方式，因此这些方式在现代经营活动中运用越来越广泛。

确定何时降价通常要综合考虑企业实力、产品在市场生命周期所处的阶段、销售季节和消费者对产品的态度等因素。例如，进入衰退期的产品，由于消费者对其失去了消费兴趣，从而导致这类产品需求弹性变大，逐渐被市场淘汰。为了吸引对价格比较敏感的消费者和低收入需求者，从而维持一定的销量，企业往往会选择降价。由于影响降价的因素较多，企业决策者必须审慎分析和判断，并根据降价的原因选择适当的方式和时机，制定出较为合适的降价策略。

（2）提价的方式。在提价方式的选择上，企业应尽可能多采用间接提价，把提价的不利影响降到更低，使提价不影响销量和利润，而且能被潜在消费者普遍接受。同时，企业提价时应通过各种渠道向消费者说明提价的原因，配之以产品策略和促销策略，并帮助消费者寻找节约途径，以减少消费者不满，维护企业形象，提高消费者信心，刺激消费者的需求和购买行为。

价格调整的幅度要考虑的重要因素是消费者的反应。因为调整产品价格是为了促进销售，实质上是要促使消费者购买产品。如果忽视了消费者反应，销售就容易受挫。因此，只有根据消费者的反应调价，才能收到良好的效果。

3. 外界对价格变动的反应

（1）消费者对价格变动的反应。不同市场的消费者对价格变动的反应是不同的，即使是处在同一市场的消费者，其对价格变动的反应也可能不同。理论上，可以通过需求价格弹性来分析消费者对价格变动的反应，弹性大表明反应强烈，弹性小表明反应微弱。但在实践中，需求价格弹性的统计和测定是非常困难的，其状况和准确度常常受消费者预期价格、价格原有水平、价格变化趋势、需求期限、竞争格局以及产品生命周期等多种复杂因素影响，并且其还会随着时间和地点的改变而处于不断变化之中，使企业难以分析、计算、统计、测定和把握。消费者对价格变动的反应可以归纳为以下几个方面。

①在一定范围内的价格变动是可以被消费者接受的。但如果提价幅度超过可接受价格的上限，则会引起消费者不满，使消费者产生抵触情绪，而不愿意购买企业产品；降价幅度低于下限，又会引起消费者的种种疑虑，从而对实际购买行为产生抑制作用。

②在产品知名度提高、消费者收入增加、通货膨胀等条件下，消费者可接受的价格上

限会提高；在消费者对产品质量有明确认识、收入减少、通货紧缩等条件下，其可接受的价格下限会降低。

③消费者对某种产品降价的可能反应包括：产品将马上因式样陈旧、质量低劣而被淘汰；企业遇到财务困难了，很快将会停产或转产；价格还要进一步下降；产品成本降低了等。而对于某种产品的提价则可能有这样的反应：很多人购买这种产品，价格会继续上涨；提价意味着产品质量的改进；企业将高价作为一种策略，以树立名牌形象；企业想尽量取得更多利润；各种产品价格都在上涨，提价很正常。

（2）竞争者对价格变动的反应。为了保证价格调整策略的成功，主动调价的企业必须考虑竞争者的反应。没有估计竞争者反应的调价往往难以成功，至少不会取得预期的效果。

在营销实践中，为了减少因无法确知竞争者对价格变化的反应而带来的风险，企业在主动调价之前必须要明确回答以下几个问题：

①本行业产品有何特点?本企业在行业中处于何种地位?

②本企业的主要竞争者是谁?竞争对手会怎样理解我方的价格调整?

③针对本企业的价格调整，竞争者会采取什么对策?这些对策是价格性的还是非价格性的？他们是否会联合做出反应?

④针对竞争者可能的反应，企业的对策又是什么?有无几种可行的应对方案?

只有在对竞争者做出细致分析的基础上，企业才可以确定价格调整的幅度和时机。

技能训练 11-2　定价策略分析

一、训练目的

培养学生灵活运用制定价格策略的能力。

二、训练内容

企业定价策略分析及其价格调整。

三、训练组织

该实践训练项目由指导教师与所指导班级利用实践教学时间组织进行。

1．根据班级成员总人数进行分组，5～6人为一组。

2．各小组选一个组长负责组内工作，要求组员团结协作。

3．各小组分析讨论所搜集的企业产品定价策略的案例。

4．结合企业产品的定价策略，提出小组对企业产品价格的修订意见。

5．形成企业产品定价策略分析报告。

四、训练考核

1．各小组分析讨论后，形成小组意见。

2．各小组选派代表，在全班发表小组讨论意见。

项目总结

【内容要点】

企业制定产品的价格时，应该考虑到各种影响因素，可以采用成本导向定价法、需求导向定价法和竞争导向定价法。

成本导向定价法包括成本加成定价法、目标利润定价法和盈亏平衡定价法；需求导向定价法包括理解价值定价法、需求差异定价法和反向定价法；竞争导向定价法包括随行就市定价法、产品差别定价法和密封投标定价法。

企业可以使用的定价策略：新产品定价策略、折扣定价策略、地区性定价策略、差别定价策略、心理定价策略和价格调整策略。

【实务重点】

选择定价方法、熟悉定价策略。

【复习与思考】

1．可供企业选择的定价目标一般有哪些？

2．影响企业产品定价的主要因素有哪些？

3．简述心理定价策略的主要类型。

4．企业在什么情况下可能需要采取降价策略？在什么情况下可能需要采取提价策略？

5．以你自己为例，说明消费者对企业产品价格变动可能有哪些反应？

项目综合实训

一、实训目的

1．了解影响定价的因素。

2．掌握常用的定价方法及策略。

3．熟悉及时进行价格调整的技能。

二、实训内容

1．定价影响因素及竞争状况分析。

（1）选择定价目标。

（2）测定市场需求。

（3）估算产品成本。

（4）分析竞争者的价格和产品。

2．分析定价方法及定价策略。

（1）成本导向定价法运用。

（2）需求导向定价法运用。

（3）竞争导向定价法运用。

（4）定价策略选择和运用。

3、价格调整思考与讨论。

（1）说明企业需进行价格调整的原因。

（2）分析如何采用提价策略。

（3）分析如何采用降价策略。

（4）调查消费者对价格调整的反应。

（5）调查竞争者对价格调整的反应。

（6）企业对策。

（7）重新审视价格调整。

三、实训组织

1．地点：教室、学校超市、实习商场、模拟公司实验室。

2．组织形式：在教师指导下，学生分为若干小组，每组4~6人，设组长1人，由组长组织全组成员对某一产品或服务进行价格调查，分析其影响因素及竞争状况，并经全组讨论，看目前的定价方法及策略是否得当？是否需要进行价格调整？

四、实训考核

1．各小组完成项目实训，并以PPT形式汇报。

2．教师讲评。

确定分销渠道

项目目标

【知识目标】

- 了解分销渠道的基本模式和类型。
- 了解中间商的概念和类型。
- 掌握分销渠道的选择、设计。
- 理解分销渠道的管理。

【能力目标】

- 具有设计分销渠道的能力。
- 具有管理分销渠道的能力。

【素质目标】

- 增强交流沟通的能力。
- 提高创新的能力。

项目导入

HW 公司进入新能源市场，并推出了新产品。为此，HW 公司的销售部门应该如何根据产品的特点、市场情况等因素，设计出新的、适合企业产品的分销渠道并对其进行管理呢？

项目实施

任务一 认识分销渠道

根据导入项目，HW 公司需要了解同行业竞争者的分销渠道特点、类型和模式，认识各种分销渠道并比较其优势和劣势，为企业分销渠道的设计打下基础。

（一）分销渠道的概念和特点

1. 分销渠道的概念

分销渠道是指某种产品和服务在从生产者向消费者转移的过程中，取得这种产品和服务的所有权或帮助所有权转移的所有企业和个人。因此，分销渠道不仅包括中间商，还包括处于渠道起点和终点的生产者和消费者。

【小案例 12-1】

娃哈哈前身是杭州市上城区的一家校办企业，成立于 1987 年，宗庆后靠着 1.4 万元借款开始了创业。1989 年，娃哈哈营养食品厂成立，其针对儿童厌食的习惯，研发出了一种“娃哈哈儿童营养液”。随后，产品一炮打响，“喝了娃哈哈，吃饭就是香”的广告语也随之传遍大江南北。

娃哈哈市场业绩的取得与它对渠道的有效管理密不可分。娃哈哈组成了几乎覆盖我国每一个乡镇的联合销售体系，形成了强大的销售网络。娃哈哈非常注重对经销商所采取的促销政策，公司会根据一定阶段内的市场变动、竞争对手的行为及自身产品的配备而推出各种各样的促销政策。针对经销商的促销政策，既可以激发其积极性，又保证了各层销售商的利润，因而形成了促进销售而不扰乱整个市场的价格体系。娃哈哈对经销商的激励采取的是返利激励和间接激励相结合的全面激励制度。娃哈哈通过帮助经销商进行销售管理，以提高经销商销售效率，激发经销商的积极性。娃哈哈各区域分公司都有专业人员指导经销商，并参与具体销售工作。除此之外，各分公司还会派人帮助经销商管理铺货、理货以及广告促销等业务。

【分析提示】

有学者将娃哈哈的成功模式归结为“三个一”即“一点，一网，一力”。“一点”指它的广告促销点，“一网”指娃哈哈精心打造的销售网，“一力”指经营经销商的能力。“三个一”的运作流程：先通过强力广告推新产品，以广告轰炸把市场冲开，形成销售的预期；接着通过严格的价差体系打造销售网，通过明确的价差使经销商获得第一层利润；最后常年推出各种各样的促销政策，将企业的一部分利润通过日常促销与年终返利让渡给经销商。

2. 分销渠道的特点

（1）分销渠道反映某一特定产品价值实现的过程和产品实体的转移过程。分销渠道一端连接生产，另一端连接消费，是从生产领域到消费领域的完整的产品流通过程。在这个过程中，主要包含两种运动：一是产品价值形式的运动（产品所有权的转移，即商流）；二是产品实体的运动（即物流）。

（2）分销渠道的主体是参与产品流通过程的商人,即中间商和代理中间商。

（3）产品在从生产者流向消费者的过程中，产品所有权至少转移一次。在大多数情况下，生产者必须经过一系列中介机构或代理转卖产品。所有权转移的次数越多，产品的分销渠道就越长；反之，亦然。

（4）在分销渠道中，与产品所有权转移直接或间接相关的，还有一系列流通辅助形式，如物流、信息流、资金流等，它们在分销过程中发挥着相当重要的协调和辅助作用。

【小案例 12-2】

当格力电器与家电连锁企业之间的合作还处于相互磨合的阶段时，格力与国美家电展开了一场没有硝烟的战争。2004 年 2 月中旬，国美家电实施“空调大战”计划，成都国美分公司对空调进行大幅度促销，其中两款格力空调的降价幅度达 40%，此举导致格力经销商内部产生了极大的混乱。格力认为国美擅自降低格力空调的价格，破坏了格力空调在市场中长期稳定、统一的价格体系，而且这有损其一线品牌的良好形象，于是格力要求国美立即中止其低价销售格力空调的行为。在交涉未果后，格力决定正式停止向国美供货。

【分析提示】

分销渠道是现代企业开拓市场和取得营销收入的重要条件，是企业竞争的重要内容。面对竞争激烈、日益成熟的卖方市场，企业争夺分销渠道的竞争将愈演愈烈。分销渠道是连接企业与市场的桥梁，是沟通产品与消费者的纽带。因此，合理选择分销渠道成为企业营销的又一重要决策。

（二）分销渠道的类型

1. 根据产品流通过程中是否有中间商的参与分类

（1）直接渠道是指没有中间商参与，产品由生产者直接销售给消费者的渠道类型。直接渠道是产品分销渠道的主要类型。一般大型设备、贵重产品及技术复杂或需要提供专门服务的产品，企业都采用直接渠道分销。

直接渠道是较为简单、直接的一种渠道。直接渠道的优点：对于用途单一、技术复杂的产品，企业可以有针对性地安排生产，从而更好地满足消费者的需要；生产者直接向消费者介绍产品，便于消费者掌握产品的性能、特点和使用方法；由于直接渠道不经过中间环节，可以降低流通费用，掌握价格的主动权，积极参与市场竞争。直接渠道的不足；生产者在销售上投入大、花费大；销售范围受到限制。

【小案例 12-3】

戴尔采用了直接渠道模式，其精华在于"按需定制"，即在明确消费者需求后迅速做出回应，并向消费者直接发货。这种直销模式也使得企业可以直接与消费者沟通，因此企业可以掌握所有消费者的资料，从而能够更大限度地细化消费者的需求，并把消费者的需求反映在产品的不同组合上，使企业始终能够对市场快速做出反应。

【分析提示】

戴尔的成功得益于其直销模式，并且使直销模式得到了充分运用。

（2）间接渠道是指产品从生产领域到消费者手中要经过若干中间商的销售渠道，即生产者将其产品通过若干中间商转卖给最终消费者。

间接渠道的优点：中间商的介入使制造商与消费者之间的交易次数减少，节约了流通成本和时间，降低了产品价格；中间商着重扩大流通范围和产品销售，制造商可以集中精力于生产。间接渠道的不足：中间商的介入使制造商与消费者之间的沟通不便。间接渠道成员包括经销商、代理商、批发商、零售商等。

2. 根据产品流通过程中经过的中间环节多少分类

（1）零级渠道是指没有渠道中间商参与的一种渠道结构。零级渠道，也可以理解为是一种分销渠道结构的特殊情况。在零级渠道中，产品或服务直接由生产者销售给消费者。零级渠道是大型设备、贵重产品及技术复杂或需要提供专门服务的产品销售所采取的主要渠道。在 IT 产业链中，一些国内外知名 IT 企业，如联想、IBM、HP 等公司设立的大客户部或行业客户部等就属于零级渠道。另外，戴尔的直销模式，也是一种典型的零级渠道。

（2）一级渠道包括一个渠道中间商。在工业品市场上，这个渠道中间商通常是代理商、佣金商或经销商；而在消费品市场上，这个渠道中间商则通常是零售商。

（3）二级渠道包括两个渠道中间商。在工业品市场上，这两个渠道中间商通常是代理商及批发商；而在消费品市场上，这两个渠道中间商则通常是批发商和零售商。

（4）三级渠道包括三个渠道中间商。这类渠道主要出现在消费面较宽的日用品中，如肉食品及包装方便面等。在 IT 产业链中，一些小型的零售商通常不是大型代理商的服务对象，因此在大型代理商和小型零售商之间衍生出一级专业性经销商，从而在 IT 产业链中也出现了三级渠道结构。

其中，零级渠道可以称为直接渠道，一级渠道、二级渠道和三级渠道可以称为间接渠道。

3. 根据渠道中每个环节中间商数目的多少来分类

（1）密集型分销渠道也称为广泛型分销渠道，是制造商在同一渠道层级上选用尽可能多的渠道中间商来经销产品的一种渠道类型。密集型分销渠道多见于消费品领域中的便利品，如牙膏、牙刷、饮料等。

（2）选择型分销渠道是制造商在某一渠道层级上选用少量的渠道中间商来进行产品分销的一种渠道类型。在 IT 产业链中，许多产品都采用选择型分销渠道。

（3）独家分销渠道是制造商在某一渠道层级上选用唯一的一家渠道中间商的一种渠道类型。在 IT 产业链中，这种渠道结构多出现在总代理或总分销一级。同时，许多新品的推出也多选择独家分销的模式，当市场广泛接受该产品之后，许多企业就会从独家分销渠道模式转向选择型分销渠道模式。

（三）渠道的长度与宽度

渠道的长度和宽度

1. 长渠道与短渠道

分销渠道的长度取决于产品在整个流通过程中经过的流通环节或中间层次的多少。长渠道是指产品经过两道及以上中间环节后到达消费者手中的渠道。短渠道是指产品直接到达消费者手中或只经过一道中间环节的渠道。一般来说，经过的流通环节或中间层次越多，分销渠道就越长，反之分销渠道就越短。

零级渠道和一级渠道就是典型的短渠道，二级渠道和三级渠道则为长渠道。

2. 宽渠道与窄渠道

分销渠道的宽度取决于分销渠道内每个层次上使用同种类型中间商数目的多少。生产者在某一环节选择两个及以上的同类中间商销售产品，称为宽渠道。窄渠道是指生产者在特定市场上只选用一个中间商为自己推销产品的分销渠道。在分销渠道的每个层次上，使用同种类型中间商数目越多，分销渠道越宽，反之分销渠道就比较窄。

独家分销渠道为窄渠道，选择型分销渠道和密集型分销渠道为宽渠道。分销渠道模式如下图所示。

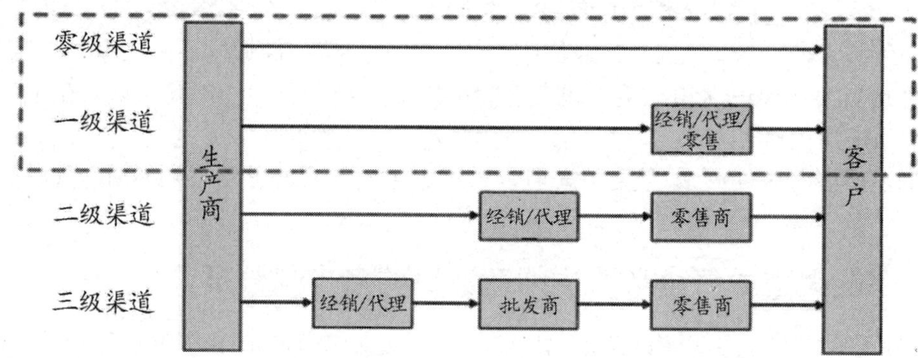

（四）分销渠道系统

1. 垂直分销系统

垂直分销系统是指由生产者、批发商和零售商组成的一种统一联合体，每个成员都是分销系统中的一分子，每个成员都关注着整个垂直分销系统的成功。垂直分销渠道的特点是专业化管理，集中计划，销售系统中的各成员为共同的利益目标采用不同程度的一体化经营或联合经营。它主要有3种形式。

（1）公司式垂直系统指一家公司拥有和统一管理若干工厂、批发机构和零售机构，并控制分销渠道的若干层次或整个分销渠道，综合经营生产、批发、零售业务。这种渠道系统又分为两类：工商一体化经营和商工一体化经营。工商一体化是指大工业公司拥有和统一管理若干生产单位、商业机构，如美国火石轮胎橡胶公司拥有橡胶种植园，拥有轮胎制造厂，还拥有轮胎系列的批发机构和零售机构，其销售门市部（网点）遍布全国。商工一体化是指大零售公司拥有和管理若干生产单位。

（2）管理式垂直系统是由某一家规模大、实力强的企业出面组织的分销系统。国际企业利用自身所具有的规模、信誉和品牌知名度来管理或协调其他渠道成员的行为。制造商和零售商共同协商销售管理业务，其业务涉及销售促进、库存管理、定价、产品陈列、购销活动等，如宝洁公司与其零售商共定产品陈列、货架位置、促销、定价等。

（3）契约式垂直系统是以契约为基础的较为松散的联合经营关系。一般由不同层次的各自独立的生产商和分销商组成，以求获得比其独立行动时所能得到的更大的经济效益。在国际企业掌握某种产品的制造生产权力，确信以联合经营可以使双方获得比独立经营更多的收益后，其将向批发商或零售商发放特许证，以此来建立分销系统。契约式垂直系统主要分为三种形式：特许经营组织、批发商倡办的连锁店及零售商合作社。

2. 水平式渠道系统

水平式渠道系统指由两家以上的企业联合起来的渠道系统，它们可实行暂时或永久的合作。在我国，这种渠道系统比较常见，如零售业中的连锁经营。采取这种系统可发挥群体作用，共担风险，从而获取更大的效益。

3. 多渠道系统

多渠道系统指对同一或不同的分市场采用多条渠道营销系统。这种系统一般分为两种形式：一种是生产企业通过多种渠道销售同一商标的产品，这种形式易引起不同渠道间的激烈竞争；另一种是生产企业通过多渠道销售不同商标的产品。由于任何产品都不存在一个同质的市场环境，所有市场都可以进一步细分，仅依靠单一分销渠道不可能覆盖整个市场需求。因此，为有效占领多个细分目标市场，多渠道系统便成为许多企业的选择。

【小案例 12-4】

安利采用的是多层次直销模式。直销模式分为单层次直销和多层次直销两种形式。单层次与多层次的根本区别在于：单层次直销模式下，直销商只能从自己的销售额中获得报酬，而多层次直销模式下，直销商可以从自己招募的团队成员的销售额中获得报酬。

从全球范围看，安利的销售模式分为三种：专卖店+雇佣推销员（主要集中在我国内地）；捷星电子商务+IBO（主要集中在北美地区）；传统的直销商模式（主要集中在除我国和北美以外的其他地区）。这三种模式的本质都是多层次直销模式。

【分析提示】

随着我国《直销法》正式颁布，多层次直销模式并没有获得国家认可。安利（中国）不得不宣布将多层次直销模式调整为单层次直销模式，用“专卖店+雇佣推销员”的销售模式。但安利（中国）并没有因此真的放弃多层次直销模式。安利（中国）采用“专卖店+雇佣推销员”模式后，逐渐在我国建立起多家专卖店。同时，安利（中国）在我国招募了数十万名直销人员，针对这些直销人员所采用的是团队计酬模式。

在创造新的直销模式的同时，安利（中国）还加强对营销队伍的管理，通过培训和严格的奖惩制度来规范销售代表的行为。

技能训练 12-1　分析企业营销渠道模式

一、训练目的

通过市场调查，了解企业分销渠道模式，明确不同分销渠道的优势和劣势。

二、训练内容

1．学生搜集不同企业有关分销渠道的案例。
2．对所搜集的案例进行分析、讨论，总结该企业分销渠道的优势和劣势。
3．完成企业分销渠道的分析报告。

三、训练组织

该实践训练项目由指导教师与所指导班级利用实践教学时间组织进行。

1．根据班级成员总人数进行分组，5～6人为一组。

2．各小组选一个组长负责组内工作，要求组员团结协作。

3．各小组搜集、讨论并分析所搜集的关于企业分销渠道的案例。

四、训练考核

1．各小组完成分析报告，并以PPT形式汇报。

2．教师讲评。

任务二 认识中间商

中间商作为企业分销渠道的组成部分，对企业的分销决策具有重要的影响。

（一）中间商的功能

中间商作为消费者采购代理人，购买各种产品来转售给消费者。它具有以下几个功能。

1. 提高销售活动的效率

如今是跨国公司和全球经济迅速发展的时代，如果没有中间商，产品由生产制造厂家直接销售给消费者，工作将非常复杂，而且工作量特别大。对消费者来说，没有中间商也会使其购买产品的时间大大增加。例如，中间商可以同时销售很多厂家的产品，消费者在一个中间商那里就能比较很多厂家的产品，这就比没有中间商而要跑到各个厂家参观考察产品节约了不少时间。

2. 储存、保护和运输产品

中间商从不同的生产厂家购买产品，再将产品分销到消费者手中。在这个过程中，中间商要储存、保护和运输产品。

3. 监督检查产品

在订购产品前，中间商会考察厂家在产品方面的设计、工艺、生产、服务等质量保证体系，或者根据生产厂家的信誉、产品的名牌效应来选择所要订购的厂家；进货时，中间商将按有关标准严格检查产品；销售产品时，中间商一般会将产品划出等级。中间商这一系列的工作起到了监督检查产品的作用。

4. 传递信息

中间商在从生产厂家购买产品及向消费者销售产品的过程中，将向厂家介绍消费者的需求、市场的信息、同类产品各厂家的情况，也会向消费者介绍各厂家的特点。这就在无形中传递了信息，促进了竞争，有利于产品质量的提高。

（二）选择中间商的重要性

中间商的重要性

（1）中间商是渠道功能的重要承担者，其可以全部或部分参与分销渠道的实物流、促销流、市场信息流。

一般而言，分销渠道所具有的实现产品价值、提高交易效率和效益的功能及增强企业竞争优势的功能，其多数都是在中间商的积极参与下完成的。分销渠道是一种松散型的组织系统，各中间商具有相对的独立性，因此他们必须具有独立承担业务并与其他渠道成员通力合作的能力。

【小案例 12-5】

1999 年 3 月，浙江天丰化学有限公司将其生产的“野老”牌稻田除草剂首次推入了湖北省农资市场。这一产品的上市取得了极大的成功，经过短短几个月就占领了湖北省稻田除草剂 90%的市场，成为农户的首选品牌。“野老”除草剂之所以获得成功，除有效的广告宣传外，主要还应归功于其对经销商——益农公司的选择。

【分析提示】

中间商是企业实现渠道功能的重要承担者。

（2）中间商客观上存在资源和能力的差异，认识其差异，并能据此选择中间商，至关重要。

现代商业经营服务项目甚多，选择中间商要衡量其综合服务能力。有些产品需要中间商向消费者提供售后服务，有些产品需要中间商在销售中为消费者提供技术指导或财务帮助（如赊购或分期付款），有些产品还需要专门的运输存储设备。合适的中间商所能提供的综合服务项目与服务能力应与企业产品销售所需要的服务要求相一致。

【小案例 12-6】

沃尔玛拥有强大的计算机网络系统。当供应商与沃尔玛建立起固定关系后，供应商通过沃尔玛的专门网络系统，可随时查看自己产品的销售情况，以便科学地计划自己产品的生产工作。沃尔玛完善的配送体系也有助于产品迅速到达消费者手中。

【分析提示】

中间商所能提供的综合服务项目与服务能力应与企业产品销售所需要的服务要求相一致。

（3）中间商的合作目标和意愿各不相同，只有选择那些具有较强合作意愿的中间商，才能减少摩擦和降低风险。

分销渠道作为一个整体，只有所有的渠道成员具有合作愿望，才能建立起一个有效的分销渠道。在选择中间商时，要分析中间商参与有关产品分销的意愿，以及与其他渠道成员合作的态度等。

【小案例 12-7】

三株公司的成功主要归因于该公司的分销模式。其分销网络按层次分为总公司、产品营销中心、战区指挥部、子公司、分公司、工作站六级组织，销售人员高达 20 万人。但这些子公司都不是三株公司直接投资建立的，而只是被三株公司网罗在其麾下的各类中间商。由于三株公司扩张速度过快，而中间商良莠不齐，某些中间商做大之后，另立门户、携款逃跑的事时有发生，这些最终致使三株公司辉煌不再。

【分析提示】

中间商的合作意愿是企业选择中间商的重要考虑因素。

（三）中间商的类型

中间商可以分为四类，即批发商、零售商、代理商和经纪人。

1. 批发商

顾名思义，批发就是一批批地进货，然后再一批批地发货。可见这样的交易没有计划，只是一个货物买卖的概念，缺少管理和控制。所以，“批发商”一般用来表示没有服务终端意识的坐商。

（1）批发商的特点。批发商区别于零售商的主要标志是批发商一端连接生产商，另一端连接零售商。

（2）批发商的选择。选择一个通力合作的批发商对于企业产品的市场推广关系重大。具体要考虑下列几个条件。

①区域市场情况。批发商业务范围的地理分布区域与企业目标销售区域是否一致。

②渠道网络情况。批发商渠道网络成员是否多而广泛，这关系到批发商的市场营销能力。如果批发商渠道网络成员多而广泛，其市场张力就强，产品也就更容易被推广出去。

③营销实力情况。其包括：批发商掌握和反馈市场信息的能力；批发商的合作精神和能力；批发商的竞争优势等。

2. 零售商

零售商是指将产品直接销售给最终消费者的中间商。零售商的基本任务是直接为最终消费者服务，它的职能包括购、销、调、存、加工、拆零、分包、传递信息、提供销售服务等。在地点、时间与服务方面，零售商为消费者的购买提供方便。同时，它又是联系生产企业、批发商与消费者的桥梁，在分销渠道中具有重要作用。

零售商是分销渠道的最终环节。其面对的是个人消费者市场，直接连接消费者，完成产品实现最终价值的任务，是分销渠道的终端。零售商的种类繁多、经营方式变化快，构成了多样的、动态的零售分销系统，这对整个国民经济的发展起着重大的促进作用。

3. 代理商

代理是代企业打理生意，是厂家给定代理商一定代理权限的一种经营行为，产品的所有权属于厂家，而不是代理商。代理商不是自己用产品，而是代企业转手卖出去。所以，代理商一般是指赚取企业代理佣金的商业单位。

4. 经纪人

经纪人是指为市场上买卖双方提供中介服务并从中收取佣金的人。经纪人可分为交易商经纪和代理经纪两大类，前者只为专业的做市商服务，后者则为机构或个人投资者服务。

任务三 设计和管理分销渠道

根据导入项目，在了解了同行业的分销渠道特点、类型和模式，认识并比较了各种分销渠道后，HW 公司制定了企业分销渠道方案，并对分销渠道进行管理。

（一）分销渠道的选择

影响分销渠道选择的因素有很多。生产企业在选择分销渠道时，必须对下列几方面因素进行系统的分析和判断，才能做出合理的选择。

1. 产品因素

（1）产品价格。一般来说，产品单价越高，越应注意减少流通环节，否则会造成销售价格的提高，从而影响销路，这对生产企业和消费者都不利。而单价较低、市场较广的产品，则通常采用多环节的间接分销渠道。

（2）产品的体积和重量。产品的体积和重量直接影响运输和储存等销售费用，过重的或体积较大的产品，应尽可能选择最短的分销渠道。对于那些按运输部门规定的起限（超高、超宽、超长、极重）的产品，应该组织直达供应；小而轻且数量大的产品，则可考虑采取间接分销渠道。

（3）产品的易毁性或易腐性。有效期短、储存条件要求高或不易多次搬运的产品，应采取较短的分销渠道，尽快送到消费者手中，如鲜活品、危险品。

（4）产品的技术性。有些产品具有很高的技术性，或经常需要技术服务与维修，应由生产企业直接销售给用户，这样可以保证生产企业向用户提供及时良好的技术服务。

2. 市场因素

（1）购买批量大小。购买批量大，多采用直接分销渠道；购买批量小，除通过自设门市部出售外，多采用间接分销渠道。

（2）消费者的分布。某些产品消费地区分布比较集中，适合采用直接分销渠道；反之，适合间接分销渠道。在工业品的销售中，本地用户产需联系方便，因而适合采用直接分销渠道；外地用户较为分散，采用间接分销渠道较为合适。

（3）潜在消费者的数量。若消费者的潜在需求多，市场范围大，需要中间商提供服务来满足消费者的需求，宜选择间接分销渠道。若潜在需求少，市场范围小，生产企业可选择直接分销渠道。

（4）消费者的购买习惯。有的消费者喜欢到企业购买产品，有的消费者喜欢到商店购买产品。所以，生产企业应既有直接分销渠道，又有间接分销渠道，以此满足不同消费者的需求，增加产品的销售量。

3. 企业本身的因素

（1）资金能力。企业本身资金雄厚，则可以选择直接分销渠道，建立自己的销售网点，采用产销合一的经营方式，也可以选择间接分销渠道。企业资金薄弱则必须依赖中间商进行销售和提供服务，只能选择间接分销渠道。

（2）销售能力。生产企业若在销售力量、储存能力和销售经验等方面具备较好的条件，则应选择直接分销渠道。反之，若必须借助中间商，应选择间接分销渠道。另外，企业如果能与中间商进行良好的合作，或能对中间商进行有效控制，则可选择间接分销渠道。企业若不能与中间商很好地合作或中间商不可靠，其就应该选择直接分销渠道，否则将影响其产品的市场开拓和经济效益。

（3）企业的财力。企业的财力决定企业自身可以在分销渠道中承担的职能，资金雄厚的企业能够组建自己的分销渠道，而资金短缺的企业则只能利用原有的渠道来实现销售。

（4）企业的经营策略和经营目标。企业经营策略和经营目标不同，对分销渠道的控制要求就有所不同，企业可以为消费者提供的服务也就不同。

（5）企业的产品组合。企业产品组合的宽度越宽，与消费者直接沟通的能力越强，就越倾向于使用直接分销渠道；产品组合的深度越深，越倾向于选用独家经销、独家代理或选择型经销和代理；产品组合的关联性越强，分销渠道的一致性也就越强。

4. 政策规定

企业选择分销渠道必须符合国家有关政策和法令的规定。某些按国家政策应严格管理的商品或计划分配的产品，企业无权自销和自行委托销售；某些产品在完成国家指令性计划任务后，企业可按规定比例自销，如专卖制度（如烟）、专控产品（控制社会集团购买力的少数产品）。另外，如税收政策、价格政策、出口法、产品检验规定等，也都在不同程度上影响着分销渠道的选择。

5. 经济收益

不同分销渠道经济收益的大小也是影响分销渠道选择的一个重要因素。对于经济收益的分析，应主要考虑成本、利润和销售量三个方面的因素，具体分析如下。

（1）销售费用。销售费用是指产品在销售过程中产生的费用。它包括包装费、运输费、广告宣传费、陈列展览费、销售机构经费、代销网点和代销人员手续费、产品销售后的服务支出等。一般情况下，减少流通环节可降低销售费用，但对于减少流通环节的程度要进行综合考虑，既要做到节约销售费用，又要有利于生产发展和体现经济合理的要求。

（2）价格分析。在价格相同条件下，进行经济效益的比较。目前，许多生产企业都以同一价格将产品销售给中间商或最终消费者。若直接分销渠道的销售量等于或小于间接分销渠道的销售量，由于生产企业直接销售时要多占用资金，增加销售费用，所以这时采用间接分销渠道的经济收益高，对企业有利；若直接分销渠道的销售量大于间接分销渠道的销售量，而且所增加的销售利润大于所增加的销售费用，则选择直接分销渠道对企业更有利。

当价格不同时，进行经济收益的比较，主要考虑销售量的影响。若销售量相同，直接分销渠道多采用零售价格，价格高，但支付的销售费用也多。间接分销渠道则采用出厂价，价格低，但支付的销售费用也少。究竟应该选择何种分销渠道？可以通过计算两种分销渠道的盈亏临界点作为选择的依据。当销售量大于盈亏临界点的数量，选择直接分销渠道；反之，则选择间接分销渠道。在销售量不同时，则要分别计算直接分销渠道和间接分销渠道的利润，并进行比较，一般选择获利较多的分销渠道。

6. 中间商特性

中间商对分销渠道也有较大的影响，能否找到合适的中间商是企业建构分销渠道的首要问题。对于企业来讲，合适的中间商必须具备两个条件：一是能满足企业的要求，能够以较低的成本承担企业所要求承担的责任；二是愿意承担产品的销售。从总体上看，如果企业能够找到符合企业要求的中间商，利用该中间商销售产品，这对企业将是有利的。反之，企业则应该考虑利用直接分销渠道。

【小案例 12-8】

在早期，百丽的生产模式有其优势。工业化时代鞋企的典型模式是大批量生产，通过订货销售给加盟商或直营店，以季度或半年为单位上新。而销售则以一线、二三线、四五线城市分层级，通过层层打折消化尾货和库存。

后来百丽又在此基础上有所创新——其店铺为全直营，设计上通过买手了解热销款式，进而设计下季的款型；生产上先进行小批量试销，每一款会先投放50%到市场，随后通过市场反馈再修改款式，并补单。这样一来，相较于同行，百丽的库存一向控制得很好，这也是盛百椒“试错”理念的胜利。

但在2015年，内地市场全面发力“互联网+”，而国外快时尚品牌的抢滩登陆更将线下竞争拉向了快、准、细的C2M领域——比的不再是规模，而是速度。

百丽的革新并没有着眼于提高周转速度，其产品从图纸到成品仍然需要 3～6 个月的时间。而订货会的方式，也让周转天数长达数月。同样是店铺直营、全产业链的 ZARA，其一款产品从设计到上架，平均只需 10～15 天。这背后是庞大的采风设计团队、数据化的生产管理，以及坚持“欧洲制造”形成的快速生产链。

【分析提示】

百丽的优势来自几个方面：一是百丽早期以“香港品牌、内地生产”而形成的内地市场先发优势；二是对主流渠道的占领，对市场形成俯冲优势；三是多品牌、全方位的覆盖，形成排他性的垄断优势。如今在先发红利丧失（从供需两旺到供大于求）、渠道分流和品牌个性化的大趋势下，这三个优势的作用已经显得非常微弱了。

（二）分销渠道的设计

分销渠道的设计

分销渠道的设计是整个渠道决策的核心。企业的分销渠道一旦确定便很难轻易改变，因此分销渠道的设计必须十分谨慎。设计分销渠道一般包括确定渠道目标、确定渠道结构方案和评估主要渠道方案 3 个方面。

1. 确定渠道目标

设计渠道目标是为了更好地达到分销的目的，企业应该仔细审核企业的渠道目标，判断其是否需要添加新的内容。同时，也要判断该渠道目标是否与营销组合中其他领域的渠道目标相一致，是否与企业的整体目标和策略相一致。

2. 确定渠道结构方案

企业应该结合渠道目标，选择最佳的渠道结构。这一结构应该能在最低成本的基础上，有效地完成各项分销任务。如果企业的目标是获得最大的长期效益，那么企业的渠道结构就应该与此目标完全一致。企业可以通过分析影响渠道结构的各种因素来初步判断渠道结构是否合理。

企业在市场上的成功需要有强有力的渠道成员支持，所以在渠道方案中要严格挑选渠道成员。

（1）确定渠道成员的类型。企业在确定中间商时，首先要明确所选的中间商必须满足的条件。一般中间商很难做到十全十美，因此企业必须将其所要求的条件按照重要性进行排序，只要中间商所具备的条件能保证企业营销活动正常开展即可。

（2）确定渠道成员的数量。同一层渠道中间商数量的多少将会影响渠道的宽度结构。

（3）确定渠道成员的交易条件和职责。在分销渠道结构、中间商类型和数量决定以后，还需要决定的是渠道成员的交易条件和职责。交易条件主要包括价格政策、销售条件和区域权利等内容。企业制定渠道成员的职责必须十分严格，职责内容要明确规定企业为中间商提供哪些方面的服务，承担哪些职责，以及中间商又要为企业提供哪些方面的服务，承担哪些职责。

【小案例 12-9】

宝洁公司通常会在每一个地区发展少数几个分销商，并通过分销商对下级批发商、零售商进行管理。其中，分销商与宝洁公司签订合约，双方明确权利、义务和责任，并进行合理分工。关于分销商的选择标准包括规模、财务状况、信誉和销售状况等。

【分析提示】

企业需要根据自身的资源和要求来选择中间商，务必要保证企业正常营销活动的开展。

3. 评估主要渠道方案

渠道方案的评估需要从经济性、控制性及适应性 3 方面进行。

（1）经济性。各种分销渠道都将产生不同的销售量和销售成本，因此企业在对分销渠道进行评估时，必须对各种分销渠道可能达到的销售量和销售成本进行比较。例如，和长渠道相比，短渠道的分销量会比较小，但是销售成本也比较低。

（2）控制性。企业也要考虑各分销渠道的控制程度，如短渠道比长渠道更容易控制，直接分销渠道比间接分销渠道更容易控制。

（3）适应性。在对分销渠道进行选择时，必须考虑各种分销渠道类型对企业建立渠道目标的适应程度。当产品的市场容量较大，销售处在迅速增长的时期时，企业便希望建立能获得更大控制、有长期稳定关系的分销渠道。

（三）分销渠道的管理

分销渠道管理是对渠道成员的选择、培训、激励、评估，以及根据市场和营销环境的变化对整个渠道进行改进。分销渠道管理是保证企业所选的分销渠道有效运行的重要条件。分销渠道的管理涉及选择渠道成员、激励渠道成员、评估渠道成员、处理渠道冲突及调整分销渠道等。

1. 选择渠道成员。

选择渠道成员时应主要考虑以下几个方面。

（1）中间商的市场范围。市场是选择中间商非常关键的原因。首先，要考虑预先选定的中间商的经营范围所包括的地区与产品的预计销售地区是否一致；其次，中间商的销售对象是否是企业所希望的潜在用户，这是个最根本的条件。

（2）中间商的产品经验。选择对产品销售有专门经验的中间商将会很快地打开销路，因此企业应根据产品的特征选择有经验的中间商。

（3）预期合作程度。如果中间商与企业合作得好，那么中间商便会积极主动地推销企业的产品，这对双方都有益处。有些中间商希望企业也参与促销，扩大市场需求，其认为这样能获得更高的利润。因此企业应根据产品销售的需要确定与中间商合作的具体方式，然后再选择理想的中间商与之合作。

（4）中间商的财务状况及管理水平。中间商能否按时结算或在必要时预付货款，取决于其财务状况。中间商销售管理是否规范、高效，关系着其营销的成败，而这些又都与企业的发展休戚相关。因此，这两方面的条件也必须考虑。

（5）中间商的促销政策和技术。中间商推销产品的方式及运用促销手段的能力将会直接影响其销售规模。例如，有些产品比较适合广告促销，而有些产品则适合通过销售人员推销。有些产品需要有效存储，有些则应快速运输。因此，企业还要考虑到中间商是否愿意承担一定的促销费用，是否有必要的物质、技术基础和相应的人才。企业选择中间商前必须对其所能完成某种产品销售的市场营销政策和技术实现的可能程度进行全面评估。

（6）中间商的综合服务能力。现代企业经营的服务项目甚多，企业选择中间商时还要考虑其综合服务能力。有些产品需要中间商向消费者提供售后服务，有些产品需要中间商向消费者提供技术指导或财务帮助（如赊购或分期付款），有些产品还需要中间商有专门的运输存储设备。合适的中间商所能提供的综合服务项目与服务能力应与企业产品销售所需要的服务要求相一致。

2. 激励渠道成员

为了促使渠道成员更加尽职尽责为企业工作，完成企业所要求营销职责，企业应采取适当的措施对所选择的渠道成员给予激励。在确定了中间商之后，为了更好地实现企业的营销目标，促使中间商与自己合作，企业还必须采取各种措施不断对中间商给予激励，以此来调动中间商经销企业产品的积极性，并通过这种方式与中间商建立一种良好关系。

激励渠道成员的方式可以是积极的鼓励措施，也可以是消极的惩罚措施，在实际中积极的鼓励措施应用比较普遍。积极的鼓励措施主要包括销售奖金、交易折扣与折让、销售竞赛和提供某些服务等。消极的惩罚措施主要包括提高产品售价、减少销售优惠和推迟交货等。

此外，在进行激励时，要注意采用多元化手段，因为中间商与企业如果只有利益关系，那么在市场不稳定、企业出现利润下降甚至没有利润时，中间商就有可能会流失。而如果企业和中间商之间的纽带多元化，就可以化解很多危机。例如，现在有的企业在自身发展的同时，还扶持起一大批一流经销商。企业不惜花较多的时间指导中间商的经营工作，从提供产品到帮助其管理、培训人员。在这个过程中，企业和中间商的合作领域扩大、接触面扩大，企业对中间商的影响力也随之扩大。正确的激励方式可以保持渠道成员间的长期性配合，维持其互助互利的合作关系。

【小案例 12-10】

“嘉士伯”啤酒承诺在6月至9月的4个月内，向完成规定销量者提供新马泰旅游的机会；“贝克”啤酒则提供赴德国考察的机会；“百威”啤酒的奖励为美国旅游考察。

【分析提示】

这些出国考察既对国营经销商的经营管理人员具有吸引力，又使私营经销商老板得到开拓事业的学习机会，在某一时期内，这比单纯的现金奖励更受中间商的欢迎。

3. 评估渠道成员

企业除了选择和激励渠道成员，还必须定期评估他们的绩效。企业应定期对渠道系统或渠道系统中的渠道成员进行绩效评估，以确保整个渠道系统或渠道系统中的渠道成员能够按照企业制定的相关管理措施高效运转。对渠道成员的评估依据主要是企业在选择渠道成员时所制定的一系列的职责标准，如一定时期内完成的销售额和销售增长率、平均存货水平、付款条件和为用户提供的服务等。企业应该根据这些职责标准定期对渠道成员进行检查，看其是否达到了企业的要求。

渠道绩效评估的常用方法有两种，一种是历史比较法，另一种是区域比较法。

（1）历史比较法。历史比较法就是先将渠道系统或渠道成员的当期销量与上期销量相比较，得出上升或下降的比值，然后再与整体市场的升降百分比进行比较。对高于整体市场平均水平的渠道系统或渠道成员予以奖励，对低于整体市场平均水平的渠道系统或渠道成员，则要做进一步具体分析，找到准确原因并帮助其改进。该法的难点在于企业需要准确把握整体市场的平均水平。

（2）区域比较法。区域比较法就是将各渠道成员的绩效与该区域销售潜量分析所得出的数值进行比较。具体做法是，先将某区域内各渠道成员在某一时段的实际销售量与通过分析所得出的该区域销售潜量进行比较并排序，然后通过测算相关指标，以确定这些渠道成员在这一时段是否达到某一标准。该法的难点在于企业需要客观把握该区域内的销售潜量。

4. 处理渠道冲突

渠道冲突是指某渠道成员从事的活动阻碍或者不利于本组织实现自身的目标,进而产生的种种矛盾和纠纷。分销渠道的设计是渠道成员在不同角度、不同利益和不同方法等多因素的影响下完成的。因此，渠道冲突是不可避免的。

（1）渠道冲突的类型。

①水平渠道冲突。水平渠道冲突指的是同一渠道模式中，同一层次中间商之间的冲突。产生水平冲突的原因大多是企业没有对目标市场中间商的数量、分管区域做出合理规划，使中间商为各自的利益而互相倾轧。这是因为在企业开拓了一定的目标市场后，中间商为了获取更多的利益必然要争取更多的市场份额，从而在目标市场上不断开展“圈地运动”。

【小案例 12-11】

在企业拓展市场的竞争中，要从水平方向拓展渠道，针对分销商的竞争是异常激烈的，同时，渠道分销商之间也会频繁发生冲突和竞争。宝洁公司凭借其强大的渠道权利和影响力，较好地运用了渠道冲突管理的利益协调机制。其采取的具体措施有以下两点。

（1）强调对经销商的权责管理。宝洁公司重视对经销商的权责管理，这样既可以维持宝洁公司在经销商选择上所坚持的标准要求，同时对经销商的区域权利也做出了详细的规划安排，从而避免了水平冲突的发生。

（2）充分发挥信息共享作用。宝洁公司善于利用信息共享来协调各种可能的矛盾，不仅在宝洁和各级分销商之间，而且在同级的分销商之间也鼓励充分实现信息共享，从而有效避免水平渠道中因成员在信息方面的阻隔而导致的冲突。

【分析提示】

在渠道冲突管理中，要认识渠道冲突，并用具体的方法解决渠道冲突，使企业得到更好的发展。

②垂直渠道冲突。垂直渠道冲突指在同一渠道中不同层次经销商之间的冲突，这种冲突较水平渠道冲突要更为常见。垂直渠道冲突也称作渠道上下游冲突。一方面，越来越多的分销商从自身利益出发，采取直销与分销相结合的方式销售产品，这就不可避免要同下游经销商争夺客户，而这也大大挫伤了下游经销商的积极性；另一方面，当下游经销商的实力增强以后，其不满足于目前所处的地位，希望在渠道系统中有更大的权利，便会向上游渠道发起挑战。在某些情况下，企业为了推广自己的产品，越过一级经销商直接向二级经销商供货，而这就很容易使上下游渠道间产生矛盾。因此，企业必须从全局着手，妥善解决垂直渠道冲突，促进渠道成员间更好地合作。

【小案例 12-12】

从垂直渠道的关系来看，导致宝洁公司产生垂直渠道冲突的主要原因是宝洁公司与分销商的目标差异。宝洁公司希望通过销售终端来拉动市场，通过广告攻势建立强大的品牌力，实现消费者的高度认同，再配以营销渠道，从而提升产品的市场销量。而经销商却倾向于经营毛利率更高的短期盈利产品。面对这种目标冲突和经营行为冲突的解决，宝洁公司采取的具体方法如下。

（1）坚持经销商必须专一经营。这种措施是基于宝洁公司的强大渠道权利优势，要求经销商必须专一经营，以此来确保经销商经营宝洁产品的财力、人力、物力等不能随意地被组合和占用，经销商更不能经营与宝洁公司存在竞争的品牌产品。

（2）注意精心选择经销商。宝洁公司在全国各地精选具有一定规模、财务能力、商誉、销售额、仓储能力、运输能力和客户关系的经销商，特别强调经销商客户关系的深度和广度，以及对区域市场的覆盖能力。通过对经销商严格的挑选，可以促进市场渠道结构的合理分工，避免因经营职能重复而造成资源浪费，从而可以更大限度地降低渠道成本。

（3）实施直接合作。其具体是指宝洁公司不经过任何中间商，使产品直接进入销售终端的一种渠道安排。这是宝洁公司在成熟市场中运用的传统策略，是宝洁公司与最终零售商的直接对接。

【分析提示】

任何企业，任何分销渠道都很难做到利益均衡。因此，企业在处理分销渠道的冲突时，只有不断提高自身经营管理水平，才能不断化解分销渠道的冲突，让分销渠道在冲突中健康成长。

（2）不同渠道间的冲突。

随着消费者细分市场和可利用渠道的不断增加，越来越多的企业采用多渠道营销系统。不同渠道间的冲突是指在企业建立多渠道营销系统后，不同渠道服务于同一目标市场时所产生的冲突。

（3）渠道冲突的解决。

①渠道冲突的前期防范。渠道冲突不可避免，但是适当的冲突可以使管理者认识到渠道中存在的问题，从而提高渠道绩效。因此，对待渠道冲突的正确的方法不是消除冲突而是对冲突进行有效管理：对恶性的渠道冲突做好前期的防范工作，进行规避；对良性的渠道冲突加以合理利用，促进渠道发展。

②渠道冲突的分析。基于以上所提到的渠道冲突类型和原因的相关理论知识，进行渠道冲突分析。分析内容主要包括：分析冲突产生的原因，找出引发冲突的根源；判断冲突水平，正确地评估冲突对渠道效率的影响大小；区分潜在冲突和现实冲突的类型，正确评估冲突对渠道效率的影响大小，并判断是正面影响还是负面影响或是没有影响。

③渠道冲突的后期处理。渠道冲突的后期处理旨在使冲突带来的不利影响最小化，具体采用的方法通常依赖于渠道权利领导者，以及冲突的实际程度和影响范围。

5. 调整分销渠道

在分销渠道管理中，企业根据每个中间商的具体表现、市场变化和企业营销目标的改变，需要对分销渠道进行相应调整。调整的方式主要有以下几种。

（1）增减分销渠道中的中间商。经过考核，对推销不积极、经营管理不善、合作不畅或是给企业造成困难的中间商，在必要时企业可以与其中断合作关系；为了开拓某一新市场，企业需要在该地区寻找一个中间商，经过调查分析和洽谈协商，在符合企业对中间商的要求和中间商愿意合作的基础上，可以选定其作为企业在该地区的经销商或代理商。

（2）增减某一种分销渠道。当某种分销渠道出售企业的某种产品，但销售额一直不够理想时，企业可以考虑在全部目标市场或某个区域内撤销这种渠道类型，而另外增设一种其他的渠道类型。企业为满足消费者的需求变化而开发新产品，若利用原有分销渠道难于迅速打开销路和提高竞争能力，则可增加新的分销渠道，以实现企业营销目标。

（3）调整整个分销渠道。由于市场情况变化太大，企业对原有分销渠道进行部分调整已难以实现企业要求，满足市场情况变化时，企业必须对其分销渠道进行全面调整。

技能训练 12-2　分销渠道管理

一、训练目的

通过市场调查，了解分析企业分销渠道设计与管理，提高学生分析实际问题的能力。

二、训练内容

1. 在技能训练10-1的基础上，对所搜集案例的渠道设计与管理方面的内容进行讨论。
2. 分析总结企业的分销渠道设计与管理。
3. 完成企业分销渠道设计与管理的分析报告。

三、训练组织

该实践训练项目由指导教师与所指导班级利用实践教学时间组织进行。

1. 根据班级成员总人数进行分组，5～6人为一组。
2. 各小组选一个组长负责组内工作，要求组员团结协作。
3. 各小组讨论并分析企业分销渠道的设计与管理。

四、训练考核

1. 各小组完成分析报告，并以PPT形式汇报。
2. 教师讲评。

项目总结

【内容要点】

分销渠道是指某种产品和服务在从生产者向消费者转移的过程中，取得这种产品和服务的所有权或帮助所有权转移的所有企业和个人。

分销渠道的设计包括：确定渠道目标、确定渠道结构方案，评估主要渠道方案。在设计了渠道结构后，企业还应做好分销渠道管理工作，其中包括选择渠道成员、激励渠道成员、评估渠道成员、处理渠道冲突和调整分销渠道。

【实务重点】

设计分销渠道方案、实施渠道管理。

【复习与思考】

1. 什么是分销渠道？分销渠道有哪些类型？

2．企业选择中间商时应考虑哪些因素？

3．影响企业分销渠道选择的主要因素包括哪些？

4．企业如何对渠道进行有效的管理？

项目综合实训

一、实训目的

1．熟悉渠道开发程序，增强市场开拓能力。

2．培养学生紧随市场变化，及时进行渠道调整，培养忠诚渠道商的意识。

二、实训内容

1．确定渠道选择标准，制订渠道开发计划，制定渠道开发策略及目标。

（1）统计与回顾。

（2）制定渠道开发次序。

（3）制定渠道开发策略及目标。

（4）组织资源，开发客户，组织促销及赞助活动。

2．进行渠道开发跟踪及汇报。

常用的渠道开发跟踪表

渠道	本月客户		累计客户	开发目标达成		本月销售量				累计销售量				销售目标达成	
	开发	流失		本月	年累计	包装①	包装②	包装③	包装④	包装①	包装②	包装③	包装④	本月	年累计

3．渠道调整、维护及忠诚渠道商培养。

（1）建立忠诚的员工关系。

（2）确定客户价值取向，了解客户的价值定义。

（3）实践“80/20 法则”。

（4）让客户认同“物有所值”。

（5）根据客户忠诚现状确定提升办法。

（6）服务第一、销售第二，针对同一客户实行多种服务渠道。
（7）化解客户抱怨，获得和保留客户反馈。
（8）主动提供客户感兴趣的新信息。
（9）做好“客户再生”工作。

三、实训组织

1．地点：教室、实训室、模拟公司实验室。

2．组织形式：在教师指导下，学生分为若干模拟公司业务部门，各部门根据实训内容分散训练，之后在给定时间内集中各部门进行交互式对抗演练。

四、实训考核

以在给定时间内集中各部门进行交互式对抗演练成绩作为此次实训成绩。

项目十三 设计促销方案

项目目标

【知识目标】

- 了解促销的概念和作用。
- 熟悉促销组合策略。
- 掌握四种促销方式各自的特点、种类和适用性。

【能力目标】

- 具有分析以及选择合适的促销组合的能力。
- 具有开展人员推销的能力。
- 具有开展广告策划的能力。
- 具有策划营业推广活动的能力。
- 具有策划公共关系活动的能力。

【素质目标】

- 增强统筹运作能力。
- 提高沟通交流能力。
- 提高团队合作能力。

项目导入

HW公司在新能源市场推出了新的产品。为了顺利地将新产品推向市场，被消费者认可和接受，HW公司应该如何制定有效地促销策略来推广自己的产品呢？

项目实施

任务一 认识促销和促销组合策略

根据导入项目，HW公司要确认此次促销活动的必要性，考虑促销活动的影响因素，以确定促销活动的实施过程。

（一）促销及促销的作用

随着市场竞争的日益激烈和产品的增多，消费者收入的增加和生活水平的提高，买方市场上的广大消费者对产品的要求越来越高，其选择空间也越来越大，因此企业与消费者之间的沟通也显得格外重要了。企业需要加强促销，利用各种促销方式使广大消费者加深对其产品的认识，并愿意购买其产品。

促销是指企业通过人员推销、广告、营业推广和公共关系等各种促销方式，向目标消费者传递产品信息，引起他们的注意，激发他们的购买欲望和购买行为，以达到扩大销售的目的。

企业将合适的产品，在适当的地点、以适当的价格出售的信息传递到目标市场，一般是通过两种方式：一种是人员推销，即推销人员与消费者面对面进行推销；另一种是非人员推销，即企业通过大众传媒在同一时间向大量消费者传递信息，其主要包括广告、公共关系和营业推广等多种方式。这两种推销方式各有利弊，起着相互补充的作用。此外，目录、通告、赠品、店标、陈列、示范、展销等也都属于促销策略的范围。好的促销策略往往能起到多方面作用，如提供信息情况，及时引导采购；激发购买欲望，扩大产品需求；突出产品特点，建立产品形象；维持市场份额，巩固市场地位等。

【小案例13-1】

某年美国芝加哥举办世界博览会，一家罐头公司也参加了。但不太走运的是，该公司的展销地点是个很偏僻的小阁楼，几乎没有人过来参观。罐头公司的总经理汗斯先生很着急，他想出了很多办法但都没有奏效。后来他终于想出了一个办法帮他解决了这个问题。

他做了很多小铜牌，派人四处分发。铜牌上面写着：捡到此牌，就可以到小阁楼领取

一份纪念品。这激起了人们的兴趣，于是他的小阁楼很快就被人挤得水泄不通，他的生意也因此十分兴隆。

【分析提示】

在复杂的产品市场中，消费者并不一定会注意到某家企业、某种产品，这就需要企业采取各种有效的方式来吸引消费者的注意，这就是现代营销理论所倡导的促销活动。

促销的实质是一种通知、说服和沟通活动。在现代市场营销活动中，促销已成为非常重要的组成部分，它的作用主要体现在以下 4 个方面。

1. 传递信息，缩短产品入市的进程

使用促销手段，一方面可以在一段时间内调动消费者的购买热情，培养消费者的兴趣和使用爱好，使消费者尽快地了解产品；另一方面，企业也可在促销过程中收集消费者的反馈意见和建议，为企业进一步开展或调整营销活动提供依据。

2. 创造需求

消费者的购买行为主要取决于消费者的购买欲望，而消费者的购买欲望是可以通过企业促销、宣传等外界因素诱导产生的。因此，企业可以针对消费者的心理动机，采用适当的促销方式诱导消费者产生购买欲望，引发他们的购买行为。

3. 建立企业的形象

企业可以通过促销手段，使消费者认识到购买、使用本企业产品所能带来的特殊利益，从而在市场上建立本企业产品的独特形象。同时，适当的促销手段还可以树立企业良好的市场形象，提高企业的声誉和知名度。

4. 提高企业的销售量

毫无疑问，促销是一种竞争手段，它可以改变一些消费者的使用习惯及品牌忠诚度。因受利益驱动，经销商和消费者可能会大量进货与购买。因此，在促销阶段，企业产品的销售量会大大提高。

（二）促销组合策略

1. 促销组合的含义和方式

促销组合的含义和方式

促销组合是指企业根据促销的需要，对人员推销、广告、营业推广、公共关系等各种促销方式进行适当的选择和配合。四种基本促销方式组合成一个策略系统，使企业的全部促销活动互相配合、协调一致，最大限度地发挥整体效果，从而顺利实现企业的经营目标。

【小案例13-2】

日本大阪新电机日本桥分店，有个独特的广告妙术——每逢暴雨骤至之时，店员们便马上把雨伞架放置在商店门口，每个伞架有三十把雨伞，伞架上写着："亲爱的顾客，请自由取用，并请下次来店时带来，以便其他顾客下次使用。"此时，未带雨伞的顾客总会愁眉舒展，欣然取伞而去。当有人问及，如顾客不将雨伞送回怎么办？经理回答说："这些雨伞并不昂贵，而且伞上都印有新电机的商标。因此，即使顾客不送也没关系，把雨伞当作广告也是值得的。这对商店来说，是惠而不费的美事。"

【分析提示】

本例中借雨伞做广告，做得巧妙而不露声色，一举两得。说他巧妙是因为它既便利了顾客又宣传了产品，间接地让顾客成为产品信息的传播者；说它不露声色是因为消费者为该店做了免费广告而消费者自己却不知道。

从广告目标看，其目标是"显露"，即借行人手中的雨伞让新电机的商标得以传播，以扩大其知名度。

从广告策略看，这是一种介绍性广告，即介绍其商标或商品。

从广告效果看，一是社会效果良好，由于该店雨伞可以自由取用，且不用花钱，方便了顾客，该店的美誉度会不断增高；二是经济效果好，由于顾客对该店产生了好感，营造了良好的顾客关系，该店的知名度也就会不断扩大，该店产品的销售量必然与日俱增，同时由于雨伞并不昂贵，即使下次来店时不归还，也不会造成太大经济损失。

促销组合体现了现代市场营销理论的核心思想——整体营销。促销组合是一种系统化的整体策略，四种基本促销方式则构成了这一整体策略的四个子系统。每个子系统都包括一些可变因素，即具体的促销手段或工具，某一因素的改变意味着组合关系的变化，也就意味着一个新的促销组合策略的产生。

（1）人员推销。人员推销是企业派出推销人员或委托推销人员，直接与消费者接触，向目标消费者进行产品介绍与推广，从而促进产品销售的沟通活动。

（2）广告。广告是企业按照一定的预算方式，支付一定数额的费用，通过不同的媒体对产品进行广泛宣传，从而促进产品销售的传播活动。

（3）营业推广。营业推广也称作销售促进，是企业为刺激消费者购买，选择一系列具有短期诱导性的营业方法组成的沟通活动。

（4）公共关系。公共关系是企业通过开展公共关系活动或通过第三方在各种传播媒体上宣传企业形象，从而促进其与内部员工、外部公众良好关系的沟通活动。

2. 影响促销组合策略的因素

（1）促销目标。促销目标是影响促销组合策略的首要因素。每种促销方式——人员推销、广告、营业推广和公共关系都有各自独有的特性和成本。营销人员必须根据具体的促销目标选择合适的促销组合策略。

（2）市场特点。除考虑促销目标外，市场特点也是影响促销组合策略的重要因素。受地区文化、风俗习惯和经济政治环境等的影响，促销方式在不同类型的市场上所起作用是不同的。因此，我们应该综合考虑市场和促销方式的特点，选择合适的促销方式，使其与市场特点相匹配，以达到更佳的促销效果。

（3）产品性质。由于产品性质的不同，消费者具有不同的购买行为和购买习惯，因而企业所采取的促销组合策略也会有所差异。

（4）产品生命周期。在产品生命周期的不同阶段，企业的促销目标会有所不同，其采用的促销组合策略也会不同。具体比较如下表所示。

产品生命周期阶段	促销目标	促销主要方式
介绍期	认识、了解产品	以广告与公共关系为主，辅以营业推广，人员推销
成长期	增加了解与兴趣	通过广告与公共关系扩大知名度后，利用人员推销来降低成本
成熟期		通过广告与营业推广增加销量
衰退期	促成信任实现销售	以营业推广为主，辅以提示性广告

（5）促销费用。企业用于促销的费用，也是决定促销组合策略的重要依据。不同的促销方式所需的费用多少不同，有的费用较高，如电视广告、大型展销会、派送赠品等；有的费用较低，如邮寄广告等。企业应在促销费用预算的限度内，选择促销效果更好的促销组合策略。

（6）其他影响因素。影响促销组合策略的因素是复杂的，除上述 5 种因素外，本公司的营销风格、推销人员素质、整体发展战略及社会和竞争环境等也会不同程度地影响促销组合策略。营销人员应审时度势、全面考虑，才能制定出有效的促销组合策略。

【小案例 13-3】

比利时有一家啤酒厂生产了一种新型啤酒，为了迅速打开市场，厂家想了多种办法，但收效甚微。一天，厂家推销人员到布鲁塞尔市的一个公园里游玩，发现广场中心喷泉里小男孩撒尿的雕像。关于这个雕像有一个传说，据说是在比利时抗法战争时期，法军在城里安放了炸药，准备炸毁这座城市。导火索点燃后，一个小男孩恰巧经过，情急之下，这个小男孩立刻撒尿将导火索浇灭，从而保全了城市。人们为了纪念这个男孩而立了这座雕像。

面对此景，推销人员茅塞顿开。该啤酒厂经有关部门同意，将雕像清理得干干净净，并选择了一个温度较高的日子，做好了准备。这一天，广场热闹无比，天气很热，许多人口渴难耐。忽然，从雕像处飘来阵阵啤酒的芳香。有人试着尝了一下，大呼“好啤酒”。消息传开，大家蜂拥而至。很快，该啤酒被市场所接受。

【分析提示】

厂家在适当的时机利用了社会文化因素，结合营业推广当中的免费品尝，对产品的推广起到了重要的推动作用。

3. 促销组合策略

促销组合策略较大程度上受公司选择推动策略或拉引策略的影响。

（1）推动策略（从上而下式策略）。推动策略以人员推销为主，辅之以中间商营业推广，兼顾消费者的营业推广。其目的是说服中间商与消费者购买企业产品，并层层渗透，最后到达消费者手中。

（2）拉引策略（从下而上式策略）。拉引策略就是企业不直接向批发商和零售商做广告，而是通过新创意、高投入、大规模的广告轰炸，直接诱发消费者的购买欲望，由消费者向零售商、零售商向批发商、批发商向制造商求购，由下至上，层层拉动购买。

企业的促销活动，必须顺应消费需求、符合购买指向才能取得事半功倍的效果。许多企业在促销实践中，会结合具体情况采取“推”“拉”组合的方式，既各有侧重，又相互配合。推动策略和拉引策略结构图如下图所示。

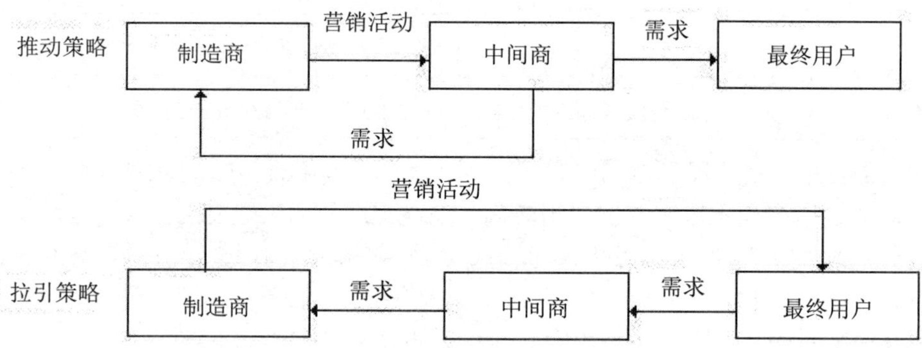

【小案例 13-4】

湖北黄鹤楼酒新品上市，在正式上市前的两个月，公司连续在《武汉晚报》《楚天都市报》的显著位置刊登“沉寂10年，我国名酒黄鹤楼重振雄风”等一系列软文广告，一时间，“黄鹤楼酒复出”的消息成了武汉消费者茶余饭后的谈资。

新品上市前夕，黄鹤楼酒在武汉香格里拉大酒店隆重举行黄鹤楼酒新品上市新闻发布会，发布会邀请白酒界权威、新闻媒体、酒店代表、经销商代表参加，正式向湖北消费者传达了黄鹤楼酒上市的信息。随后，其还在大型酒店及卖场开展陈列、免费品尝及买就送等促销活动，仅上市的第一天，新品黄鹤楼酒就取得了1万瓶的销售业绩。

【分析提示】

除充分整合社会资源之外，有效利用促销组合策略也是黄鹤楼酒取得成功的重要一环。

任务二　人员推销

根据导入项目，HW 公司需要讨论确认此次促销活动选择人员推销的优缺点，确定人员推销的方式和过程，对推销人员提出素质要求，以及确定推销人员的培训、激励、考核等相应的管理制度。

（一）人员推销的含义和特点

1. 人员推销的含义

人员推销是指企业通过派出推销人员与一个或一个以上可能成为顾客的人交谈，并进行口头介绍，以推销产品，促进和扩大销售。人员销售是推销人员帮助和说服顾客购买某种产品或劳务的过程。

人员推销是一种基本的销售方式，推销人员是企业与顾客之间的纽带，其通过与顾客交流，了解潜在顾客的欲望与要求，以满足顾客的需要。

2. 人员推销的特点

（1）人员推销具有很大的灵活性。在推销过程中，买卖双方当面洽谈，易于形成一种直接而友好的相互关系。通过交谈和观察,推销人员可以掌握顾客的购买动机，有针对性地从某个侧面介绍产品特点和功能，抓住有利时机促成交易；推销人员可以根据顾客的态度和特点，有针对性地采取必要的协调行动，满足顾客需要；推销人员还可以及时发现问题，进行解释，消除顾客疑虑，使消费者对其产生信任感。

（2）人员推销具有选择性和针对性。在每次推销之前，推销人员可以选好具有较大购买可能的顾客进行推销，并有针对性地对未来顾客做一番研究，拟定具体的推销方案、策略和技巧等，以提高推销成功率。这是广告所不能及的，广告促销往往缺乏针对性。

（3）人员推销具有完整性。推销人员的工作除开始的寻找顾客、接触、洽谈，到最后达成交易外，还担负着其他营销任务，如安装、维修、了解顾客使用后的反应等，而广告则不具有这种完整性。

（4）人员推销具有公共关系的作用。一个有经验的推销人员为了达到促进销售的目的，可以使买卖双方从单纯的买卖关系发展到建立深厚的友谊、彼此信任、彼此谅解，这种感情的增进有助于推销工作的开展,实际上就起到了公共关系的作用。

人员推销是一种具有很强人性因素的促销手段。它具备许多区别于其他促销手段的特点，可完成许多其他促销手段所无法完成的目标。相对而言，人员推销较适于推销性能复杂的产品。当销售活动需要更多地解决问题和做说服工作时，人员推销是非常好的选择。说服和解释能力在人员推销活动中尤为重要，它会直接影响推销效果。

（5）人员推销面窄，推销费用高。受推销人员数量和素质的限制，其活动范围有限，接触的用户不如广告宣传等方式传播广泛。同时，人员推销耗费时间，支出费用大。

【小案例 13-5】

罗达斯家具公司是一家地区性的美国连锁零售商，其特色是销售价格适中的家用家具和陈设品，它的店铺集中在主要的城市市场区域。过去，它的所有商店都处于经济高速成长的几个州，如亚拉巴马州、佛罗里达州、密西西比州等。现在，它向其他地区，如中西部地区拓展。

很多家具零售商市场营销的战略集中于昂贵的精品、即刻送货或者尽可能低的价格。然而，罗达斯家具的促销策略则以人员推销和为顾客服务为长远的基石。重视人员推销给罗达斯家具带来了以下好处：加大了一般交易的成交额，因为推销人员会鼓励顾客购买附属产品；推销人员经常说服顾客购买高品质的产品，一般来说，品质越高的产品利润也越高；当推销人员知识丰富、能帮助顾客搭配家具（如适合卧室的一套各式家具的组合）并且彬彬有礼时，就很容易提升顾客的满意度。

【分析提示】

人员推销方式可以通过推销人员与顾客面对面的接触，激发顾客的购买欲望，促进其购买行为，实现促进和扩大销售的目的。

（二）人员推销的方式

1. 上门推销

上门推销是较常见的人员推销形式。它是由推销人员携带产品样本、说明书和订单等资料走访顾客，推销产品。这种推销形式可以针对顾客的需要提供有效服务，方便顾客，因此这是顾客广泛认可和接受的一种方式。

2. 柜台推销

柜台推销是指企业在适当地点设置固定门市，由营业员接待进入门市的顾客，并推销产品。门市的营业员是广义的推销人员。柜台推销与上门推销正好相反，它是等客上门式的推销方式。由于门市里的产品种类齐全，能满足顾客多方面的购买需求，不仅为顾客提供了购买方便，还可以保证产品完好无损，因此顾客比较乐于接受这种方式。

3. 会议推销

会议推销是指利用各种会议向与会人员宣传和介绍产品，开展推销活动。例如，在订货会、交易会、展览会、物资交流会等会议上推销产品。这种推销形式接触面广、推销集中，可以同时向多个对象推销产品，成交额较大，推销效果较好。

（三）人员推销的步骤

人员推销的步骤

1. 寻找顾客

推销人员推销产品时首先要做的就是寻找可能愿意或正准备购买的潜在顾客，即确定目标顾客。在寻找顾客时，可以使用细分标准，根据年龄、性别、收入、受教育程度等对顾客进行识别区分。例如，年轻父母是婴儿服装、食品和玩具市场的顾客，新婚夫妇是家具、电器市场的顾客。另外，还可以根据消费者的爱好、生活方式来选择目标顾客，如旅游爱好者是旅游用品市场的理想顾客。

2. 接近准备

接近准备即推销人员在接近某一潜在顾客之前进一步深入了解该顾客情况的过程。它有助于推销人员制订有针对性的推销面谈计划并开展积极主动的推销活动，保证较高的推销效率。接近准备的主要内容就是搜集、整理、分析目标顾客的有关资料，并进行推销预测。接近准备具体包括顾客资料的准备和推销工具的准备两个方面。推销对象不同，接近准备的内容也应有所差别。

3. 接近顾客

接近顾客是指推销人员直接与顾客发生接触，以便成功地转入推销面谈阶段。推销人员在接近顾客时不仅要自信、注重礼仪、不卑不亢，及时消除顾客的疑虑，还要善于控制接近时间，不失时机地转入正式面谈。

4. 推销面谈

推销面谈是指推销人员运用各种方法说服顾客购买的过程。在推销过程中，面谈是关键环节，而面谈的关键又是说服。推销人员通过面谈诱发顾客的购买动机，激发顾客的购买欲望，说服顾客采取购买行为。

5. 处理异议

顾客异议是指顾客针对推销人员提示或演示的产品或劳务提出的反面意见或看法。处理顾客异议是推销面谈的重要组成部分。推销人员必须先认真分析顾客异议的类型及其主要的根源，然后有针对性地施用处理策略。常见的方法有迂回否定法、转化处理法、回避处理法等。

6. 达成交易

达成交易是顾客购买的行为过程。推销人员应把握时机，促成顾客的购买行为。在双方洽谈过程中，当顾客产生较强的购买欲望时，会通过语言或非语言表露出购买意愿。这时，推销人员要善于捕捉这些信息，抓住时机，促成交易。

7. 跟踪服务

跟踪服务是指推销人员为已购产品的顾客提供的各种售后服务。跟踪服务是人员推销的最后环节，也是新推销工作的起点。跟踪服务能加深顾客对企业产品的依赖，促使其重复购买。同时，通过跟踪服务可获得各种反馈信息，这些反馈信息，不仅为企业决策提供了依据，也为推销积累了经验，从而可以更好地开展新的推销活动。

【小案例 13-6】

某顾客到音响店购买音响，通过初步比较后，该顾客明确表明想买一套“宝笙”音响，推销人员并没有急于推荐公司的主推品牌“派浪”，而是先播放了一段音乐，让顾客进行音质、性能的比较。然而，顾客并未决定购买。之后，推销人员在与之闲谈中了解到，顾客要为新装修的房子选购一整套家用电器。此时，推销人员抓住机会热心做起导购，实事求是地说明各品牌的优点和不足，为顾客提供参考依据。顾客满意地购买了其他产品后，对该推销人员的服务及全程陪同表示十分感谢，最终决定购买“派浪”音响。事隔不久，他又带来了亲戚指名要找该推销人员为其服务。

【分析提示】

人员推销中推销人员的表现在一定程度上决定了销售业绩。推销人员可以根据顾客的特点、要求有针对性地介绍产品，赢得顾客的信任，以促使交易达成。

（四）推销人员的管理

1. 推销人员应具备的素质和技能

（1）具备良好的职业道德和修养。优秀的推销人员应该热爱销售工作，树立服务意识，讲究职业道德，还应具有高度的责任感，遵纪守法，依法开展企业的营销活动。

（2）对所代表的公司和产品有全面了解。推销人员应熟悉公司发展史，对公司历年财务、人员状况、领导状况及技术设备都了如指掌，因为这些都有助于增强顾客对推销人员的信任感。推销人员还必须全面了解产品从设计到生产的全过程，熟悉产品的性能、特点、使用说明、维修内容，熟知产品成本、费用、出厂价格，掌握产品种类、设备状况、服务项目、定价原则、交货方式、付款方式、库存、运输条件等。另外，还必须了解其竞争产品的情况。

（3）随机应变，善于观察。在与顾客沟通的时候，推销人员要与顾客有效沟通，并且在一些比较难解答的问题上，能够随机应变，巧妙回答。在沟通的时候，推销人员还要善于观察顾客的一举一动，能够从中捕捉到有效信息，了解顾客的需要和要求。

【小案例 13-7】

某款新型号的手机上市不久，一位顾客到商场准备购买这款手机。顾客看了一下手机，问推销人员："这个手机可以待机多久？"推销人员回答："这个，应该是跟其他手机差不多吧。"顾客又问："那这个手机的电量是多少毫安？"推销人员回答："这个手机款式好，电量是多少毫安无所谓。"顾客放下手机，快速离开了。

【分析提示】

一位优秀的推销人员必须在各个方面具备良好的素质和条件。推销人员必须熟悉自己的产品，并且具有敏锐的观察能力。

（4）良好的心理素质。优秀的推销人员，内心一定要强大，心理素质一定要好。推销人员不能因为顾客的拒绝或刁难，而选择退缩，面对顾客的拒绝或刁难，其一定要有百折不挠的精神。

（5）较强的业务能力。推销人员除要具备销售服务所需要的观察能力、判断能力、应变能力和良好的语言表达能力之外，还要熟悉营销策略，市场供求情况和潜在顾客的数量、分布、购买动机、购买能力等。

【小案例 13-8】

乔·吉拉德是世界上著名的推销人员，他连续 12 年荣登吉斯尼记录大全"全球销售第一"的宝座，他"连续 12 年平均每天销售 6 辆车"的汽车销售纪录至今无人能破。他也曾为众多"世界 500 强"企业精英传授他的经验，全球数百万人被其演讲打动。他成功的秘诀究竟是什么呢？

1．生意遍布于每一个细节

乔·吉拉德有一个习惯：只要碰到人，左手马上就会到口袋里去拿名片。去餐厅吃饭，他给的小费每次都比别人多一点点，同时放上两张名片，这样便有更多的人记住了他。

2．面部表情的魅力

乔·吉拉德特别强调面部表情的重要性，他认为，要把自己推销出去，面部表情也很重要——其可以拒人千里，也可以使陌生人立即成为朋友。笑容可以增加人的"面值"。

3．猎犬计划

借顾客之力，寻找新的顾客。成交后，乔·吉拉德总是把一叠名片和猎犬计划说明书交给顾客，并告诉顾客，如果他介绍别人来买车，每卖一辆他会得到 25 美元的酬劳。

4．体验式销售

乔·吉拉德的诀窍还在于他会想方设法让顾客体验新车的感觉。他会让顾客坐进驾驶室触摸、操作一番。如果顾客住在附近，他还会建议顾客把车开回家，让他在家人和邻居面前炫耀一番。这样，凡是试过车的，很少有不买的。

【分析提示】

人员推销的成功主要来源于推销人员的努力，因此在选拔推销人员时，应注意他们的必备素质。

2. 推销人员的招聘

在企业中，推销工作一般是由推销人员来完成的，推销人员绩效的高低决定了推销工作的好坏，从而关系到企业的盈利状况。推销人员对于企业来说具有重要作用，因此在整个招聘工作中，推销人员的招聘也成了招聘工作的重点和难点之一。

在选择推销人员的时候，企业一般要通过各种测试，了解应聘人员的基本素质，从中选出合适的人才，还要通过面试和笔试等进一步准确了解应聘人员的语言表达、知识面和推销技巧等，最终决定是否录用。

3. 推销人员的培训

在顾客自由选择度日益增强和产品复杂程度越来越高的今天，推销人员如果没有经过系统的专业训练，就很难与顾客很好地沟通。有远见的企业在招聘之后，都要进行几周乃至数月的专业推销培训。培训的主要内容具体包括以下几个方面。

（1）企业状况和产品知识。企业状况包括企业的发展历史、经营方针和营销理念等。产品知识主要包括产品的用途、产品特点和效用。推销人员要面对的群体是顾客，在推销人员推销产品的过程中，顾客会问到各种关于产品的问题。因此，在对推销人员进行培训的时候，除了传统的 PPT 讲解，还可以通过现场互动加产品体验的方式让推销人员更近距离熟知产品知识和性能，并进行现场模拟，让推销人员对产品有更深入的了解。

（2）推销技巧。推销技巧培训主要围绕推销过程中技巧的运用展开培训。推销技巧培训的培训者，最好是在销售一线工作较为突出的人员，或是月度、季度、年度销售冠军。通过优秀的推销人员分享其推销过程中的技巧，让其他推销人员能尽快掌握一些入门的推销技巧，提高他们的推销水平。除了请优秀推销人员分享推销技巧，销售部门负责人也可以成为推销人员培训推销技巧的讲师。

（3）市场情况。企业必须向推销人员介绍本企业的目标顾客群体及其购买动机和购买习惯，顾客的分布状况及其收入状况。只有推销人员掌握了这些状况之后，才能高效地寻找到顾客，提高推销效率。

（4）工作态度。工作态度培训主要围绕如何更好地服务于顾客及团队协作精神展开培训。推销人员每天都要面对各种形形色色的顾客，有些顾客很傲慢，有些顾客很无礼，有些顾客很刁蛮……面对这些顾客，推销人员如果没有非常强大的心理素质，是很难应对的。而且，每个推销人员的性格都不同，因此良好的沟通能力是推销人员必备的能力，工作中的责任心也是必不可少的。推销人员在推销过程中要保持冷静的头脑不自乱阵脚，保持微笑和自信，并要具备持久的耐力。在对推销人员进行培训时，可以通过有意识地培养推销人员某些方面的素质来达到更好地服务于顾客的目的，如微笑服务的训练、忍耐力的训练等。另外，团队协作方面的培训也是工作态度培训的重要方面，可以通过拓展培训的方式

来培养推销人员的团队协作精神。

4. 推销人员的激励

为了使推销人员认识到自己的价值，促使其提高工作业绩，企业必须要建立科学合理的激励制度。现在很多企业都将推销人员的收入与业绩挂钩。此外，可以采取一些诸如表扬、授予某种光荣称号等精神激励的方法，还可以采取晋升、带薪学习、公费旅行等精神与物质相结合的激励方式。

5. 推销人员的考核

由于推销人员的流动性强，因此要建立科学合理的推销人员考核制度。考核标准要将定性和定量指标结合进行，其中以定量的方法为主，如每天平均访问次数、每次访问时间、每次访问的平均费用、一定时期内新顾客的增加数等。为了体现合理性和公平性，考核标准还要考虑到推销人员的工作环境、区域市场的潜力等差异性。

推销人员考核中常用的两种方法。

（1）横向比较法。将各个推销人员同一时期完成的工作业绩进行比较。这种比较方法必须建立在各区域市场的销售潜力、工作量、竞争环境等大致相同的基础上。

（2）纵向比较法。将同一推销人员现在的业绩和以前的业绩进行比较，包括销售额、销售费用、新顾客的增加情况等，这一方法能反映出推销人员工作的改进情况。

技能训练 13-1　角色扮演：体验人员推销

一、训练目的

通过体验人员推销的过程，提高学生的人际交流与沟通能力，培养人员推销的职业能力。

二、训练内容

角色扮演，体验人员推销。要求将所推销产品特性、顾客信息、回答异议、推销思路等内容拟成推销计划。

三、训练组织

1. 该实践训练项目由指导教师与所指导班级利用实践教学时间组织进行。

2. 采用角色扮演的方式，体验人员推销的过程。

3. 每 2~3 人分为一组，其中一人扮演推销人员，其余人扮演顾客，进行现场推销活动。

四、训练考核

教师和其他学生组成点评团队，观察模拟推销人员的表现，提出意见并打分。

任务三 广告策略

根据导入项目，HW 公司需要讨论确认此次促销活动选择的广告目标，分析同类产品目前广告投放媒体的情况，调查目标消费者接受媒体的情况，选择广告媒体及合适的广告策略，制定广告设计方案。

（一）广告的含义和特点

1. 广告的含义

广告是企业为了某种特定的需要，通过一定形式的媒体，公开而广泛地向公众传递信息的宣传手段。广告有广义和狭义之分，广义的广告包括非经济广告和经济广告。非经济广告指不以盈利为目的的广告，又称效应广告，如政府行政部门、社会事业单位乃至个人的各种公告、启事、声明等。非经济广告的主要目的是推广。狭义的广告仅指经济广告，又称商业广告，是指以盈利为目的的广告，通常是产品生产者、经营者和消费者之间沟通信息的重要手段，或企业占领市场、推销产品、提供劳务的重要形式。经济广告的主要目的是扩大经济效益。

广告被称为市场的入场券，是企业促销的重要手段。它能够将产品信息传达给处于广阔地区而又分散的广大消费者，而对于每个消费者相对只需花费较低的成本。因此，广告成为一种广泛使用的沟通方式。

2. 广告的特点

广告的特点

（1）广告具有明确的目的性。广告是借助大众传媒传播信息的，企业可以通过电视、报纸、广播、杂志等大众传媒在短期内迅速地将其信息告之众多的目标消费者和社会公众，并以说服消费者购买其所宣传的产品或享用其所宣传的服务为最终目的。简而言之，广告是一种以推销产品、获得盈利为最终目标的商业行为。

广告通过向目标消费者展示产品的性质、质量、功用、优点，进而打动和说服消费者，影响和改变消费者的观念和行为，最后达到推销产品的目的。这是人员推销等其他促销方式所无法比拟的。

【小案例 13-9】

“天厨味精”开始时是由吴蕴初和“张崇新酱园”合作，由“张崇新酱园”出资、吴蕴初出技术开厂制造的。吴蕴初想到，最香的香水叫香精，最甜的东西叫糖精，那么味道最鲜的可以叫味精。当时，日本的“味之素”在我国倾销，他从“味之素”这个“素”字上又引起了一系列的遐想：味精由植物蛋白质制成，是素的，但有肉味，吃素的人最相宜；吃素人又与佛教联系起来，佛在天上，珍奇美味只有天上有，而天上庖厨不就是天厨吗？于是，吴蕴初为其产品取名“天厨味精”，采用佛手商标，并拟制了“天厨味精，鲜美绝伦，质地净素，庖厨必备，完全国货”的广告。他还在国际饭店屋顶上安装了“天厨味精”四个字的大型霓虹灯广告；又在《申报》自由谈栏中，配合“天厨味精”刊登“每周食谱”，受到了很多家庭主妇的欢迎；还用彩车在街头做巡回宣传广告，响亮地喊出“天厨味精，完全国货，胜过‘味之素’，价廉物美，欢迎试用”的广告。最后“天厨味精”成功取代了日本“味之素”在我国的地位。

【分析提示】

企业通过大规模的广告宣传，能使本企业的产品对消费者产生吸引力，这对于企业开拓市场是十分有利的。

（2）传递速度快。广告是利用大众传媒传递信息的。大众传媒是一种迅捷的信息传播途径，它能将企业发布的信息在很短的时间内传达给目标消费者。因此，在现代信息化社会中，这是一种富有效率的促销方式。

（3）广告是一种投资活动。广告的投资效应一般通过两个方面来体现，一方面是广告的消费价值，它取决于广告的消费效应，即消费者接受广告信息，对广告产生认同感并积极购买的程度；另一方面是广告的生产价值，它取决于广告消费价值的实现。广告只有满足消费者的需要才能实现目标推销与盈利。从投资的角度看，它是一种着眼于未来的行为，既有一定的风险性，又有一定的可预测性，因此应该将追求长远利益与眼前利益结合起来。

（4）广告需要创意和策略。广告的制作和宣传应该满足消费者的需要，能引起消费者注意，并调动其兴趣，激发其购买欲望，从而实现消费行为。如果想要在众多产品品牌中为本企业的产品在消费者心目中争取一个位置，那么广告就要有创意。创意的本质就是使广告所包含的信息能得到更好的传达，对诉求对象产生更大的影响。因此，在广告创意这个环节中，广告的诉求策略和表现策略应该得到足够重视。

（二）广告设计的原则

1. 真实性原则

真实性是广告的生命和本质，是广告的灵魂。首先，广告宣传的内容要真实，应该与企业所推销的产品或提供的服务相一致，必须以客观事实为依据。其次，广告的感性形象

必须是真实的，无论在广告中如何进行艺术处理，广告所宣传的产品或服务形象应该是真实的，要与其产品的自身特性相一致。

2. 创新性原则

广告设计的创新性原则实质上就是差别化设计策略的体现。通过个性化的内容与独创的表现形式，来显示广告作品的个性与设计的独创性。在广告海洋中，没有创新性的广告是不会被消费者注意的，而不被消费者注意的广告，就是无效的广告。广告设计的创新性原则有助于帮助产品塑造鲜明的个性，能使产品从众多的竞争者中脱颖而出，能强化产品的知名度，鼓励消费者选择该产品。

3. 形象性原则

随着生活水平的不断提高，科学技术的不断更新，同类产品的品质几乎大同小异，而消费者在选择产品时，往往是根据对其的印象来选择的。国外研究资料表明：文字、图像能引起人们注意的百分比分别是22%和78%；能够唤起人们记忆的文字和图像的百分比则分别是65%和35%。这就要求在进行广告创作时除采用生动活泼、新颖独特的语言外，还要辅助一定的图像来配合。

4. 关联性原则

广告设计必须与产品关联、与营销目标关联。关联性的原则在于要解决以下几个基本问题：广告要达到什么样的目的？广告的目标观众是怎样的？什么样的媒体适合传播产品的广告信息？吸引消费者的突破口在哪里？广告设计必须针对消费者的需要，才能引起消费者的注意与兴趣。

（三）制定广告策略的程序

1. 确定广告目标

广告目标是指企业通过广告活动要达到的目的。其实质就是要在特定的时间对特定的受众完成特定内容的信息沟通任务。广告目标是广告策略的起点，它的确定必须与企业的市场定位、目标市场的选择以及企业的市场营销组合策略相适应。对于某一企业来说，在不同时期、不同的情况下可以确定不同的广告目标。总的来说，广告的目标有以下几种。

（1）告知性目标。告知性目标在于通过向市场告知有关产品的情况，如介绍新产品的用途、说明新产品的使用方法等情况，以此来提高产品的知名度。它主要用于市场的开拓阶段，目的在于刺激初级需求。

（2）说服性目标。说服性目标主要用于产品的成长期，其主要目的是鼓励和引导消费者建立对某一特定品牌的偏好，说服消费者快速购买，它是商家打促销战的主要武器。例如，“达克宁”药膏通过“不但治标，还能治本”来暗示其同类产品只能治标，不能治本，从而说服消费者购买其产品。

（3）提醒型目标。提醒型目标主要用于提醒消费者在何处可以购买或者最近可能需要购买这个产品，如娃哈哈通过“今天你喝了没有”的广告语，来提高产品的知名度。以提醒为目标的广告在产品生命周期的成熟期十分重要，其目的是保持消费者对该产品的记忆，从而保持或继续扩大产品的市场占有率。

2. 设计广告信息

在确立了广告的目标后，就可以设计广告信息了，具体要从文案设计、画面设计等方面入手。

（1）文案设计。广告文案是广告信息内容表现的形式。广告文案有广义和狭义之分，广义的广告文案是指通过广告语言、形象和其他因素来具体表现既定的广告主题、广告创意，它包括标题、正文、口号的撰写和对广告形象的选择搭配；狭义的广告文案则是指表现广告信息的语言与文字。

【小案例 13-10】

三九胃泰以醒目的“999”作为广告和产品包装标志，不仅能够使消费者容易认识和记忆，还容易引起消费者的联想和想象。“9”者，久远也，有药效长久，情意长久的意思。而且三个“9”被我国很多人看作是吉祥数字，更加便于识记。“999”数字选择得当，便是最好的广告语言之一，这样的品牌，只要一次记忆，就会终生难忘。

【分析提示】

精心选择设计的数字比文字更有说服力，可以拥有无限的广告内涵，这是用语言无法替代的。

（2）画面设计。设计者根据主题、广告目标和创意的需要，在构图过程中将诸要素有意识地组成各种走向的指示线路，使观众沿着这条无形的线，可以条理有序地了解广告的全部内容。广告的画面与广告文案相配合，以形象的图像、鲜艳的色彩、适当的音乐来刺激消费者，以吸引消费者的注意，引起其购买欲望。

3. 确定广告策略

广告策略是企业在分析环境因素、目标市场、产品特性后，实现并实施广告战略的各种具体手段与方法，是广告战略的细分与措施。制定广告策略，不仅要有具体的广告目标，还要考虑企业的实际情况并运用一定规则。

【小案例 13-11】

在蒙牛创立初期，当时公司总资产只有 1000 多万元，为迅速打开市场，牛根生决定拿出 300 多万元在呼和浩特进行广告宣传。于是，电视、报纸、路牌、车体、墙版等，只要是能够利用的广告媒体，蒙牛都尽量利用。一时间，蒙牛在呼和浩特几乎是家喻户晓。

2005 年，蒙牛决定借助“超级女声”这个娱乐节目来推广新产品“蒙牛酸酸乳”。除了用于购买节目冠名权的2800万元，蒙牛还陆续投入了8000万元展开系统的广告宣传，为“超级女声”这个节目提供了超过1亿元的活动费用，这成为蒙牛2005年广告费用的重头。当然蒙牛也收获不菲，不仅“蒙牛酸酸乳”借此“火”了起来，“蒙牛”之名也因此传遍了大江南北，可谓是名利双丰收。

【分析提示】

这种集中传播也使蒙牛以较小的代价获得了较大的广告效应。蒙牛的广告策略及以广告促进企业成长的历程就是一个敏锐把握商机、不断创新广告策略的过程。

（1）产品生命周期与广告策略。任何一种产品都有生命周期。产品因其处在不同的生命周期阶段，其工艺成熟程度、消费者的心理需求、市场竞争状况和市场营销策略等也都有不同的特点。因此，不同阶段产品的广告目标、诉求重点和媒介选择也有所不同。

在产品进入期和成长期前期，在新产品刚进入市场时，其品质、功效、造型、结构等都尚未被消费者所认知。在这一阶段，广告宣传主要以创牌为目标，其目的是使消费者产生新的需要。此时，企业应大力宣传产品的商标和品牌，不断扩大其知名度，使消费者对新产品有所认识，从而引起兴趣，产生信任感，以便使新产品迅速打入市场。

在产品进入成长期和成熟期时，由于产品获得消费者认可，销售量急剧上升，利润已有保证。同时，同类产品也纷纷投入市场，竞争日益激烈。在这一阶段，广告以保牌为目标，企业需要在巩固已有市场的同时扩大市场潜力，展开竞争性广告宣传，引导消费者认牌选购。

在产品进入衰退期之后，产品供求日益饱和，原有产品已逐渐变成老产品，而新产品也已逐步进入市场。这一时期的广告目标，重点放在维持产品市场上，运用广告提醒消费者，及时唤起消费者注意，巩固其习惯性购买。

（2）目标市场与广告策略。企业的目标市场定位不同，广告策略也有所不同。在制定广告策略时，企业必须依据其目标市场的特点，来规定广告对象、广告目标、媒介选择、诉求重点等。依据市场来制定销售策略，一般可分为无差别市场策略、差别市场策略和集中市场策略。针对不同的情况，广告策略也需采取相应的形式：无差别市场广告策略、差别市场广告策略和集中市场广告策略。

无差别市场广告策略是指企业在一定时期内，运用各种媒介搭配组合，向同一个大的目标市场做同一主题内容的广告宣传。这种策略一般适用于刚上市的、无竞争对手的新产品，是一种经常采用的广告策略。它能迅速提高产品的知名度，以达到创牌的目的。

差别市场广告策略是指企业在一定时期内，针对细分的目标市场，运用不同的媒介组合，做不同内容的广告宣传。这是在产品进入成长期后期和成熟期后常用的广告策略。由于市场分化，各目标市场具有不同的特点，所以广告设计、主题构思、媒介组合等也都各不相同。

集中市场广告策略是指企业把广告宣传的力量集中在一个或几个细分目标市场的策

略。此时，企业的目标并不是在较大的市场中占有小的份额，而是在较小的细分市场中占有较大的份额。一般本身资源有限的中小型企业，为了集中力量，只挑选对自己有利的、力所能及的较小市场作为目标市场。

（3）广告心理策略。广告心理策略是运用心理学的原理来策划广告，激发消费者购物欲望，从而使广告取得成功的策略。广告中常用的有关心理学的内容有需要、注意、联想、记忆等。

需要是人们进行实践活动的原动力。人们之所以购买这种产品，就是由于这种产品能够满足他们的某种需要。广告的心理策略不但要告知人们有关产品的信息，而且要说明这种产品是符合他们的需要的，这样才能促成购买行为。

引起人们的注意，是广告成功的基础。因为注意是人们接触广告的开端，只有注意了广告，才会想要更进一步了解广告内容。在广告设计中有意识地加强广告的注意作用，是广告重要的心理策略。广告引起人们注意的方法有很多种，主要是扩大空间面积、延长广告时间、突出广告色彩、增强广告的艺术化和使广告具有动态感等。

联想能够使人们加强对事物的认识，引起其对事物的兴趣，使消费者产生愉悦的情绪，这对产生购买动机和促成购买行为有重要影响。在广告中，联想主要包括接近联想、连续联想、相似联想、对比联想、记忆联想和颜色联想等。

广告运用记忆原理，使人们在购买时能记起广告内容，并起到指导选购的作用。因此，企业要考虑不同的广告对象的记忆特点来策划广告，要尽可能按需要的、注意的、有趣的、形象的、活动的、联想的、易于理解的和反复的等要求来设计广告，给人留下深刻的印象，从而保持记忆，便于回想。

这三种广告策略作用不同，可以根据需要独立使用，也可以结合起来使用。

【小案例 13-12】

1929 年，英国利华公司在我国上海开设分公司——中国肥皂公司，力士香皂随之进入我国市场。为了跻身于我国市场前列，利华公司在广告宣传上下了很大的工夫。其紧随时代潮流，对广告进行创新，制作出新颖、时尚的画面来吸引消费者眼球。从 1932 年开始，利华公司开始启用女明星来代言力士香皂。

1932 年，力士香皂在《益世报》上刊登明星代言广告，广告词中写道："上海许多明星均有亲笔证书称赞力士香皂。"广告附上了明星的照片，以及她们自己亲笔写下的试用感言。电影皇后胡蝶说："力士香皂芬芳馥郁，历久不退，且无干燥损肤之弊，敢进一言以为介绍。"

【分析提示】

明星代言是利华公司在全世界普遍使用的广告方式，女明星如花的笑脸、迷人的肌肤，一段时间内成为力士香皂在世界各地的通用表情。

4. 确定广告媒体

为了更好实现广告目标，企业在选择广告媒体之前，必须对媒体进行综合的考察。广告媒体的种类很多，主要包括报纸、杂志、广播、电视、户外、焦点、网络、直邮广告等。因各种媒体接触的受众不同，其影响力、广告效果也会有所不同，因此企业应根据需要选择适当的广告媒体。

（1）报纸广告。报纸广告几乎是伴随着报纸的创刊而诞生的。随着时代的发展，报纸的品种越来越多，内容越来越丰富，版式更灵活，印刷更精美，报纸广告的内容与形式也越来越多样化。报纸已成为人们了解时事、接收信息的主要媒体之一。

报纸广告的优点是灵活性高、覆盖面广、成本低、传播迅速、制作简便、便于查阅等。而其主要局限是内容庞杂，易分散消费者对广告的注意力，且表现形式较为单一。

（2）杂志广告。杂志也是一种平面印刷广告媒体，由于它印刷精美，具有很好的视觉效果，故其深受特定受众的喜爱。各种杂志种类较多，影响颇大，因此它成为传统广告四大媒体之一。由于印刷技术的发展和人类思维的进步，以往的单纯平面设计模式不断被打破，新的设计形式不断出现，这都体现了杂志广告具有广阔的前景。

杂志广告的优点是对象明确、针对性强、易保管收藏、阅读率高、保存率高。而其主要局限性是印刷周期较长、传递信息的延迟性较大、受众范围有限。

（3）广播广告。由于科技的发展，新媒体不断出现，广播媒介面临着越来越多的挑战和冲击。但是广播还是有其优越性的，只有充分了解这些特性，才能扬长避短，进一步挖掘这一媒体的潜力。

广播广告的优点是传播迅速、不受场所限制、覆盖率高、成本较低。而其主要局限是不易记忆，无处查阅，没有视觉上的刺激，不易产生较为深刻的印象。

（4）电视广告。电视是能够把形象、声音与动作结合起来的媒体，能够较好地吸引观众的注意力，在短时间内可以给人留下深刻的印象。

电视广告的优点是收看面广、宣传范围大，且可反复播放，有利于加深观众的印象，富有感染力。而其主要局限是成本高、时间短，受收视环境影响较大。

（5）户外广告。凡是能在公共场合通过广告表现形式同时向许多消费者进行诉求，且能达到推销产品目的的均可称为户外广告媒体。户外广告可分为平面和立体两大类：平面的有路牌广告、招贴广告、壁墙广告、海报、条幅等；立体广告有霓虹灯、广告柱、广告塔及灯箱广告等。在户外广告中，路牌、招贴是非常重要的两种形式，影响甚大。

户外广告的优点是地理位置选择性好，可以利用各种美术、造型等艺术手段，使广告鲜明、醒目、美观、简明，容易记忆。而其主要局限是受空间限制，传播范围小，无法表达复杂的内容。

（6）售点广告。售点广告又叫POP广告，POP是英文Point Of Purchase的简称，POP广告于20世纪30年代出现于美国。POP广告包括橱窗陈列、柜台、货架陈列、货摊陈列等，还包括销售地点的现场广告，以及有关场所门前的海报、招贴等。

售点广告的优点在于它是其他广告媒体的延伸，能加深消费者对产品的认识程度，对消费者起着引导作用，是无声的推销员。而其主要局限是受场地限制、缺乏机动性、影响范围小、观众选择性差。

（7）网络广告。网络已成为继报纸、杂志、广播、电视之后的第五大媒体，网络广告自诞生后就成为各国热门的广告宣传形式之一。随着网络用户的增多，电子商务的迅猛发

展，网络广告也将高速阔步向前。

网络广告的优点是它具有互动性、针对性、信息容量大、易辨认、易识别。而其主要局限是广告效果受上网人数的影响。

（8）直邮广告。直邮广告就是企业向所掌握的目标消费者直接邮寄广告信息的一种特殊广告形式，直邮广告包括广告信函、明信片、小册子、印刷品、宣传单、产品目录、信中附件等广告形式。直邮广告在欧美国家应用十分广泛。

直邮广告的优点是选择性强、自主控制、准确性高。而其局限是成本较高、容易引起受众反感。

在选择广告媒体的时候，除要了解各种媒体的优缺点外，还应综合考虑产品的性质与特征、媒体成本、播出广告时机等因素。

【小案例 13-13】

近几年来，脑白金可以说是家喻户晓，其以各种方式冲击着人们的视觉和听觉，从而脑白金成了一个出现频率比较高的词汇。

脑白金主要通过平面广告、电视广告、媒体组合等方式进行宣传。在平面广告中，脑白金主要通过报纸、杂志进行功效宣传。脑白金的电视广告主要推广礼品概念，其脍炙人口的广告语“今年过节不收礼，收礼只收脑白金”家喻户晓。有趣的画面配以精练的对白，以简单直白、生动鲜明的形式传达了广告信息。

【分析提示】

脑白金广告的成功，其实是整体策略的成功。脑白金前期投放了大量独特的广告，其用很多疯狂购买情景、大量外国豪华阵容的科学家理论和昂贵的实验来论证，使消费者信服它是健康的、对人身体有益的产品。此时，脑白金又非常含蓄地告诉消费者，送礼要送健康，而脑白金前期广告的积淀也因此发挥了作用。

5. 确定广告预算

广告预算的主要目的就是有计划地使用广告经费。广告预算对每一项活动、每一段时间、每一种媒体上应投入的费用都进行了合理分配。这就保证了广告经费的合理支出，从而避免了不必要的浪费。

6. 测定广告效果

广告效果是指广告信息通过广告媒体传播后所能产生的社会影响和效应。这种影响和效应包括两方面：一是广告的传播效果；二是广告的销售效果。测定这两种广告效果有利于企业更有效地制定广告策略，降低广告费用，提高广告效益。

技能训练 13-2　广告策略实施分析

一、训练目的

通过对市场营销实践中企业成功或失败的广告案例的分析，提高学生对广告策略及广告媒体投放的理解，培养学生分析与解决企业营销活动过程中实际问题的能力。

二、训练内容

1．学生搜集企业成功或失败的广告案例。

2．对所搜集的案例进行分析、讨论，总结这些广告成功或失败的原因，尝试提出解决方案。

3．完成企业有关广告策略及广告媒体投放的分析报告。

三、训练组织

该实践训练项目由指导教师与所指导班级利用实践教学时间组织进行。

1．根据班级成员总人数进行分组，5～6人为一组。

2．各小组选一个组长负责组内工作，要求组员团结协作。

3．各小组搜集、讨论并分析案例。

四、训练考核

1．各小组完成广告案例分析报告，并以PPT形式汇报。

2．教师讲评。

任务四　营业推广

根据导入项目，HW公司需要讨论确认此次促销活动选择的营业推广的方式、营业推广的对象及营业推广的决策过程。

（一）营业推广的含义和作用

1．营业推广的含义

营业推广也称为销售促进，人们也习惯称之为促销，即狭义的促销概念。它是企业在一定时期内，采用各种方式对消费者进行强烈刺激，以激发消费者的购买欲望，促成购买

行为的一种促销方式。在促销活动中，营业推广往往配合人员推销、广告、公共关系等促销方式使用，使整个促销活动对消费者产生强烈的刺激作用。

2. 营业推广的作用

（1）可以吸引消费者购买。这是营业推广的首要目的，尤其是在推出新产品或吸引新的消费者方面。由于营业推广的刺激比较强，容易吸引消费者的注意力，使消费者能够在了解产品的基础上购买产品，或是为了追求某些方面的优惠而购买产品。

（2）可以奖励品牌忠实者。因为营业推广的很多手段，如销售奖励、赠券等通常都附带价格上的让步。其直接受惠者大多是经常使用本品牌产品的消费者，所以营业推广可以使他们更乐于购买和使用本企业产品，以巩固企业产品的市场占有率。

（3）可以实现企业营销目标。这是营业推广的最终目的。营业推广实际上是企业让利于消费者，它可以使广告宣传的效果得到有力的增强，降低消费者对其他企业产品的品牌忠实度，从而达到销售本企业产品的目的。

（二）营业推广的方式

营业推广方式

1. 面向消费者的营业推广方式

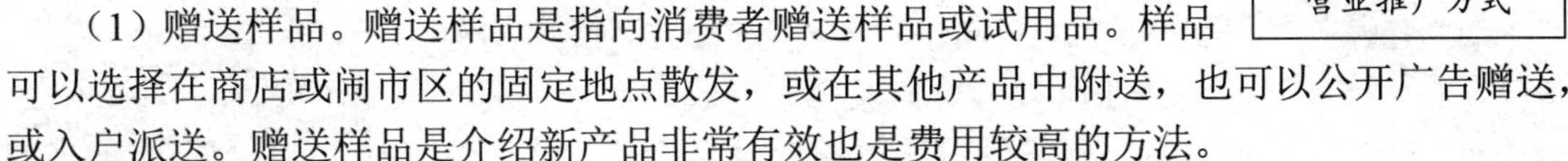

（1）赠送样品。赠送样品是指向消费者赠送样品或试用品。样品可以选择在商店或闹市区的固定地点散发，或在其他产品中附送，也可以公开广告赠送，或入户派送。赠送样品是介绍新产品非常有效也是费用较高的方法。

【小案例 13-14】

西屋电气公司曾经开发了一种保护眼睛的白色灯泡。为了打开销路，西屋电气公司采取了免费赠送策略，两周后再派人到使用者家中收集使用意见。在反馈意见中，有86%的家庭主妇认为，与其他灯泡相比，这种灯泡能让眼睛感觉更加舒服；78%的主妇认为，这种灯泡质地优良。于是，西屋电气公司以此作为实验性广告资料，将用户的评论意见展示给消费者，而这也立即引起了消费者的注意，西屋电气公司的白色灯泡一下子成了畅销品。

【分析提示】

免费赠送是一种促销方法。消费者免费领取产品，并通过亲身试用，能够真正体验到产品的好处和实际利益，从而可以迅速接受新产品，成为新产品的购买者。

（2）优惠券。优惠券是持有者在购买某种产品时，可以享受优惠价格的凭据。优惠券可以通过广告或直邮的方式发送。它可以吸引目标消费者尝试购买促销产品或增加其购买量。

（3）加量不加价。以比较优惠的价格提供组合包装或搭配包装的产品，从而激发消费者的购买欲望。

（4）趣味促销。趣味促销是指利用人们的好胜、侥幸和追求刺激等心理，举办竞赛、抽奖、游戏等富有趣味性的促销活动，以吸引消费者参与，从而推动销售，引起公众对企业或产品的关注，树立良好的企业形象。

（5）退款优惠。在消费者提供了产品的购买证明后就可以退还其购买产品的部分或全部款项的促销方式。这种方式可以维护消费者的忠诚度，搜集消费者的有关资料，对于较高价位的产品具有较好的促销效果。

（6）以旧换新。以旧换新是指消费者凭使用过的产品，或者使用过的某特定产品的证明，在购买特定产品时，可以享受一定抵价优惠的促销活动，这类方式一般适用于厂家。

（7）减价优惠。厂商在特定的时间和特定的范围内调低产品的销售价格以促进销售，这种方式因更能使消费者获益而深受消费者的青睐。

（8）现场演示。企业派推销人员在销售现场演示本企业的产品，向消费者介绍产品的特点、用途和使用方法等。现场演示的产品种类越来越多，有蒸汽熨斗、食品加工机、各种清洁工具和保健用品等。现场演示不仅可以大量节约邮寄产品广告的费用，还能使消费者能够亲身体验产品功能，从而得到感性认识。

2. 面向中间商的营业推广方式

（1）批发回扣。企业为争取批发商或零售商多购进自己的产品，会对于一次性购买数量巨大或多次购买达到一定数额的批发商或零售商加大回扣比例。

（2）销售竞赛。根据各个中间商销售本企业产品的业绩，分别给予优胜者不同的奖励，如现金奖、实物奖、免费旅游奖、度假奖等，以起到对中间商的激励作用。

（3）扶持零售商。生产商可以对零售商专柜的装潢予以资助，强化零售网络，促使销售额增加；还可以向中间商提供产品使用手册、派人辅导等。这样既可以使中间商更好地了解产品，又可以加强生产商与中间商紧密协作的关系。

（4）陈列补贴。随着终端竞争的激烈，厂家为了让产品在终端获得一个较好的销售位置，往往会给予中间商一定的陈列补贴，希望中间商能够维护其产品在终端竞争中的位置优势。

3. 面向推销人员的营业推广方式

企业内部推销人员的营业推广方式通常与企业的管理制度结合在一起。或是鼓励他们热情推销新产品和处理某些老产品，或促使他们积极开拓新市场。一般可采用的方法包括推销竞赛、特别推销奖金等。

（三）营业推广的策划与实施

1. 确定营业推广的目标

营业推广目标的确定，就是要明确推广的对象和目的。只有知道推广的对象，才能有针对性地制定具体的营业推广方案。

在不同类型的目标市场上，营业推广的目标也是不同的。就消费者而言，营业推广的目标包括鼓励消费者更多地使用产品和大批量购买产品，争取未使用者试用，以及吸引竞争者品牌的使用者；就零售商而言，营业推广的目标包括吸引零售商经营新的产品品类和维持较高水平的存货，抵消各种竞争性的促销影响，建立零售商的品牌忠诚，以及获得进入新的零售网点的机会；就销售队伍而言，营业推广的目标包括鼓励他们支持一种新产品或新型号，激励他们寻找更多的潜在消费者，刺激他们推销产品。

2. 选择营业推广的工具

营业推广的工具多种多样，其特点和使用范围也各有不同。一个特定的促销目标可以通过采用多种营业推广工具的组合来实现。在选择营业推广工具时要考虑的主要因素包括以下几个方面。

（1）市场类型。不同的目标市场类型对促销工具有不同的要求。例如，中间商市场与消费者市场的需求特点和购买行为有很大的差异，企业选择的营业推广工具必须适应企业所处的市场类型的特点和要求。

（2）营业推广目标。特定的营业推广目标往往对促销工具的选择有着较为严格的条件要求，从而制约着促销组合选择的可能范围。

（3）竞争环境。竞争环境包括企业本身在竞争中所具有的实力、条件、优势与劣势及企业竞争者的数量、实力、竞争策略等因素。

（4）促销预算及每种营业推广工具的预算。各种促销组合的成本费用及综合效益是有差别的。企业的市场营销费用中有多少用于促销，又有多少用于营业推广，往往也会对推广工具的选择形成一种硬性约束。

【小案例 13-15】

可口可乐公司推出了主题为“可口可乐红色真好玩”的促销活动。在活动期间，消费者只要购买了“可口可乐”“雪碧”“芬达”的促销包装品，就会发现在易拉罐拉环和塑料瓶标签上印有红色的可口可乐、红太阳、红玫瑰、红苹果等 12 种不同的图案，若能集齐中奖组合的图案(红色可口可乐可以代替任何一种图案)，就能赢取背包、手表等不同奖品，奖品总值超过 1000 万元。整个促销活动通过报纸、电视、海报、宣传单、活动热线、促销包装等媒体传递出去。活动的广告语也是层出不穷，如“带来一背包，争奇斗艳满街红!”“霹雳跑家滚轴溜冰鞋，街头红星就是你!”“可口可乐罐形收音机，POPCHART 歌曲红星唱歌”等。透过红得发烫的市场宣传，我们可以看出可口可乐公司匠心独具之处：通过让消费者反复感知红色的概念，从而让红色的可口可乐更深入人心。红太阳、红玫瑰、红苹果等 12 种不同的图案都是容易让人产生自然联想的红色事物。红色意味着热烈、刺激、喜悦，意味着活力、积极和气势。这个活动是为了让消费者爱上红色的奖品，让消费者寻找红色的图案，最终是为了让消费者爱上红色的可口可乐。可口可乐公司还曾在我国内地推出了一套十二生肖的易拉罐，据说是全球首次中国主题的一套纪念品，当时这也深受消费者青睐。

【分析提示】

营业推广工具的结合使用，在一定程度上能更好地促进销售。

3. 制定营业推广方案

在制定营业推广方案时，要注意以下几个方面。

（1）激励程度。营业推广要想取得成功，一定程度的刺激是必要的。企业要找出适当的刺激程度，即费用更低、效率更高。刺激程度越高，引起的销售反应也会越大，但这种效应也存在递减规律。因此，企业要根据以往推广实践的分析和总结，并结合新的环境条件，确定适当的刺激程度。

（2）营业推广的激励对象。营业推广的激励是面向目标市场的每一个人还是有选择的某类团体，其范围控制在多大，哪些人是营业推广的主攻目标等，这些选择的正确与否都会直接影响到营业推广的最终效果。企业在选择激励对象时，要尽量限制那些不可能成为长期消费者的人参加。

（3）营业推广的媒介。营销人员还要研究营业推广应通过什么方式才能使尽可能多的激励对象参与其中，以达到理想的效果。例如，如果选定赠券推广，那么还须进一步确定有多少用于产品包装中，多少用于邮寄，多少用于杂志、报纸等广告媒介中，而这些又涉及不同的接受率和支出水平。企业可以从费用和效果的角度仔细斟酌，选出更合适的推广媒介或组合。

（4）营业推广的期限。企业在何时开始推广，持续多长时间效果更好等，也是需要研究的主要问题。例如，促销如果持续时间过短，在这一时间内无法实现重复购买，很多应获取的利益就不能实现；而持续时间过长，又会引起开支过大，损失刺激购买的力量，并容易降低企业产品在消费者心目中的“身价”。

（5）确定推广时机。营业推广的时机选择很重要，如季节性产品、节日产品、礼仪产品，必须在提前进行营业推广，否则就会错过合适的推广时机。

（6）确定营业推广的预算。企业要综合考虑各种推广工具的使用范围、额度和产品所处的生命周期等多种因素来确定营业推广预算。

4. 实验、实施和调整营业推广方案

营业推广方案是在经验的基础上制定的，其要真正实施还需要进行必要的实验来检验推广工具的选择是否适当，刺激程度是否理想、实施方法的效率如何等。实施的期限包括前置时间和销售延续时间。前置时间是开始实施这种方案前所必需的准备时间。这段时间的工作包括最初的计划工作、设计工作，以及包装修改的批准、材料的邮寄和分送到家等；配合广告准备工作和销售点材料；通知现场推销人员，为个别的分店建立地区配额，购买或印刷特别赠品或包装材料，并将其存放到分配中心准备在特定的日期发放。销售延续时间是指从开始实施到大约95%的采取此促销办法的产品已经在消费者手中所经历的时间。在推广方案实施过程中，要有相应的监控机构密切注意和监测市场反应，并及时进行必要的推广范围、强度和重点的调整，以顺利实现预期目标。

5. 评估营业推广的效果

在营业推广活动结束后，应立即对其效果进行评估和总结，这是一项重要而又困难的工作。效果评估非常普遍的方法是比较推广前、推广期间和推广后的市场份额变化。此外，营销人员也可以采用消费者调研的方式来了解：消费者如何看待这项推广活动，有多少消费者从中得益，这项活动对其后来的品牌选择行为是否产生了影响等。

技能训练 13-3 营业推广策划评析

一、训练目的

通过对市场营销实践中企业开展的营业推广活动进行评析，提高学生对营业推广作用的理解，以更好地掌握营业推广的方式及营业推广活动的组织和实施。

二、训练内容

学生选择实际生活中个人曾见过或经历过的一次企业营业推广活动进行评析。

三、训练组织

1．该训练项目由指导教师与所指导班级利用实践教学时间组织进行。

2．学生个人完成评析报告。

四、训练考核

1．各小组完成对学生个人评析报告的考核，每组推选优秀评析报告 1～2 份，并以 PPT 形式在全班汇报。

2．教师讲评。

任务五 公共关系

根据导入项目，HW 公司需要讨论确认此次促销活动采用的公共关系活动方式，确定公共关系活动的程序。

（一）公共关系的含义和特点

1. 公共关系的含义

公共关系，也称公众关系，是指企业利用各种传播手段，增进社会公众对企业的了解，改善企业与社会公众之间的关系，塑造企业良好的社会形象的一系列活动，其目的在于为企业营造良好的内外部环境。

公共关系是企业营销活动中的重要组成部分。它作为促销手段之一，能促进企业与社会公众之间的相互了解，使企业与社会公众建立良好的关系，树立企业良好的形象。公共关系不同于营业推广，其更注重长期效应。

【小案例 13-16】

在北京奥运会上刘翔退赛后，赞助商耐克第二天立刻在北京、上海、广州、成都等地的显著位置投放了广告。广告的内容包括两张大图：一张是刘翔退赛后失落的背影，一张是刘翔正面坚毅表情的特写，左侧的广告词是“爱比赛，爱拼上所有的尊严，爱把它再赢回来。爱付出一切，爱荣耀、爱挫折。爱运动，即使它伤了你的心”。

【分析提示】

成功的公共关系活动，特别是在突发事件后，适当的公共关系活动可以使社会公众对企业和产品或服务产生良好的印象。

2. 公共关系的特点

（1）公共关系的重点是与社会公众的相互关系。公共关系本身的重点并不在于直接推销产品，它的核心在于为企业创造良好的外部环境，维持企业与社会公众的良好关系。这些社会公众主要包括：中间商、消费者、金融保险机构、政府部门、新闻界等。因此，建立和保持企业与社会公众的良好关系在企业营销活动中具有重要的作用。

（2）公共关系的核心是企业形象。一个企业的形象和声誉是其无形的财富。良好的形象和声誉是企业富有生命力的表现，也是公共关系的真正目的。在当今社会经济生活中，企业只有拥有良好的形象和声誉，才可能获得社会广泛的支持和合作。企业以公共关系为促销手段，利用一切可能利用的方式和途径，让社会公众熟悉企业的经营宗旨，了解企业的产品种类、规格及服务方式等有关情况，从而使企业在社会上享有较高的声誉，形成较好的形象，促进产品销售的顺利进行。

（3）公共关系的最终目的是促销。同广告等其他促销方式一样，公共关系的目的在于企业与社会公众的互相沟通，使促销活动产生更大的效果，从而扩大产品的销路。正因为如此，公共关系也属于一种促销方式。不过，它是间接地通过推销企业本身，以达到促进产品销售的目的。

（4）公共关系属于一种长效促销方式。公共关系的效果不是短期行为所能达到的，它需要有计划的不断努力。公共关系着眼于企业长期效益，它的促销效果并不是短时间就能达到的，而是需要长期的努力。只有企业树立了良好的形象，才可能产生良好的销售效应。

（二）公共关系的主要活动方式

公共关系的主要活动方式

公共关系的活动方式是指企业以一定的公关目标和任务为核心，将若干种公关媒介与方法有机地结合起来，并形成一套具有特定公关职能的工作方法系统。

1. 运用新闻媒介

企业策划一些与企业自身密切相关的事件并借助媒体进行报道，以增加公众对企业的了解，树立企业的良好形象。由新闻媒介提供的宣传报道对企业来说是种免费广告，它能给企业带来许多好处。首先，与广告相比，它能创造更大的轰动效应；其次，新闻报道比广告更具有可信度，使消费者在心理上感到客观和真实。例如，联想集团在成为 2008 年北京奥运会全球战略合作伙伴后举行了新闻发布会，并利用报纸、电视、网络对此次事件进行了详细的报道，为联想企业良好形象的树立起到了推动作用。

2. 公益活动

很多企业在从事生产经营活动的同时，还热衷于社会公益事业，如“希望工程”“烛光工程”“阳光工程”等，这些活动往往会成为社会的热点事件，容易引起各种媒体的广泛和深入讨论。

3. 宣传展览

企业通过举办座谈会、展销会、看样订货会、博览会、企业庆典等专题活动，向公众进行企业宣传、推荐产品、介绍知识，可以获得公众对企业的关注，使公众了解企业的历史、业绩、名优产品、优秀人物、发展前景，从而提高公众对企业产品的兴趣和信心。

4. 进行咨询

咨询主要是指就公众事件、企业地位和企业形象等方面的问题向企业提出建议，向管理人员提供公众意见，也包括回答和处理消费者的问题、抱怨和投诉等。

5. 演讲

演讲是提高企业知名度的另一种方式。企业领导者可以利用电视、广播或网络等宣传工具回答公众的问题，如有的企业家到大学演讲，或者在各种专门的会议上发言等，这对树立企业形象有很大的帮助。

【小案例 13-17】

美国亨氏集团与我国合资在广州建立婴幼儿食品厂。但是，生产何种食品来开拓广阔的中国市场呢？在筹建食品厂初期，亨氏集团做了大量调查工作，其通过多次召开“母亲座谈会”，充分吸取公众的意见，广泛了解消费者的需求，征求母亲对婴幼儿产品的建议，摸清了各类食品在婴幼儿哺养中的利弊。之后进行综合比较，分析研究，根据母亲们提出的意见，试制了些样品，免费提供给一些托幼单位试用。他们还搜集和征求社会各界对产品的意见、要求，相应地调整原料配比，并针对我国儿童食物缺少微量元素、儿童营养不平衡的现状，在食品中加进一定量的微量元素，如锌、钙和铁等，使食品原料配比更趋合理，进而使产品具有极大的吸引力，普遍受到我国母亲的青睐。于是，亨氏婴儿营养米粉等系列产品迅速走进我国千千万万个家庭。

【分析提示】

亨氏集团通过多次召开“母亲座谈会”，充分听取公众的意见，广泛了解消费者的需求，征求母亲对婴儿产品的建议，摸清了各类食品对婴儿哺养的利弊，得到了有关消费者对产品期望的信息，从而一举成功。

（三）公共关系的活动程序

公共关系在实施中必须遵循一定的程序，程序主要包括4个相互衔接的步骤。

1. 确定目标

在调查研究的基础上，根据社会公众对企业的了解和意见来具体确定公共关系目标。

（1）总体目标。总体目标是从企业战略目标的实现和企业长期发展的角度出发，着重于塑造企业形象，一般比较抽象地表达了企业希望留给公众的印象、企业能够为社会做出的贡献、企业的理想信念和长期努力的目标。

（2）具体目标。具体目标是每一次活动要实现的目标，如提高企业的知名度、市场占有率等。

2. 选择题材和公共关系促销方式

目标确定后，公关人员就要鉴别或拟定有趣的题材来宣传，可以通过搜集资料，发现可向新闻界提供的题材。如果题材不够，公关人员可提议开展有新闻价值的活动，来创造新闻话题。例如，为了树立对企业有利的形象，可以举办重要的研讨会、邀请知名人士演讲、举办周年纪念会、开展体育比赛、举行记者招待会等。每种公共关系促销的方式都具有一定的针对性，有不同的适用范围，企业应根据总目标的要求和具体情况选择合适的公共关系促销方式。

3. 实施公共关系计划

对企业来说开展公共关系活动存在着许多不确定因素，较难控制，困难也较大。为了保证公共关系计划的实现，首先，要有组织的保证，以明确公共关系部门的职责；其次，要提高公共关系人员的素质；再次，要坚持以诚取信的原则；最后，要善于抓住机遇。

4. 评价效果

对公共关系活动的效果进行评价的方法有以下几种。

（1）展露衡量法。即通过计算报道在媒体上的展露次数和时间，了解公共关系活动的影响范围。

（2）态度改变衡量法。即衡量公众对公共关系活动的注意、理解、态度三个方面的变化，这需要调查公众在公共关系活动前后的变化水平。

（3）计算公共关系活动的投资收益率。即将公共关系活动前后的销售量的增加与公共关系投入相比较。

（四）危机公关

1. 危机公关的含义

从公共关系的角度来说，危机是指公众对企业态度和印象的转变。公众的态度和印象之所以会转变，是因为他们感受到自身的利益受到了伤害。而危机公关就是应对危机的有关机制，它具有意外性、聚焦性、破坏性和紧迫性。危机公关对于国家、企业、个人等都具有重要的作用。

【小案例 13-18】

2004 年，IBM 把 2000 元的笔记本康宝光驱错标成了 1 元出售，最后按照一元向订购客户发了货。2006 年 8 月 7 日，戴尔中国网站价格出错，价值 8000 余元的双核服务器，有消费者通过自选配置以 976.56 元的价格订单成功。戴尔中国网站在短短 3 小时内收到了 3000 余份类似订单。8 月 10 日，订单客户接到戴尔的通知，由于报价错误，订单被取消。戴尔表示将对每位客户提供原价基础上 25% 的优惠，但每名客户得到优惠的台数不超过 5 台。

【分析提示】

这些企业在事后做出的积极补救措施，一方面将促销产品顺利售出，另一方面又为企业做了免费传播，从而达到了“一箭双雕”的目的。

2. 危机公关的原则

危机公关属于非常态的信息传递行为，需要遵循一些基本原则。这些原则制定的依据是受众在危机中所表现出的不同寻常的心理特征。依据这些原则进行危机公关可以在很大程度上缓解受众所表现出的紧张和恐惧情绪，从而使危机公关在处理危机的过程中发挥积极的作用。

（1）承担责任原则。危机发生后，公众会关心两方面的问题。一方面是利益的问题，利益是公众关注的焦点，因此无论谁是谁非，企业都应该第一时间承担责任。即使受害者在事故发生中有一定责任，企业也不应第一时间追究其责任，否则双方会各执己见，加深矛盾，从而引起公众对企业的反感，不利于问题的解决。另一方面是情感问题，公众很在意企业是否在意自己的感受，因此企业应该站在受害者的立场上表示同情和安慰，并通过新闻媒介向公众致歉，解决深层次的心理、情感关系问题，从而赢得公众的理解和信任。

（2）真诚沟通原则。企业在处于危机中时，是公众和媒体关注的焦点，其一举一动都受到关注，因此企业不能有侥幸心理，更不要企图蒙混过关。企业应该主动与新闻媒体联系，尽快与公众沟通，说明事实真相，促使双方互相理解，消除公众的疑虑与不安。

（3）速度第一原则。在危机出现的最初 12～24 小时内，消息会快速传播。而这时候，真实可靠的消息往往不多，社会上充斥着谣言和猜测。企业的一举一动将是外界评判企业如何处理这次危机的主要依据。媒体、公众及政府都密切关注企业发出的第一份声明。对于企业在处理危机方面的做法和立场，舆论赞成与否往往都会立刻见于传媒报道。

因此，当危机出现时企业必须当机立断，快速反应，果断行动，与媒体和公众进行沟通，从而迅速控制事态，否则其突发危机的范围会扩大，甚至可能失去对全局的控制。危机发生后，能否控制住事态，使其不扩大、不升级、不蔓延，是处理危机的关键。

3. 系统运行原则

危机公关的系统运作主要是做好以下几个方面。

（1）以冷对热、以静制动：危机会使人处于焦躁或恐惧之中，所以企业高层应以冷对热、以静制动，镇定自若，以减轻企业员工的心理压力。

（2）统一观点，稳住阵脚：在企业内部迅速统一观点，使企业员工对危机有清醒认识，从而稳住阵脚，万众一心，团结一致。

（3）组建班子,专项负责：一般情况下，危机公关小组由企业的公关部成员和企业危机涉及的高层领导直接组成。这一方面是高效率的保证，另一方面是对外口径一致的保证，使公众感受到企业处理危机的诚意。

（4）果断决策，迅速实施：由于危机瞬息万变，在危机决策时效性要求和信息匮乏的条件下，任何模糊的决策都会产生严重的后果。所以，企业必须最大限度地集中决策使用资源，迅速做出决策，系统部署，付诸实施。

（5）合纵连横，借助外力：当危机来临时，企业应与政府、行业协会、同行企业及新闻媒体充分配合，联手应对危机，以增强企业的公信力和影响力。

（6）层层递进，标本兼治：要想真正彻底地消除危机，企业需要在控制事态后，及时准确地找到危机的症结，对症下药，谋求治“本”。如果企业仅仅停留在治标阶段,就会前功尽弃，甚至引发新的危机。

4. 权威证实原则

在危机发生后，企业要曲线救国，请重量级的第三者在前台说话，使消费者解除警戒心理，重新获得其对本企业的信任。

【小案例 13-19】

厦门通士达照明有限公司是厦门通士达有限公司与美国 GE 公司合资的国有控股公司，是我国照明行业的龙头企业之一。美国俄亥俄州非营利性调查机构 Policy Matters Ohio(以下简称 PMO)发布《好灯泡，坏工作：荧光灯背后的工人和工作环境》的调查报告称，厦门通士达照明有限公司以种种形式压榨工人血汗，如员工每月工作 250 小时以上、员工经常饿肚子等种种情况。事件发生后，GE 公司 11 名专家组奔赴厦门开展了为期一周的现场调查。结论是通士达公司没有违反劳动法规的行为，也没有证据表明有如该报告中所声称的员工致伤的事件发生，没有员工对工作条件以及实际操作心存顾虑。

之后，GE 公司发表声明称：PMO 不能够提供支持其所谓“调查”的具体调查依据。这种草率且未经过仔细调查便发布的所谓“报告”中的各种与事实不符、不完整及不准确的表述对 GE 以及通士达公司良好的声誉及记录造成了损害。

【分析提示】

GE 的表现总体是可圈可点的。如果企业能够在处理危机的同时，多承担社会责任，对树立良好的社会形象是很有帮助的。

技能训练 13-4　公共关系策划分析

一、训练目的

通过对市场营销实践中企业失败的公共关系活动的分析，使学生明确成功的公共关系活动策划对企业营销活动的意义，培养学生分析与解决企业营销活动过程中实际问题的能力。

二、训练内容

1．学生搜集企业在市场营销实践中失败的公共关系案例。

2．对所搜集的案例进行分析、讨论，找出这些公共关系活动失败的原因，尝试提出解决方案。

3．各小组完成分析报告。

三、训练组织

该实践训练项目由指导教师与所指导班级利用实践教学时间组织进行。

1．根据班级成员总人数进行分组，5～6 人为一组。

2．各小组选一个组长负责组内工作，要求组员团结协作。

3．各小组搜集、讨论并分析案例。

四、训练考核

1．各小组完成分析报告，并以 PPT 形式汇报。
2．教师讲评。

项目总结

【内容要点】

促销是指企业通过人员推销、广告、营业推广和公共关系等各种促销方式，向目标消费者传递产品信息，引起他们的注意，激发他们的购买欲望和购买行为，以达到扩大销售的目的。

促销活动方式主要包括人员推销、广告、营业推广和公共关系 4 种促销方式，每种方式都有自身的特点及适用的市场类型。

【实务重点】

促销组合的分析和选择、人员推销的过程和管理、广告媒体和广告策略的选择、营业推广的方式、公共关系的具体活动方式。

【复习与思考】

1．什么是促销？什么是促销组合？
2．企业促销活动的四种基本方式是什么？各自有什么特点？
3．影响企业促销组合策略的因素主要有哪些？
4．联系实际谈谈常用的广告媒体有哪些？各有什么特点？
5．针对消费者的营业推广方式主要有哪些？
6．公共关系的活动方式主要有哪些？

项目综合实训

一、实训目的

1．掌握广告策略的制定。
2．掌握推销技巧，为消费者创造价值，促成交易。
3．掌握常用的营业推广方式、公共关系活动的基本操作。

二、实训内容

1．广告策略制定训练。

（1）广告媒体选择。

（2）广告策略的选择。

2．推销人员技能训练。

（1）向消费者推销自己。

提示：微笑、赞美消费者、注重礼仪、注重形象、倾听消费者说话。

（2）向消费者推销利益。

提示：适合性、兼容性、耐久性、安全性、舒适性、简便性、流行性、效用性、美观性、经济性。

（3）向消费者推销产品。

提示：介绍产品、化解消费者异议、促成消费者成交。

（4）向消费者推销服务。

提示：倾听、及时、感谢。

3．模拟新闻发布会。

4．选择营业推广的具体方式，设计营业推广活动的方案。

三、实训组织

1．地点：教室、实训室、模拟公司实验室。

2．组织形式。

（1）在教师指导下，学生分为若干模拟公司业务部门，部门各设部门经理 1 人。

（2）策划部门经理带领团队进行广告活动策划（可以自选主题，亦可由教师指定主题）。

（3）销售部门经理带领团队成员开展营销模拟活动：

其一，成员间进行角色（消费者或推销人员）模拟，演练推销过程，熟悉推销技巧；

其二，模拟新闻发布会；

其三，营业推广方式的选择及实施。

（4）策划部门与销售部门成员在完成相应的活动后互换。

四、实训考核

各小组展示，教师讲评。

模块五 营销组织管理

模块描述

【知识目标】

- 掌握市场营销组织的形式和特征。
- 熟悉市场营销计划的类型和内容。
- 掌握市场营销控制的方法和手段。

【能力目标】

- 初步具备制订和实施营销计划的能力。
- 提高管理技巧。
- 提高分析问题和解决问题的能力。

模块分析

【知识点】

- 市场营销组织、市场营销控制。

【技能点】

- 选择构建合适的市场营销组织形式的技能。
- 实施市场营销计划的技能。
- 控制市场营销实施过程的技能。

项目十四 构建市场营销组织

项目目标

【知识目标】

- 了解市场营销组织的演变。
- 明确市场营销组织的特征。
- 掌握市场营销组织的形式。

【能力目标】

- 具备选择合适的市场营销组织形式的能力。
- 具有分析影响市场营销组织建立的因素的能力。

【素质目标】

- 提高组织协调和决策能力。
- 增强统筹运作能力。

项目导入

HW 公司从事汽车产品生产经营多年，其企业规模大、实力雄厚，在市场中占有重要份额。随着汽车行业的不断发展及新经济形势下消费者对产品需求的不断变化，HW 公司的产品也开始面向多个市场。为了公司的长远发展，HW 公司该如何构建市场营销组织呢？是按照不同的产品来构建市场营销组织，还是按照不同的市场来构建市场营销组织呢？

项目实施

任务一　认识市场营销组织

根据导入项目，在认识市场营销组织的基础上，了解 HW 公司所在行业的企业市场营销组织形式，为 HW 公司建立一个合适的市场营销组织做好准备。

（一）市场营销组织及其演变

市场营销组织的含义及演变

市场营销组织是指企业为制订和实施市场营销计划、服务目标消费者、实现市场营销目标而建立的部门或机构。市场营销组织是企业内部连接其他部门，使整个企业经营一体化的核心。在现实经济生活中，市场营销组织受宏观环境、企业营销管理理念及企业所处发展阶段、业务特点、经营范围等因素的影响，而不断地变化着。

企业的市场营销组织大致经历了 5 个阶段：单纯的销售部门、兼有营销职能的销售部门、独立的市场营销部门、现代市场营销部门、现代市场营销企业。

1. 单纯的销售部门

20 世纪 30 年代以前，西方企业将生产观念作为其指导思想，将生产作为企业的重点，强调先有生产后有市场。因此，当时企业都是从财务、生产、销售等职能部门开展工作的。其中，财务部门负责资金的筹措，生产部门负责产品的制造，销售部门通常由一位副总经理负责管理销售人员，并兼管若干市场营销研究和广告宣传工作。在这个阶段，销售部门的职能仅仅是推销生产部门生产出来的产品。而产品生产、库存管理等完全由生产部门决定，销售部门几乎没有机会参与产品的种类、规格、数量等问题的讨论。

2. 兼有营销职能的销售部门

20 世纪 30 年代以后，市场竞争日趋激烈，大多数企业以推销观念为指导思想，经常进行市场营销研究、广告宣传及其他促销活动。此时，销售部门的营销职能不断发展并逐渐成为专门的职能，当工作量达到一定程度时，一些企业开始设立一些市场营销人员专门负责这方面的工作。但此时还没有真正的营销部门，市场营销人员的工作也只是销售部门的附属性工作。

3. 独立的市场营销部门

随着企业规模和业务范围的进一步扩大，原来作为附属性工作的市场营销研究、新产品开发、广告促销和为消费者服务等市场营销职能的重要性日益增强。于是，市场营销部门逐渐成为一个相对独立的职能部门。作为市场营销部门的负责人，市场营销副总经理和销售副总经理一样，直接受总经理的领导，此时销售部门和市场营销部门成为平行的职能部门。但在具体工作上，这两个部门是需要密切配合的。

4. 现代市场营销部门

尽管销售副总经理和市场营销副总经理需要配合默契和互相协调，但是他们之间实际形成的关系往往是一种彼此敌对、互相猜疑的关系。销售副总经理趋向于短期行为，侧重于取得眼前的销售量；而市场营销副总经理则多着眼于长期效果，侧重于制订适当的产品计划和市场营销战略，以满足市场的长期需要。销售部门和市场营销部门之间矛盾冲突的解决过程，形成了现代市场营销部门的基础，即由市场营销副总经理全面负责，下辖所有市场营销职能部门和销售部门。

5. 现代市场营销企业

如果企业只有一个现代市场营销部门，而企业全体员工没有建立以消费者为中心的思想，其他部门不积极配合，单纯把市场营销和开拓市场看作营销部门的任务，那么市场营销职能是不可能有效执行的。只有企业全体员工都树立了以消费者为中心的现代市场营销观念，把满足消费者需求、开拓和巩固市场看作每个人、每个部门的任务，并积极配合市场营销部门，这样企业的市场营销活动才能获得成功。这样的企业才能称得上是一个现代市场营销企业。

（二）市场营销组织的特征

企业市场营销组织具有以下几个方面的特征。

1. 灵活性

一个有效的市场营销组织首先要具有灵活性，即针对环境的不断变化，能够迅速做出调整，能动地适应环境。

2. 系统性

市场营销组织（部门）是企业各个职能部门的核心，企业的每一个部门——市场营销、研发、生产、财务、人力资源等通过相互配合，满足消费者需求，共同完成企业的整体市场营销目标，从而成为一个完整的系统。

3. 信息传递的及时性、准确性

一个有效的市场营销组织应及时、准确地搜集市场信息，并确保信息迅速、准确地传递出去。

（三）市场营销组织的职能

企业市场营销组织的职能是随着企业规模的扩大、企业市场营销观念的改变等而逐渐成熟和发展起来的。在简单的市场营销组织中，其主要职能是推销产品，在生产部门与消费者之间充当产品传递者的角色。在现代市场营销组织中，其主要职能包括：开展市场调研，搜集市场信息；建立销售网络，开展促销活动；开拓新的市场，发掘潜在消费者；推销产品，提高服务质量；不断开发新产品，满足消费者的需求；建立客户关系，维系企业老客户。

建立市场营销组织

根据导入项目，分析 HW 公司建立市场营销组织应考虑的因素，按照企业建立市场营销组织的原则，选择合适的且能够实现企业营销目标的市场营销组织形式。

（一）市场营销组织的形式

市场营销组织的形式

随着企业市场营销组织的演变，市场营销组织的形式也在不断地完善和发展，根据职能、产品、地理和市场可以建立不同的市场营销组织形式。

1. 职能型组织

职能型组织是非常常见的市场营销组织形式，它强调的是市场营销组织各种职能的重要性。职能型组织的主要优点是管理简单。但是，随着产品的增多和市场的扩大，这种组织形式也暴露出很多缺点。由于没有一个人对一项产品或一个市场负全部的责任，因而导

致每项产品或每个市场制订的计划无法具备完整性，有些产品或市场很容易被忽略。另外，各个职能部门容易为了各自的利益而发生纠纷。职能型组织的结构如下图所示。

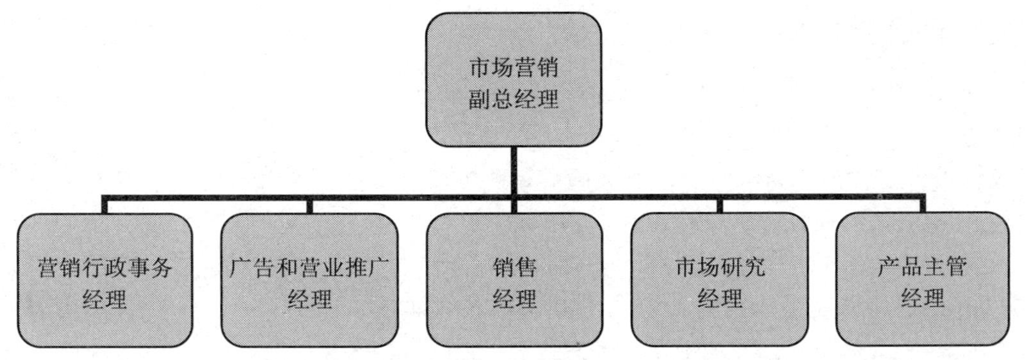

2. 产品型组织

生产不同产品或有不同品牌的企业往往需要设立产品或品牌管理组织。这种组织并没有取代职能型管理组织，只是增加了一个管理层次。其基本做法是，由一名产品主管经理领导，其下设若干个产品大类（产品线）经理，产品大类（产品线）经理下再设几个产品品牌经理。产品管理最初是由美国宝洁公司于 1927 年率先采用的。产品型组织的结构如下图所示。

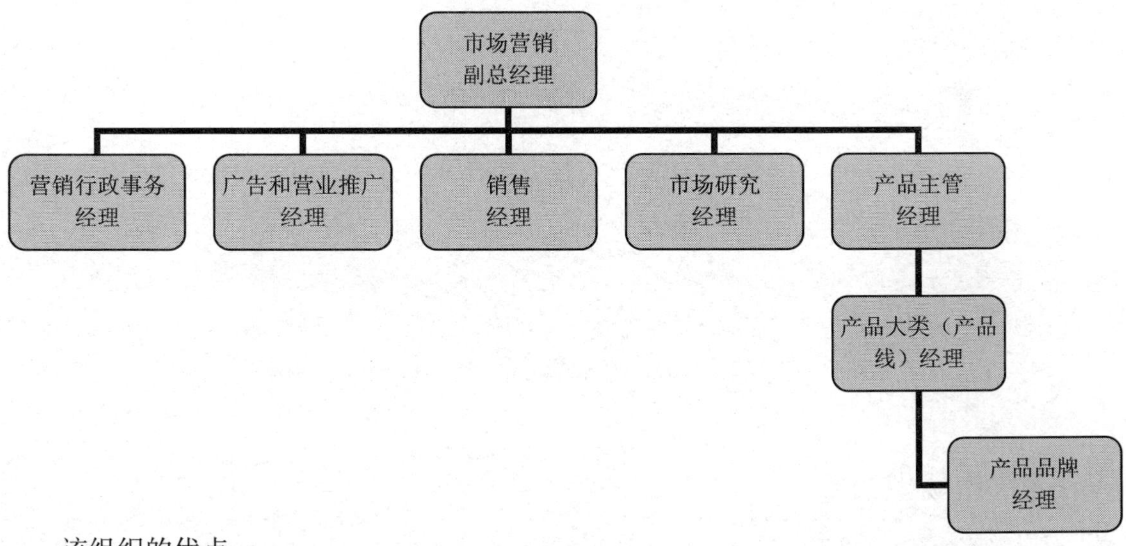

该组织的优点：

（1）可以协调其所负责产品的营销组合策略。

（2）能及时反映产品在市场中出现的问题。

（3）即使不太重要的产品也不会被忽视。

该组织的缺点：

（1）需要同其他营销部门合作，容易造成部门冲突。

（2）很难成为企业其他方面的专家。

（3）管理成本往往比预计的成本高。

（4）经理的流动导致该产品营销规划缺乏连续性，影响产品的长期竞争力。

3. 地理型组织

在全国范围内组织营销的企业往往按地理区域组织其推销人员。例如，许多企业把我国分成几大区域，每个区域设一个区域销售经理，区域销售经理根据所负责省市的销售情况再设若干个地区销售经理，地区销售经理下再设若干个地方销售经理/主任，每个地方经理/主任再领导几位销售代表。

这种形式明显增大了管理幅度。但在推销任务复杂、推销人员对企业利润影响很大的情况下，这种形式是很重要的。地理型组织的结构如下图所示。

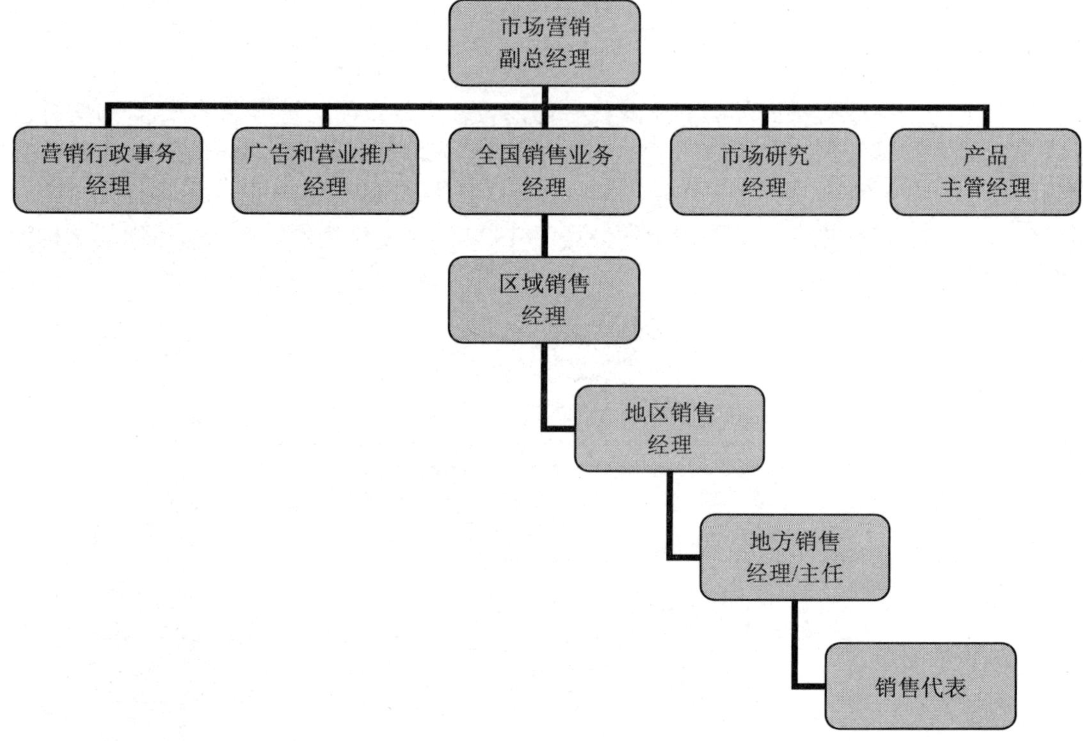

4. 市场型组织

市场型组织是按照一定标准将消费者分为若干类别，针对不同类别的消费者分别设立市场营销组织，其基本形式是为某类市场设立一名专职市场主管经理，下设若干市场经理。当企业把一条产品线的各种产品向不同的市场进行营销时可采取这种组织模式，如生产电脑的企业可以把目标消费者按不同的购买行为和产品偏好分成不同的类别，设立相应的市场型组织结构。市场型组织的结构如下图所示。

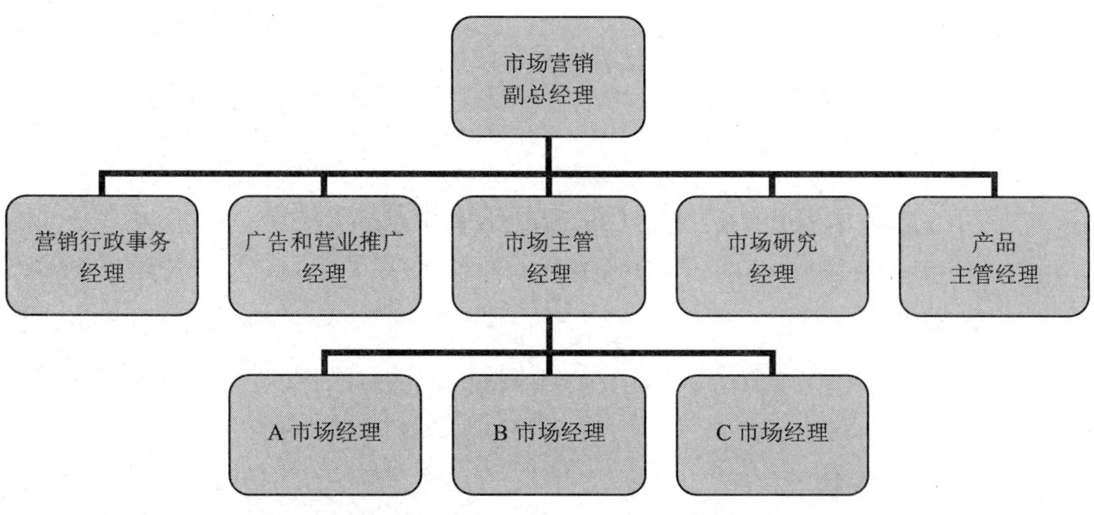

市场型组织的优点在于，企业的市场营销活动是按照满足各类不同消费者的需求来组织和安排的，有利于企业加强销售和市场开拓。其缺点是存在权责不清和多头领导的情况。

5. 矩阵型组织

矩阵型组织是产品型组织与市场型组织相结合而形成的一种矩阵型的组合方式。生产多种产品并向多个市场销售的企业，可以采用产品型组织，也可以采用市场型组织，还可以建立一种既有产品经理，又有市场经理的两维矩阵型组织。

矩阵型组织的优点是加快了企业各部门之间的协作，集中了各专业人员的知识技能，适应性强，有利于提高工作效率；缺点是该组织结构管理费用高，且容易产生内部冲突。

【小案例 14-1】

下表所示为杜邦公司的矩阵型营销组织形式。

		市场经理			
		男士服装	女士服装	家庭装饰	工业市场
产品经理	人造丝				
	醋酸纤维				
	尼龙				
	奥伦				
	涤纶				

各个产品在市场上的定价是由市场经理还是产品经理来决定？如何组织销售人员？是按人造丝、醋酸纤维等产品品种分别组织销售队伍，还是按男士服装、女士服装等市场来分别组织销售队伍？

【分析提示】

可以看出，在这种组织结构之下，组织内部很容易产生矛盾与冲突，同时还存在权责不清的问题。

（二）建立市场营销组织应考虑的因素

1. 企业规模

一般情况下，企业规模越大，市场营销组织越复杂；企业规模越小，市场营销组织则越简单。

2. 市场环境状况

一般情况下，决定市场营销人员分工和负责区域的依据是市场的地理位置、经济发展状况、技术环境及社会文化环境。

3. 产品特点

产品特点包括企业的产品种类、产品特色、产品项目的关联性及产品技术服务方面的要求等。

4. 企业战略

一般来说，简单的战略通常只要求一种简单、松散的组织结构，在这种组织结构下企业多采取一种集权式的管理体制。而当企业成长壮大后，随着其战略及组织结构的变化，企业大多采取分权式的管理体制。所以，企业战略是建立市场营销组织必须考虑的重要因素。

（三）建立市场营销组织的原则

为了实现企业营销目标，企业在建立和健全市场营销组织时，一般应遵循以下 4 项原则。

1. 统一性原则

统一性原则要求把市场营销组织建设成一个有机整体，从而形成系统的整体效能。企业的规模越大，其内部分工越细，层次越多，统一性原则就越重要。

2. 管理幅度原则

管理幅度是制约管理层次与管理人员数量的决定性因素。一般来说，在管理职能、范围不变的条件下，管理幅度与管理层次是互为反比的关系。管理幅度越大，层次就越少，

形成扁平结构；管理幅度越小，层次就越多，形成垂直结构。这两种结构各有利弊。由于企业市场营销工作专业技术性强，差异性大，人员的分散性、流动性较大，为了保证企业有效地进行市场营销控制，管理幅度通常应适当小一些。

3. 责权利对等原则

责权利是市场营销组织结构的“粘合剂”。其要求组织机构不仅要规定明确的职责，还要规定权力和利益，责权利要对应。企业只有解决了市场营销组织中垂直的责权利关系和水平的责权利关系以后，其各个部门、各个层次才能结合成一个有机整体。

4. 效能原则

效能原则是对市场营销组织的综合要求。效能是指市场营销组织结构实现营销目标的能力和程度，具体表现为企业营销工作效率和经济效益的高低，是衡量企业市场营销组织是否合理的综合标准。企业营销的工作效率高，经济效益好，能够实现预定的营销目标，就说明其市场营销组织结构的效能高。

【小案例 14-2】

爱拼网是一家由人工智能及大数据领域中较有影响力的研发团队组成的创新型公司，爱拼网每年投入数千万元的研发资金，通过分析数亿人的教育和工作经历，已实现我国首个社会经济图谱的绘制，为教育机构、企业和个人用户提供了真实、权威、中立的社会化大数据及科学的信息服务。爱拼网公司的产品包括：高考志愿机器人（完美志愿）、职场导航机器人（罗盘）、HR 招聘机器人（haoHR）等系列人工智能产品，其旨在促进高校入学机会公平化，以及真实反馈人才的就业状况。

由于爱拼网独有的智能产品的存在，使爱拼网并没有在人力资源部下面设置招聘经理，而是把这个职能直接植入了 haoHR 事业部。通过这样的变革，招聘直接融入产品部，haoHR 事业部直接对公司的招聘负责。这不仅赋予了产品内部定价，也激活了招聘体系，它用更具挑战的岗位角色设置及跨界的工作模式，赋予团队更大的能动性。

【分析提示】

这是独具一格的互联网组织创新。互联网上有很多专家预测在不远的将来，有哪些岗位会消失、会被融合或取代。而这个变化已经在发生，技术对组织的颠覆速度远比我们想象的要快。而这个组织变革的由来，是由技术驱动的。

项目总结

【内容要点】

市场营销组织是指企业为制订和实施市场营销计划、服务目标消费者、实现市场营销目标而建立的部门或机构。在现实经济生活中，市场营销组织受宏观环境、企业营销管理理念及企业所处发展阶段、业务特点、经营范围等因素的影响，而不断地变化着。企业的市场营销组织大致经历了5个阶段：单纯的销售部门、兼有营销职能的销售部门、独立的市场营销部门、现代市场营销部门、现代市场营销企业。

企业市场营销组织具有灵活性，系统性，信息传递的及时性、准确性的特征。

市场营销组织可以根据职能、产品、地理和市场建立不同的形式。市场营销组织形式大体上可分为职能型组织、产品型组织、地理型组织、市场型组织和矩阵型组织。

企业在建立市场营销组织时要考虑企业规模、市场环境状况、产品特点和企业战略等影响因素，同时要遵循统一性原则、管理幅度原则、责权利对等原则及效能原则。

【实务重点】

市场营销组织的演变；市场营销组织的形式。

【复习与思考】

1．什么是市场营销组织？市场营销组织有什么特征？

2．市场营销组织的演变经历了哪些阶段？

3．简述市场营销组织的形式，并举例说明。

4．建立市场营销组织应考虑的因素及遵循的原则有哪些？

项目综合实训

用外人的眼光来看，微软公司似乎是在以闪电般的速度发展着。然而，从内部来看，大家对公司发展太缓慢的指责与日俱增。（微软公司有3000名员工，生产180多种不同的产品，至少有5个管理层。）公司的员工开始抱怨文案主义和决策迟缓的问题，日益明显的官僚化倾向导致公司失去了几个重要的人才。此外，微软公司还面临着一些新的挑战，如美国司法部对这个软件巨人的裁决，以及美国在线公司和时代华纳合并所形成的互联网竞争强敌。

在这种情况下，高层管理人员开始重建微软公司。为使公司能对软件行业中的快速变化更好地做出反应，他们建立了8个新事业部。其中，商用和企业事业部侧重向企业用户提供诸如Windows 2000这样的软件；家用和零售事业部处理游戏软件、家庭应用软件、儿童软件及相关业务；商界生产率事业部以知识型工人为目标市场，为他们开发诸如文字处理方面的应用软件；销售和客户支持事业部则主要集中服务于会计师事务所、律师事务所、互联网服务提供商和小企业这样的客户群。其他的事业部还包括开发者事业部（研发供企业编程人员使用的工具）；消费者和商务事业部（使商家与企业的MSN网络门户相连）；消费者视窗事业部，其目标是使个人电脑更易于消费者使用；微软研究事业部，开展各方面的基础研究，如语音识别和先进的网络技术。

真正使这一新结构对微软公司具有革命性意义的是，这 8 个事业部的领导被授予了充分的职责和权力。只要能够实现销售收入和利润目标，他们就可以按照自己的方式经营其业务并支配各自的预算。以前，盖茨和鲍尔默总被卷入大大小小的决策中，这其中就包括 Windows 2000 的主要性能，以及评价用户支持热线得来的反馈记录等。现在，事业部经理被授予了以前所没有的职责和权力。一个事业部经理这样说，他感觉“就像在经营自己的小企业”。

“互联网使一切都发生了改变”，盖茨这样认为。正因为如此，他认识到微软公司也必须改革。他希望新的结构是这一正确方向上的一个起点。

资料来源：孙元欣，许学国，林英晖.管理学——原理•方法•案例 [M].北京：科学出版社，2006.

一、案例讨论

1．微软公司现在面临的是怎样的环境?

2．微软公司进行组织机构变革的具体原因是什么?

3．微软公司变革成功的主要因素有哪些?

二、实训操作

为一家小型企业设计适当的市场营销组织结构。

市场营销管理与控制

项目目标

【知识目标】

- 掌握市场营销计划的含义和内容。
- 掌握市场营销控制的过程。
- 熟悉市场营销控制的方法。

【能力目标】

- 具有制订市场营销计划的能力。
- 具有执行市场营销计划的能力。
- 具有控制市场营销计划执行的能力。

【素质目标】

- 增强判断分析能力。
- 提高协调和决策能力。

项目导入

HW公司从事汽车产品生产经营多年，企业规模大、实力雄厚，在市场中占有很大的市场份额。通过市场调研，该公司认为环保型新能源市场有巨大的发展空间和市场机会。为了有效满足市场的需求，为市场消费者提供优质产品和优良服务，HW公司应如何进行市场营销管理与控制呢？

项目实施

任务一　制订市场营销计划

根据导入项目，HW公司应在对企业当前市场营销环境进行调研分析的基础上，按年度制定本公司的营销目标，并对为实现目标所采取的策略、措施和步骤等做出明确规定和详细说明，即制订企业市场营销计划。

（一）市场营销计划的含义和类型

1. 市场营销计划的含义

市场营销计划是指在对企业市场营销环境进行调研分析的基础上，制定企业及各业务单位的对营销目标及为实现这一目标所应采取的策略、措施和步骤的明确规定和详细说明。市场营销计划是企业整体战略在市场营销领域的具体化。

2. 市场营销计划的类型

（1）按计划期限的长短，可将市场营销计划划分为长期计划、中期计划和短期计划。

①长期计划的期限一般为5年以上。长期计划主要是确定未来发展方向和奋斗目标的纲领性计划。

②中期计划的期限为1～5年。

③短期计划的期限通常为1年，如年度计划。

（2）按计划涉及的范围，可将市场营销计划划分为总体营销计划和专项营销计划。

①总体营销计划是企业营销活动的全面、综合性计划。

②专项营销计划是针对某一产品或特殊问题而制订的计划，如品牌计划、渠道计划、促销计划及定价计划等。

（3）按计划对工作的影响程度，可将市场营销计划划分为战略计划、策略计划和作业计划。

①战略计划是对企业将在未来市场占有的地位及采取的措施所制订的计划。

②策略计划是对营销活动某一方面所制订的计划。

③作业计划是各项营销活动的具体执行性计划，如对一项促销活动的目的、时间、地点、活动方式、费用预算等所制订的计划。

（二）市场营销计划的内容

市场营销计划的内容

市场营销计划一般包括以下内容。

1. 计划概要

计划概要是对主要营销目标和营销措施的简短摘要，其目的是使高层主管迅速了解该计划的主要内容，抓住计划的要点。

例如，某零售商店年度营销计划概要：本年度计划销售额为5000万元，利润目标为500万元，比上年增加10%。这个目标通过改进服务、灵活定价、加强广告和促销努力是能够实现的。为达到这个目标，本年度的营销预算为100万元，占计划销售额的2%，比上年提高12%。

2. 营销状况分析

这部分内容主要提供与市场、产品、竞争、分销及宏观环境因素有关的背景资料。具体内容有以下几个方面。

（1）市场状况。列举目标市场的规模及其成长性的有关数据、消费者的需求状况等，如目标市场近年来的年销售量、增长情况及其在整个市场中所占的比例等。

（2）产品状况。列出企业产品组合中每种产品近年来的销售价格、市场占有率、成本、费用、利润率等方面的数据。

（3）竞争状况。识别出企业的主要竞争者，并列举竞争者的规模、目标、市场份额、产品质量、产品价格、营销战略及其他有关特征，以此来了解竞争者的意图、行为，判断竞争者的变化趋势。

（4）分销状况。描述公司产品所选择分销渠道的类型及其在各种分销渠道上的销售数量，如某产品在百货商店、专业商店、折扣商店等各种渠道中的分配比例等。

（5）宏观环境状况。主要对宏观环境的状况及其主要发展趋势进行简要的介绍，包括人口环境、经济环境、技术环境、政治与法律环境、社会文化环境，从中判断某种产品的命运。

3. 机会与风险分析

企业先对计划期内企业营销所面临的主要机会和风险进行分析，再对企业营销资源的优势和劣势进行系统分析。在对机会与风险、优势与劣势分析的基础上，企业可以确定在该计划中所必须解决的主要问题。

4. 营销目标

制定营销目标是企业市场营销计划的核心内容，也是企业在市场分析的基础上对营销目标进行决策。企业市场营销计划应建立财务目标和营销目标，并用数量化指标表达出来，同时还要注意目标的实际性、合理性，并应有一定的开拓性。

（1）财务目标。财务目标即确定每一个战略业务单位的财务报酬目标，包括投资报酬率、利润率、利润额等指标。

（2）营销目标。财务目标必须转化为营销目标。营销目标可以由以下指标构成：销售收入、销售增长率、销售量、市场份额、品牌知名度、分销范围等。

5. 营销策略

制定企业将采用的营销策略，包括目标市场选择、市场定位和营销组合策略等。这需要明确企业营销的目标市场是什么市场，如何进行市场定位，确定何种市场形象，以及企业拟采用什么样的产品、渠道、定价和促销策略。

6. 行动方案

对营销策略的实施制定详细的行动方案，即阐述以下问题：将做什么？何时开始？何时完成？谁来做？在哪里完成？怎样完成？成本是多少？整个行动计划可以借助表格加以说明，表中具体说明每一时期应执行和完成活动的时间安排、任务要求和费用开支等，使整个市场营销计划落实在实处，并能循序渐进地贯彻执行。

7. 营销预算

营销预算即开列一张实质性的预计损益表。首先，在收益的一方要说明预计的销售量及平均实现价格，预算销售收入总额；其次，在支出的一方说明生产成本、实体分销成本和营销费用，以及再细分的明细支出，预算支出总额；最后，得出预算利润，即收入和支出的差额。企业的业务单位编制出营销预算后，送上层主管审批。经批准后，该预算就是材料采购、生产调度、劳动人事及各项营销活动的依据。

8. 营销控制

营销控制是对市场营销计划的执行过程进行检查和控制，用以监督计划的进程。为便于监督检查，具体做法是将计划规定的营销目标和预算按月或按季分别制定，营销主管每期都要审查营销各部门的业务实绩，检查其是否完成了预期的营销目标。凡未完成计划的部门，应分析原因，并提出改进措施，以争取实现预期目标，使企业市场营销计划的目标任务都能落实。

（三）制订市场营销计划的步骤

市场营销计划作为企业计划体系中的重要组成部分，应依据国家有关方针、政策、法律法规及市场需求、企业经营目标、企业经营能力等进行制订。一般来说，市场营销计划的制订包括以下几个步骤。

1. 调查研究，分析现状

认真开展市场调查研究是制订市场营销计划的前提。只有通过对企业所面临的内、外部环境进行深入细致的分析，才能认清企业的优势和劣势，才能发现市场机会，进而规避市场风险，确定企业经营中的机遇和挑战。

2. 统筹安排，确定目标

市场营销计划目标的确定依据主要来自企业经营战略和经营目标、市场调查和预测资料，以及营销战略和营销目标。也就是说，在市场营销计划目标的确定过程中，企业要充分协调上述三者的关系，可以采用分层次编制的方法，将目标分为总目标、中间目标和具体目标等，从而使各层次目标形成一个统一的、相互联系的、相互制约的目标体系。

3. 拟订方案，评估决策

实现一个目标往往可以有多个方案，企业在确定最终方案之前，一般可以让员工多提出一些备选方案，然后对备选方案进行反复的评估、筛选、淘汰后，挑选出既满足目标要求又符合条件的方案作为执行方案。

4. 协调平衡，确定计划

制订市场营销计划既要侧重于计划目标与企业总体经营目标的协调，又要做好企业内部各个部门、各个环节的关系衔接。只有这样，才能编制出符合企业实际并有较强的可操作性的计划方案，从而为计划的执行奠定良好的基础。

（四）市场营销计划的动态调整

1. 滚动式市场营销计划

（1）市场营销计划制订后，并不意味着就一成不变了。企业要根据市场的变化主动对市场营销计划进行调整，这需要对市场营销计划进行分解，包括月度分解和区域分解，这样既能保证市场营销计划的稳定性，又能保证市场营销计划的适应性。

（2）滚动式市场营销计划的实施需要人力保障，企业要有专门的职能部门对市场营销计划的执行状况进行评估，并对各区域的市场营销计划进行综合平衡，这样才能使市场营销计划保持整体性的动态发展。

（3）滚动式市场营销计划执行的核心就是先“由大到小”，再“由小到大”。也就是先从年度计划、季度计划、月度计划到周度计划，然后再从周度计划、月度计划、季度计划到年度计划。前一个阶段是对市场营销计划的整体性进行掌控，后一个阶段是通过富有层次的滚动执行和调整，从而使整个市场营销计划在适应性方面得到保障。

2. 对市场态势的判断

（1）竞争环境判断。竞争环境既包括整个大环境，又包括各区域的小环境。不同企业的市场重点不同，资源的投入也会有所差异，这就造成不同区域之间的竞争环境各有特点。因此，营销计划的执行应该根据不同区域市场竞争环境的差异进行相应调整，使营销计划更符合实际状况。

（2）行业趋势判断。某些行业的发展趋势变化很快，而各区域之间行业的发展是不平衡的，因此市场营销计划在执行过程中应根据对行业发展状况的分析，提出相应的应对措施，使市场营销计划符合行业在不同发展阶段的特点。以彩电行业为例，可能原定的市场营销计划的目标是加强网络建设，但由于价格战导致整个行业的利润率降低，迫使各企业不得不加强技术创新和产品创新，这就使整个行业发生了迅速的变化，也就促使市场营销计划在实施过程中需要进行相应的调整。

（3）消费趋势判断。消费趋势指的是消费心理和消费行为模式的变化趋势。例如，现在超市和卖场等现代零售业态的迅速发展使消费者的行为模式发生了很大的变化。以前买东西是在批发市场、批发点和百货商场，而现在买东西大多数是在超市和卖场。因此，一份加强批发通路建设的市场营销计划，就只能用于以传统业态为主的市场，而在发达城市，就必须调整这份市场营销计划，以适应当地零售业态的发展。

3. 对区域市场营销计划的强化

（1）企业的区域性营销组织是市场营销计划实施的基础部门，其关系着市场营销计划能否真正执行到位，同时它还是更接近市场变化的层面，因此只有强化区域市场营销计划的执行效果，才能使市场营销计划真正达到动态调整。

（2）强化区域市场营销计划的执行效果，也就是提高区域性营销组织实施市场营销计划的系统性。因此，区域性营销组织一定要做好市场营销计划的分解工作，真正发挥执行市场营销计划的能动性，提高市场营销计划的针对性。

4. 市场营销计划动态调整的稳定性

（1）动态调整在不同层次上各有不同。虽然市场营销计划强调适应性和针对性，但并不是说可以任意对其进行调整，而应该在不同层次上对其进行不同程度的调整。对全国性市场营销计划而言，要体现全国市场的特点；对省级市场营销计划而言，要体现省级市场的共同特点；对地区市场营销计划而言，要体现地市级市场的共同特点。因此，动态调整其实是根据不同层次上的差异，在共同性基础上进行的调整。它既考虑了各区域市场的特点，又保持了统一的共性。

（2）动态调整是在稳定性基础上的调整。动态调整除了上面提到的层次性，还有时间性的问题。时间性构成了市场营销计划的稳定性，也就是说动态调整并不是可以随时对市场营销计划进行调整的。动态调整要反映一年、一季度、一月和一周的共性，同时还要兼顾各种共性之间的协调，从而在整体上保持一种动态的、平衡的发展。

任务二　市场营销执行与控制

根据导入项目，HW 公司要对市场营销计划的执行情况及其效果进行评估，并及时采取修正措施以确保计划的有效执行。

（一）市场营销执行

市场营销执行是指为实现市场营销战略及其规划所确定的目标，而将企业市场营销战略及规划落实为具体的市场营销行动和任务，并保证行动和任务完成的过程。

1. 市场营销执行过程

市场营销执行过程

市场营销执行过程主要包括以下几个方面。

（1）制定市场营销执行方案。企业市场营销执行方案的内容一般包括市场营销战略目标或计划执行目标、计划实施的关键性决策、主要任务、市场营销执行的团队或个人责任、时间进度安排、执行偏差的处理方案等。

（2）设计组织结构。合适的组织结构是实现市场营销目标、完成市场营销计划的重要因素。在执行市场营销计划之前，企业应设计和建立分工明确的组织结构。只有这样，才能将要执行的任务分配给具体的部门和人员，使其明确各自的职责，并通过正式的组织联系和信息沟通网络，协调企业内部各项决策和行动。

（3）选择执行人员。不同的市场营销战略和计划对于执行人员的要求是不同的。为确保市场营销战略和计划的有效执行，企业应根据市场营销战略目标、任务及岗位技能要求等选择市场营销人员。为有效执行市场营销计划，市场营销人员必须具备以下 4 个方面的市场营销执行技能。

①组织技能。市场营销人员能根据市场营销环境、业务特点等因素建立正式的或非正式的市场营销组织，并确保该组织能有效开展市场营销执行活动。

②配置技能。市场营销人员能合理安排资金、人员、时间，保证市场营销活动的顺利进行。

③控制技能。市场营销人员能对市场营销活动建立过程控制及效果追踪系统，以保证企业市场营销目标的实现。

④互动技能。市场营销人员不仅有能力推动本企业的人员有效执行市场营销计划，还要有能力影响他人，如市场调查公司、广告公司、中间商等，以实施企业的市场营销计划。

（4）建立健全绩效考评制度及激励机制。绩效考评制度及激励机制直接关系到企业市场营销战略和计划实施的成败。市场营销人员绩效考评制度及激励机制应与企业市场营销战略和计划的目标一致，以达到奖罚分明、激励市场营销人员的作用，促进市场营销目标的最终实现。

（5）建立企业文化。企业文化是企业的灵魂，是企业发展的不竭动力。企业应根据自身情况，建立体现本企业特色并能推动市场营销活动的企业文化。

2. 市场营销执行中的问题

在市场营销执行过程中，往往会出现一些问题，主要表现在以下几个方面。

（1）长期目标与短期目标不一致。市场营销战略通常着眼于企业长期目标，但具体执行的市场营销人员则会根据自身的短期工作绩效来选择短期行为，这就造成了市场营销战略设定的目标往往无法实现。

（2）计划与实际不符。一般而言，企业市场营销战略和计划通常是由位于管理层的专业计划人员制订的，而执行往往依靠市场营销人员，如果这两类人之间缺少必要的沟通和协调，就容易导致市场营销战略和计划的执行不力。

（3）执行方案粗略，缺乏可行性。如果专业计划人员没有制定明确具体的执行方案，就会导致企业内部各个相关部门及人员无法协调一致地开展工作，进而导致市场营销战略和计划的失败。

3. 市场营销有效执行的保障

（1）制度保障。

①基础性管理制度。一是绩效考核制度。将市场营销计划要达到的目标与市场营销人员的绩效考核联系起来，由此来规范市场营销人员的行为，使其围绕市场营销目标开展工作，将市场营销计划落到实处。例如，市场营销计划要开展深度分销，可以制定一个关于铺货率的考核要求，使市场营销人员的工作重点放到提高铺货率上来。二是部门协作制度。围绕营销计划的重点，解决好各部门之间的协作关系。在部门之间确立合作关系，明确责权利，另外也可以以项目小组的形式开展工作，提高市场营销计划的运作效率。例如，市场营销计划中的新产品开发业务关系着企业持续竞争力的提升，其参与的部门涉及市场、生产、技术、供应等。要提高新产品开发的速度和效率，一方面要确立市场部在新产品开发过程中的领导关系，另一方面可以通过责任书的确认，使其他部门都能按照要求完成新产品开发各环节的工作。

②职能性管理制度。其是提高市场营销计划执行效率的管理制度，如市场营销推广管理制度、区域管理制度、渠道管理制度、销售业务管理制度等。这些制度一方面为市场营销人员提供了开展工作的规范，另一方面为衡量市场营销人员的工作成效提供了标准。另外，职能性管理制度还影响着市场营销人员的思想意识和行为模式。

（2）流程保障。

①围绕市场营销计划的关键业务内容优化运作流程。市场营销关键业务运作流程的优化甚至重组，对市场营销计划的有效实施发挥着重要的作用。往往一份市场营销计划是好的，但在实际运作过程中，由于其业务运作流程的不合理，导致市场营销计划实施效率低下，最后将直接影响市场营销目标的实现。

②重组业务流程和调整部门结构。在一些关键性的业务流程中，如产品研发流程、市场营销推广流程、市场营销计划流程、订单处理流程等，其运作效率的高低反映着整个组织结

构和部门职能是否合理。因此，要想真正做到业务流程重组后企业能够高效运转，就要根据业务流程的要求，从组织和职能上加以保障，确保业务流程能为企业带来根本性的利益。

（3）权限保障。

①权限保障是对各部门业务职能的落实。市场营销计划的有效执行在很大程度上取决于各部门能否充分发挥各自的职能。因此，企业在实施市场营销计划时，一定要赋予各职能部门相应的权限，否则将会影响市场营销计划执行的效率。

②总部和分部之间的权限分配。总部对于市场营销计划应该强化专业方面的权限，而分部对于执行市场营销计划则应该加强针对性方面的权限，从而使总部与分部在执行市场营销计划的过程中可以更好地进行整体配合。

③市场营销计划各项业务活动的权限分配。企业对市场营销计划中的业务内容应进行合理分配，使各个职能部门都能找到对应的工作内容，其主要是解决业务活动开展过程中的决策权限。例如，新产品研发由哪个部门领导和推动，销售计划由哪个部门分析、整合和落实等。

（4）资源保障。

①为达成市场营销计划的目标所必需的各种资源。制订市场营销计划所必需的资源与执行市场营销计划所必需的资源是不同的。虽然市场营销计划中包含了费用预算，但往往有些项目所分配到的资源并不能保障计划得以实现。还有一些企业在面对销量下滑的状况时，往往不能按计划进行，而把费用倾斜到能立即提升销量的项目上，如渠道返利促销等。然而这只是一种短期行为，并不会为企业的长期发展带来根本性的帮助。

②对关键项目的资源保障。例如，有的企业在市场营销计划中准备开发大型超市和卖场，却没有对开发费用进行相应的分配，如进场费、条码费、陈列费、堆头费、促销费等，而这只能使终端的开发工作举步维艰。又如，有的企业在市场营销计划中准备实施深度分销，但在区域市场只派驻了少量的人员，根本无法做到深度分销，只能依靠经销商的粗放型经营模式。因此，在市场营销计划实施过程中，一定要通过制度对关键项目的资源保障进行管理，并与绩效考核结合起来，从而使市场营销目标得以顺利实现。

（二）市场营销控制

由于市场营销环境的不稳定性和复杂性，市场营销战略和计划与实施过程中的实际情况并非完全一致，同时市场营销战略和计划本身也可能存在与实际不符的情况。市场营销人员的素质差别和理解差异等都会造成市场营销战略和计划无法实现，所以企业必须加强对市场营销活动的控制。

市场营销控制是指企业为了实现市场营销目标，取得市场营销活动的最佳效果，对市场营销各要素的变化趋势及相互间的关系加以监督、考察、评估、操纵和把握等的一系列规范化约束行为的总和。

1. 市场营销控制的程序

市场营销控制的对象是现实的市场营销活动过程，其本质在于对市场营销活动过程的操控和把握。有效的市场营销控制包括 6 个工作程序：确定市场营销控制对象、确定市场营销控制标准、建立工作绩效标准、确定控制方法、评估工作绩效及采取改进措施。

（1）确定市场营销控制对象，即确定对哪些市场营销活动进行操控和把握。一般来说，市场营销控制对象应包括企业市场营销活动的各个方面，主要包括销售成本、销售收入、销售利润、市场营销人员的工作绩效、新产品成效、广告效果等。企业可根据市场营销战略和计划的执行情况，确定控制对象。

（2）确定市场营销控制标准。选择的衡量标准与控制重点有直接关系。如果控制的重点在于结果，则结果本身就是重要的衡量标准，如利润额、市场份额、销售量等；如果控制的重点在于过程，则必须建立能预测结果的衡量标准，如定期销售量、试销增长率等。

（3）建立工作绩效标准，对所控制的标准项目加以定量化。例如，规定市场调查访问用户每次费用不得超过 25 元；新产品进入市场半年以后的市场份额达到 5%。建立工作绩效标准时，必须考虑到市场营销人员个人、产品、目标市场等方面的差异，切忌“一刀切”。

（4）确定控制方法。建立了工作绩效标准后，应选择适当的控制方法。例如，通过月度销售资料，检查营销活动的进度；通过用户的购物订单，分析不同用户的购买情况；确认销量过低以致企业不能获得利润的产品等。

（5）评估工作绩效。对比实际工作绩效与绩效标准，如果发现实际工作未能完成预期的绩效标准，则应进行绩效分析，找出造成差异的原因并进行调控。

（6）采取改进措施。

依据造成偏差的原因，提出相应的改进措施，确保企业市场营销战略和计划的实现。

2. 市场营销控制的方法

企业在对市场营销活动进行有效控制时，一方面要明确控制对象及确定合适的控制程序，另一方面还要针对不同的对象，科学地选择市场营销控制方法。通常情况下，市场营销控制的方法主要有 4 种类型，即年度计划控制、盈利能力控制、效率控制、战略控制与市场营销审计。

（1）年度计划控制。所谓年度计划控制，是指企业在本年度内采取控制步骤，检查实际绩效与计划之间是否存在偏差，并采取改进措施，以确保市场营销计划的实现与完成。年度计划控制的主要目的：促使年度计划产生连续不断的推动力；控制的结果可以作为年终绩效评估的依据；发现企业潜在问题并及时予以妥善解决；高层管理人员可借此有效地监督各部门的工作。

企业可运用 5 种绩效工具以核对年度计划目标的实现程度，即销售分析、市场占有率分析、市场营销费用与销售额比率分析、财务分析、顾客态度追踪。

①销售分析。销售分析主要用于衡量和评估所制定的计划销售目标与实际销售之间的关系。这种关系的衡量和评估主要有两种方法。

销售差异分析。销售差异分析用于衡量各个不同的因素对销售绩效的不同作用。

【小案例 15-1】

某企业年度计划要求第一季度销售 4000 件产品，每件 1 元，即销售额为 4000 元。在该季度结束时，只销售了3000件，每件0.80元，即实际销售额为2400元。那么，这个销售绩效差异为-1600元，或为预期销售额的-40%。问题：绩效的降低有多少归因于价格下降？有多少归因于销售数量的下降？

【分析提示】

我们可用如下计算来回答：

因价格下降的差异＝（1-0.80）×3000＝600　　600/1600＝37.5％

因数量下降的差异＝1×（4000-3000）＝1000　　1000/1600＝62.5％

可见，约有2/3的销售差异归因于未能实现预期的销售数量。由于销售数量通常比价格容易控制，企业应该对未能达到预期销售量的情况予以充分重视。

微观销售分析。微观销售分析可以从产品、地区及其他方面分析未能达到预期销售额的原因。

【小案例15-2】

某企业在三个地区销售产品，其预期销售额分别为1500元、500元和2000元，预计总销售额为4000元。最终其实际销售额分别为1400元、525元、1075元。试通过微观销售分析法找出企业未完成销售目标的主要原因。

【分析提示】

就预期销售额而言，第一个地区约有7％的未完成额；第二个地区有5％的超出额；第三个地区约有46％的未完成额。因此，问题主要在于第三个地区。造成第三个地区不良绩效的原因有如下可能：一是该地区的销售代表工作不努力或有个人问题；二是有主要竞争者进入该地区；三是该地区居民收入水平下降。

②市场占有率分析。企业的销售绩效并不能反映相对于其竞争者，企业的经营状况如何。如果企业销售额增加了，可能是由于企业所处的整个经济环境的发展，也可能是因为其市场营销工作较之其竞争者相对有所改善。市场占有率正是剔除了一般的环境影响来考察企业本身的经营工作状况。如果企业的市场占有率升高，表明它较其竞争者的情况更好；如果下降，则表明它较其竞争者的情况较差。衡量市场占有率的第一个步骤是清楚地定义使用何种测量方法。一般来说，衡量市场占有率有4种不同的测量方法。

全部市场占有率。以企业的销售额占全行业销售额的百分比来表示。使用这种测量方法必须做出两项决策：第一，要以企业在一定时期内的产品销售量或销售额占同类产品销售总量或销售总额的比重来表示市场占有率；第二，正确认定行业范围，即明确本行业所应包括的产品、市场等。

可达市场占有率。以企业销售额占企业所服务市场的百分比来表示。所谓可达市场，一是企业产品较适合的市场；二是企业市场营销努力所及的市场。企业可能有近100%的可达市场占有率，却只有相对较小的全部市场占有率。

相对市场占有率（相对于三个最大竞争者）。以企业销售额占最大的三个竞争者的销

售额总和的百分比来表示。例如，某企业有30%的市场占有率，其最大的三个竞争者的市场占有率分别为20%、10%、10%，则该企业的相对市场占有率为30/40=75%。一般情况下，企业的相对市场占有率高于33%即被认为是强势的。

相对市场占有率（相对于市场领先竞争者）。以企业销售额占市场领先竞争者的销售额的百分比来表示。相对市场占有率超过100%，表明该企业是市场领先者；相对市场占有率等于100%，表明该企业与市场领先竞争者同为市场领先者；相对市场占有率的增加表明该企业正接近市场领先竞争者。

③市场营销费用与销售额比率分析。年度计划控制需要检查与销售有关的市场营销费用，以确定企业在达到销售目标时的费用支出。市场营销费用是对销售额比率的一种主要检查方法。市场营销人员的工作就是密切注意这些比率，以发现其是否失去控制。当比率失去控制时，市场营销人员必须认真查找问题的原因。

④财务分析。市场营销人员应就不同的费用与销售额的比率和其他的比率进行全面的财务分析，以此来确定企业在何处如何展开活动，进而获得盈利。更重要的是要利用财务分析来判别影响企业资本净值收益率的各种因素。

⑤顾客态度追踪。企业主要利用以下系统来追踪顾客的态度。

抱怨和建议系统。对顾客的书面的或口头的抱怨，企业应该进行记录、分析，并做出适当的反应。对不同的抱怨企业应该分析归类做成卡片，较严重的和时常发生的抱怨应及早予以关注。企业应该鼓励顾客提出批评和建议，使顾客有机会发表意见，这样才有可能搜集到顾客对其产品和服务的完整反映资料。

固定顾客样本。有些企业建立了由一定代表性的顾客组成的固定顾客样本，并定期通过电话访问或邮寄问卷的形式了解其态度。这种做法有时比抱怨和建议系统更能代表顾客态度的变化及其分布范围。

顾客调查。企业定期让一组随机顾客回答一组标准化的调查问卷，调查问卷中的问题包括职员态度、服务质量等。通过对这些问卷的分析，企业可及时发现问题，并及时予以纠正。

通过上述分析，当企业发现实际绩效与年度计划存在较大偏差时，可考虑采取如下措施：削减产量，降低价格，对销售队伍施加更大的压力，削减杂项支出，裁减员工，调整企业簿记，削减投资，出售企业财产及出售整个企业等。

（2）盈利能力控制。除年度计划控制外，企业还需要运用盈利能力控制来测定不同产品、不同销售区域、不同顾客群体、不同渠道及不同订货规模的盈利能力。由盈利能力控制所获取的信息，有助于管理人员决定各种产品或市场营销活动是扩展、减少还是取消。

①市场营销成本。市场营销成本直接影响企业利润，它包括直接推销费用、促销费用、仓储费用、运输费用及其他市场营销费用等。市场营销成本连同企业的生产成本构成了企业总成本，企业总成本直接影响到企业的经济效益。

②盈利能力的考察指标。取得利润是企业的重要目标之一，因而盈利能力控制在市场营销管理中占有十分重要的地位。盈利能力的考察指标主要包括销售利润率、资产收益率、净资产收益率、资产管理效率。

销售利润率。一般来说，企业将销售利润率作为评估企业获利能力的主要指标之一。销售利润率是指利润额与销售额之间的比率，其公式如下：

销售利润率=利润额/销售额×100%

资产收益率，是指在一定时期内企业的净利润与资产平均总额的比率。其公式如下：

资产收益率=净利润/资产平均总额×100%

净资产收益率（也称股东权益报酬率），是指在一定时期内企业净利润与净资产的比率。该指标反映股东权益的收益水平，用以衡量公司运用自有资本的效率。其计算公式如下：

净资产收益率=净利润/净资产×100%

其中，净利润=税后利润+利润分配；净资产=所有者权益+少数股东权益。

资产管理效率。其可通过以下几个指标来分析。

流动资产周转率，是指销售额与流动资产平均余额的比率。它反映全部流动资产的利用效率。其计算公式如下：

流动资产周转率=销售额/流动资产平均余额

固定资产周转率，也称固定资产利用率，是指企业销售收入与固定资产平均净值的比率。其计算公式如下：

固定资产周转率=销售收入/固定资产平均净值

存货周转率，是指企业在一定时期内营业成本（销货成本）与平均存货余额的比率。其计算公式如下：

存货周转率=销货成本/平均存货余额

存货周转率是对流动资产周转率的补充说明。通过对存货周转率的计算与分析，可以测定企业在一定时期内存货资产的周转速度。存货周转率是反映企业购、产、销平衡效率的一种尺度。存货周转率越高，表明企业存货资产变现能力越强，存货及占用存货的资金周转速度越快。

（3）效率控制。假如盈利能力分析显示企业在某一产品、地区或市场中所得的利润很少，那么紧接着下一个问题便是能不能提高人员推销、广告、营业推广及分销的效率。

①人员推销效率。企业的各地区的销售经理要记录本地区内人员推销效率的几项主要指标，这些指标包括：每位销售人员平均每天的销售访问次数；每次销售访问的平均访问时间；每次销售访问的平均收益；每次销售访问的平均成本；每次销售访问的招待成本；每百次销售访问而订购的百分比；每百次访问期间的新增顾客数；每百次访问期间的流失顾客数；销售成本对总销售额的百分比。

②广告效率。企业应该做好如下统计：每种媒体类型、每种媒体工具接触每千名购买者所花费的广告成本；顾客对每种媒体工具注意、联想和阅读的百分比；顾客对广告内容和效果的意见；衡量广告前后顾客对产品的态度；受广告刺激而引起的询问次数。企业可以采取若干步骤来提高广告效率，其中包括：进行更加有效的产品定位；确定广告目标；利用电脑来指导广告媒体的选择；寻找较佳的媒体；进行广告后效果测定。

③营业推广效率。为了改善营业推广的效率，企业应该对每种营业推广的成本和销售影响进行记录，并注意做好如下统计：由于优惠而销售的百分比；每一笔销售额的陈列成本；赠券收回的百分比；因示范而引起询问的次数。企业还应观察不同营业推广的效果，并使用更有效果的手段。

④分销效率。分销效率主要是对企业的存货水准、仓库位置及运输方式进行分析和改

进，以达到更好的配置并寻找更好的运输方式和途径。

效率控制的目的在于提高人员推销、广告、营业推广和分销等市场营销活动的效率，市场营销经理必须重视若干关键比率，这些比率表明了上述市场营销组合因素的有效性及应该如何引进某些资料来改进执行情况。

（4）战略控制与市场营销审计。①战略控制。企业的市场营销战略是指企业根据自己的市场营销目标，在特定的环境中，按照总体的策划过程所拟定的可能采用的一系列行动方案。但是，市场营销环境的不断变化往往会使企业制定的目标、策略、方案失去作用。因此，在企业市场营销战略实施过程中必然会出现战略控制问题。战略控制是指企业市场营销管理者采取一系列行动，使实际市场营销工作与原计划尽可能一致，在控制中通过不断评审和信息反馈，对战略不断修正。

②市场营销审计。所谓市场营销审计，是对一个企业的市场营销环境、目标、战略、组织、方法、程序和业务等进行综合的、系统的、独立的和定期性的核查，以便确定困难所在和各项机会，并提出行动计划的建议，从而改进市场营销管理效果。市场营销审计实际上是在一定时期内对企业全部市场营销业务进行总的效果评价。其主要特点是，不限于评价某些问题，而是对全部活动进行评价。

第二次世界大战以后，发达国家经济增长缓慢，产品翻新加快，顾客需求趋向个性化、多样化，市场竞争日益激烈，企业市场营销出现危机。工业企业为提高经济效益，开始对市场营销活动加强核查、分析和控制，进而逐渐展开市场营销审计。20 世纪 70 年代，美国许多工商企业，尤其是一些跨国公司，逐渐从单纯的关注利润和效率发展到全面核查经营战略、年度计划和市场营销组织。他们预见性地改善企业经营管理，对市场营销活动的核查范围逐步扩大，从而有效地提高了经济效益，其主要核查内容包括用户导向、市场营销组织、市场营销信息、战略控制及作业效率等。同时，他们制定了核查的具体要求，确立了核查标准并采用计分办法加以评估。从那时起，市场营销审计逐步成熟并发展。工商企业把它当作加强市场营销管理的一个有效工具，它也为市场营销理论增添了新的篇章。

市场营销审计的基本内容包括市场营销环境审计、市场营销战略审计、市场营销组织审计、市场营销系统审计、市场营销盈利能力审计和市场营销职能审计。

市场营销环境审计。企业需要对市场营销环境进行分析，并在分析人口、经济、生态、技术、政治、文化等环境因素的基础上，制定企业的市场营销战略。这种分析是否正确，需要经过市场营销审计的检验。审计内容包括市场规模，市场增长率，顾客与潜在顾客对企业的评价，竞争者的目标、战略、优势、劣势、规模，市场占有率，供应商的推销方式，经销商的贸易渠道等。

市场营销战略审计。企业是否能按照市场导向确定自己的任务、目标并设计企业形象，是否能选择与企业任务、目标相一致的竞争地位，是否能制定与产品生命周期、竞争者战略相适应的市场营销战略，是否能进行科学的市场细分并选择最佳的目标市场，是否能合理地配置市场营销资源并确定合适的市场营销组合，企业在市场定位、企业形象、公共关系等方面的战略是否卓有成效，所有这些都需要经过市场营销战略审计的检验。

市场营销组织审计。市场营销组织审计主要是评价企业的市场营销组织在执行市场营销战略方面的组织保证程度和对市场营销环境的应变能力。其审计内容主要包括：企业是否有强有力的市场营销主管人员及明确的职权划分，是否能按产品、用户、地区等有效地组织各项市场营销活动，是否有一支训练有素的销售队伍，对其销售人员是否有健全的激励、监督机制和评价体系，市场营销部门与采购部门、生产部门、研究开发部门、财务部门及其他部门的沟通情况等。

市场营销系统审计。企业市场营销系统包括市场营销信息系统、市场营销计划系统、市场营销控制系统和新产品开发系统。对市场营销信息系统的审计，主要是审计企业是否有足够的有关市场发展变化的信息来源，是否有畅通的信息渠道，是否进行了充分的市场营销研究，是否恰当地运用市场营销信息进行了科学的市场预测等。对市场营销计划系统的审计，主要是审计企业是否有周密的市场营销计划，计划的可行性、有效性及执行情况如何，是否进行了销售潜量和市场潜量的科学预测，是否有长期的市场占有率增长计划，是否有适当的销售定额及其完成情况如何等。对市场营销控制系统的审计，主要是审计企业对年度计划目标、盈利能力、市场营销成本等是否有准确的考核控制和绩效控制。对新产品开发系统的审计，主要是审计企业开发新产品的系统是否健全，是否组织了新产品创意的搜集与筛选，新产品开发的成功概率如何，新产品开发的程序是否健全。新产品开发的程序包括开发前充分的调查研究、开发过程中的测试及投放市场的准备和效果等。

市场营销盈利能力审计。市场营销盈利能力审计，是在企业盈利能力分析和成本效益分析的基础上，审计企业的不同产品、不同市场、不同地区及不同分销渠道的盈利能力，审计企业进入或退出、扩大或缩小某项具体业务对盈利能力的影响，审计市场营销费用的支出情况及其效益，进行市场营销费用分析、资本净值报酬率分析和资产报酬率分析等。市场营销费用分析包括销售队伍与销售额之比、广告费用与销售额之比、促销费用与销售额之比、市场营销研究费用与销售额之比、销售管理费用与销售额之比。

市场营销职能审计。市场营销职能审计，是对企业的市场营销组合因素（即产品、价格、地点、促销）效率的审计。其主要是审计企业的产品质量、特色、式样、品牌的顾客欢迎程度，企业定价目标和战略的有效性，市场覆盖率，企业分销商、经销商、代理商、供应商等渠道成员的效率，广告预算、媒体选择及广告效果，销售队伍的规模、素质及能动性等。

【小案例 15-3】

武汉科诺公司是由武汉东湖高新集团、武汉东湖高新农业生物工程有限公司和湖北省植保总站于 1999 年 5 月共同组建的一家高科技企业，注册资本为 7920 万元人民币，其主要从事生物农药及其他高效、低毒、无公害农药的研发、生产、销售和推广。

截止到 2000 年 5 月，科诺公司共有员工 1033 名，其中包含 601 名销售人员，这些销售人员分布在全国各地。这充分体现出营销工作在科诺公司的重心地位，同时也反映出营销工作的成败直接影响着科诺公司的生存和发展。科诺公司的营销管理工作主要有以下几个特点。

（1）公司的产品正处于产品生命周期的引入期，开拓市场、销售额最大化是公司的首要目标。

（2）公司的主要产品是生物农药，属于有形产品，销售业绩目标的可量化程度较高。

（3）销售区域分布广，销售过程透明度不高，公司总部对全国各地销售人员行为的可控性较低，因此销售人员有可能“粉饰”销售业绩，并牺牲公司长期发展而获取个人短期利益。

（4）生物农药产品直接面对的是农村市场，销售人员主要是与农民打交道，大多数销售人员是在当地直接招募的，因此其综合素质不高。

因此，公司在市场部设置了督办部，并设计了一种“双回路”的营销控制模式，这种营销控制模式对公司早期的快速成长及规范销售人员的行为发挥了重要的作用。“双回路”营销控制模式主要强调工作计划与督办落实“两条腿走路”，一方面要求销售人员做出详细的工作计划，包括具体的销售业绩目标，另一方面派出督办人员不定期地到市场一线去检查工作计划的完成情况，并及时反馈检查结果。督办人员的工作不是为了“挑刺”，找出销售人员工作中的不规范行为，而是帮助销售人员解决工作中的困难，及时“纠偏”，从而顺利完成销售目标。

【分析提示】

科诺公司的这种营销控制模式实际上是将结果控制、过程控制及他人控制等几种类型的营销控制模式有机地结合起来了，而且在每种类型的营销控制模式中设计和运用的具体方法和流程之间也是相互联系、相互支撑的。因此，这种整合的营销控制模式较好地弥补了单个控制模式的不足，充分发挥了“1+1＞2”的作用。

项目总结

【内容要点】

市场营销计划是企业整体战略在市场营销领域的具体化。市场营销计划一般包括以下内容：计划概要、营销状况分析、机会与风险分析、营销目标、营销策略、行动方案、营销预算、营销控制。市场营销计划制订后，要根据市场的变化主动进行调整，这样既能保证市场营销计划的稳定性，又能保证市场营销计划的适应性。

市场营销执行与控制是市场营销管理过程中的一个重要环节。市场营销执行过程包括制定市场营销执行方案、设计组织结构、选择执行人员、建立健全绩效考评制度及激励机制、建立企业文化等工作。

有效的市场营销控制包括 6 个工作程序：确定市场营销控制对象、确定市场营销控制标准、建立工作绩效标准、确定控制方法、评估工作绩效、采取改进措施。

市场营销控制的方法主要有 4 种类型，即年度计划控制、盈利能力控制、效率控制、战略控制与市场营销审计。

【实务重点】

市场营销执行过程；市场营销控制的程序；年度计划控制；盈利能力控制；效率控制；战略控制与市场营销审计。

【复习与思考】

1．市场营销执行过程主要包括哪些方面的工作？
2．结合实际谈谈市场营销执行过程中经常出现的问题。
3．简述企业有效的市场营销控制的程序。
4．年度计划控制主要包括哪些内容？
5．企业如何进行盈利能力控制？
6．联系实际谈谈企业应从哪些方面进行市场营销审计？

项目综合实训（一）

一、实训目的

通过搜集宝洁公司在组织结构设计、市场营销控制等方面的资料，帮助学生理解营销组织结构的特点及其适应性，并掌握营销控制的方法。

二、实训内容

1．分析实行多品牌战略的宝洁公司所采用的营销组织结构状况，讨论其组织结构对其实现营销目标的意义。
2．讨论分析宝洁公司是如何完成营销过程控制的。
3．各小组完成分析报告。

三、实训组织

该实践训练项目由指导教师与所指导班级利用实践教学时间组织进行。

1．根据班级成员总人数进行分组，5～6人为一组。
2．各小组选一个组长协调各项工作，要求组员团结协作。
3．各小组通过互联网、杂志、报纸等多种媒介搜集宝洁公司在组织结构设计及其营销控制等方面的资料。
4．选择本地市场中宝洁公司任意一类产品进行市场调查，从营销控制的角度分析其成功的原因。

四、实训考核

1．各小组完成实训报告，并以PPT形式汇报。
2．教师讲评。

项目综合实训（二）

下面是某公司市场营销人员制订的一份企业市场营销计划，但尚未完成，请按照市场营销计划的内容完成营销计划书的撰写，要求详细说明如何进行有效的市场营销控制。

深入企业调查，为某一个企业制订年度市场营销计划。

一、计划概要

（1）年度销售目标为 600 万元。

（2）经销商网点为 50 个。

（3）公司在自控产品市场有一定知名度。

二、营销状况

空调自控产品属于中央空调等行业的配套产品，受上游产品消费市场的牵制，但需求总量还是比较可观的。城市建设和人民生活水平的不断提高及产品更新换代时期的到来带动了市场的持续增长，从而也带动了整体市场容量的扩张。湖南地处我国的中部，空调自控产品需求量比较大：夏秋炎热，春冬寒冷；近两年湖南房地产业发展迅速，特别是中高档商居楼、别墅群的兴建；长株潭的融城、郴州、岳阳、常德等地兴建工业园和开发区；人们对生活水平要求的提高。综上所述，空调自控产品特别是高档空调自控产品在湖南将有很大的发展潜力。

空调自控产品销售的渠道包括三种：工程招标、房产团购和私人项目。工程招标渠道所占的份额很大，但是房产团购和私人项目两种渠道同样发展迅速，其已经呈现出多元发展的局面。

从各企业的销售渠道来看，大部分企业采用办事处加经销商的模式。国内空调自控产品企业都加大力度进行全国营销网络的部署和传统渠道的巩固，加强与设计院及管理部门的合作。进入市场时间相对较晚的空调自控产品企业，由于市场积累时间相对较短，又急于快速打开市场，其基本上采用了办事处加经销商的渠道模式。为了快速对市场做出反应，凡进入湖南市场的自控产品在湖南都要有一定的库存。湖南空调自控产品市场容量比较大，而且还有很大潜力，发展趋势被普遍看好，因此对于还未进入湖南市场的品牌来说还有很大的市场机会。目前，本公司在湖南空调自控产品市场上的基础比较薄弱，团队也比较年轻，品牌影响力还需要巩固与拓展。因此，在销售过程中：首先，要非常清楚本公司的优势，并加以发挥和利用；其次，要找出本公司的弱项并及时提出，加以克服；最后，要提高服务水平和质量，将服务意识渗透到与客户交流的各个环节中，注重售前、售中、售后、回访等各项服务。

三、营销目标

（1）空调自控产品应以长远发展为目标，力求扎根湖南。以建立完善的销售网络和样板工程为主，销售目标为 600 万元。

（2）跻身一流的空调自控产品供应商；成为快速成长的成功品牌。

（3）以空调自控产品带动整个空调产品的销售和发展。

（4）市场销售近期目标：在很短的时间内使营销业绩快速增长，到年底使自身产品成为行业内知名品牌，取代省内同水平产品的一部分市场。

（5）致力于发展分销市场，到年底发展到有50家分销业务合作伙伴。

（6）全力投入工作，使工作实现高效率、高收益、高薪资发展。

四、营销策略

如果空调自控产品想要实现销售快速增长、取得竞争优势，其更好的选择便是“目标集中”的总体竞争战略。随着湖南经济的不断快速发展、城市化规模的不断扩大，空调自控产品市场的消费潜力也日趋凸显，目标集中战略对企业来说是明智的竞争策略选择。围绕“目标集中”总体竞争战略可以采取的具体营销策略包括：市场集中策略、产品集中策略、经销商集中策略及其他为目标集中而配套的策略4个方面。为此，我们需要将湖南市场划分为以下4种。

战略核心型市场——长沙、株洲、湘潭、岳阳。

重点发展型市场——郴州、常德、张家界、怀化。

培育型市场——娄底、衡阳、邵阳。

等待开发型市场——吉首、永州、益阳。

总体营销策略：采用全员营销、直销和渠道营销相结合的营销策略。

1．目标市场

中心城市和中小城市同时突破，重点发展行业样板工程,大力发展重点区域和重点代理商，迅速促进产品的销量及销售额的提高。

2．产品策略

用整体的解决方案带动整体的销售：要求产品能形成完整的解决方案并有成功的案例，以此带动全线产品的销售。大小互动：以空调自控产品的销售带动阀门及其他产品的销售，又以阀门及其他产品的销售促进空调自控产品的销售。

3．价格策略

以高品质、高价格、高利润空间为原则；制定较现实的价格表，价格表分为两层，媒体的公开报价和市场销售的最低价；制定较高的月返点和季返点政策，以控制营销体系；严格控制价格体系，确保一级分销商、二级分销商、项目工程商、最终用户之间的价格距离及利润空间。为了适应市场，价格政策还要有一定的灵活性。

4．渠道策略

（1）分销合作伙伴分为两类：一类是分销客户，即企业的重点合作伙伴；另一类是工程商客户，即企业的基础客户。

（2）渠道的建立模式有以下几个方面。

①采取逐步深入的方式，先草签协议，再做销售预测表，然后正式签订协议，订购第一批货。如果不进货则不能签订代理协议。

②采取寻找重要客户的办法，通过谈判将货发到分销商手中，然后企业的销售和市场支持也要同时跟进。

③在代理商之间挑起竞争心态，在谈判中因有当地的一个潜在客户而使企业掌握主动权，并以高姿态进入市场。

④草签协议后，在广告中就可以出现草签代理商的名字，在分销商和原厂商产生矛盾的情况下，这时本企业便可以乘机进入市场。

⑤在当地的区域市场中，随时保证有一个当地的可以成为一级代理的二级代理，可以对一级代理起到促进作用。

（3）市场中有“推动”“拉引”的力量。销售额要想快速的增长，就要采用“推动”的力量。而“拉引”的力量则需要长时间的培养。因此，我们应将主要精力放在开拓渠道分销上。另外，负责大客户的人员和负责工程商的人员要主攻行业市场和工程市场，力争在3个月内完成4~5项样板工程。以此来给内部人员和分销商树立信心，使其到年底能够完成自己的营销定额。

5．人员策略

营销团队的基本理念：开放心胸、战胜自我、专业精神。

（1）业务团队的垂直联系，要保持高效沟通，才能快速做出反应，促使团队建设扁平。

（2）制定内部人员的报告制度和销售奖励制度。

（3）以专业的精神来销售产品。价值=价格+技术支持+服务+品牌。实际销售的是一个解决方案。

（4）编制销售手册。其中包括代理商的销售规则，技术支持，市场部的工作范围和职能，所能解决的问题和提供的支持等说明。

五、营销方案

（1）公司应好好利用品牌，走品牌发展战略。

（2）整合湖南本地的各种资源，建立完善的销售网络。

（3）培养一批优质客户，建立良好的社会关系网。

（4）建设一支能力强的营销团队。

（5）选择一套适合公司的市场运作模式。

（6）抓住公司产品的特点，寻找公司的卖点。

（7）公司在湖南宜采用直销和经销相结合的市场运作模式。直销做样板工程并带动经销网络的发展，经销做销量并作为公司的利润增长点。

（8）直销采用人员推广和部分媒体宣传相结合的方式拓展市场，针对空调自控产品，我们可以采用小区推广法和重点工程及项目样板工程说服法。

（9）为了使产品尽快进入市场，促进公司的长期发展，企业应以长沙为中心，向湖南省内的各大城市进军，其中以长沙为核心利润点，以地市为利润增长点。

（10）湖南的渠道宜采用扁平化模式并做好渠道建设和管理。在渠道建设方面可以不设省级总经销商，而是以地级市场为基本单位划分。每个地级市场设两个一级经销商，并把营销触角一直延伸到具有市场价值的县级市场，改变目前湖南其他空调自控产品品牌在地级市场的“游击战”方式，采用“阵地战”方式，建立与经销商长期利益关系的品牌化运作模式，对每个地区的市场都精耕细作，稳扎稳打。

……

模块六 “互联网+”营销创新

模块描述

【知识目标】

- 掌握“互联网+”营销的定义及优点。
- 认识“互联网+”营销与传统营销的区别。
- 掌握“互联网+”营销创新模式。
- 了解实际生活中“互联网+”营销创新实践。

【能力目标】

- 具备识别和选择“互联网+”营销模式的能力。
- 初步具备“互联网+”营销运用于实践的能力。
- 增强互联网运用思维及能力。
- 增强团队协作意识。

模块分析

【知识点】

- “互联网+”营销理念。
- “互联网+”营销创新模式。

【技能点】

- “互联网+”营销理念实践运用。

项目十六 “互联网+”营销理念及创新模式应用

项目目标

【知识目标】

- 掌握“互联网+”营销的定义及优点。
- 认识“互联网+”营销与传统营销的区别。
- 掌握“互联网+”营销创新模式。
- 了解实际生活中“互联网+”营销创新实践。

【能力目标】

- 具备识别和选择“互联网+”营销模式的能力。
- 初步具备“互联网+”营销运用于实践的能力。
- 增强互联网运用思维及能力。
- 增强团队协作意识。

【素质目标】

- 提高“互联网+”营销运用于实践的能力。
- 增强创新能力。

项目导入

随着网络时代的发展，HW 公司也要紧跟时代发展，开展“互联网+”营销活动，该公司应如何借助互联网及新媒体开展营销活动呢？

项目实施

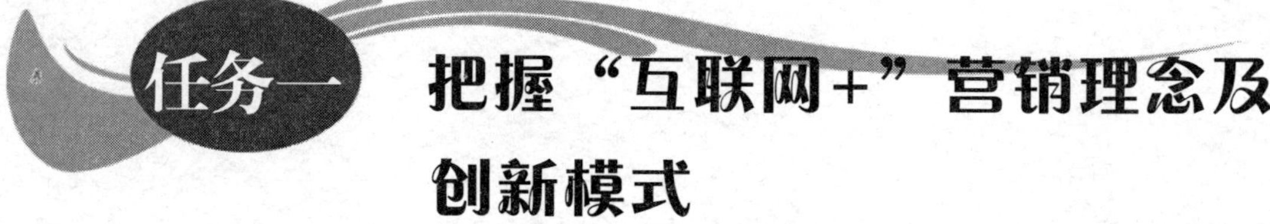
任务一 把握“互联网+”营销理念及创新模式

（一）“互联网+”营销概述

随着互联网的不断发展，“互联网+”营销理念不仅得到了当代营销者的重视，还成为产品及品牌推广的重要手段。简言之，“互联网+”营销就是以互联网为主要手段开展的营销活动，它可以充分运用互联网技术优势及多种新媒体手段，以内容为主获取较好的营销效果。

与传统营销手段相比，“互联网+”营销有覆盖范围广、传播速度快、运营成本低、交互手段丰富、数据反馈及时、目标用户投放精准、互动性强等优点。但“互联网+”营销并不等同于企业可以完全依靠互联网传播手段营销，而忽视产品本身，博人眼球的网络爆炸性话题或许可以让消费者因为好奇买单，但却很难让其重复购买。因此，要想长久留住客户，还是要重视产品本身。

（二）“互联网+”营销创新模式

随着互联网技术的不断发展，企业市场营销模式也在不断发展与创新。

1. 软文营销

软文是基于特定产品对消费者进行针对性引导。企业通常借助文字表述、舆论传播使消费者赞同某些概念、观点和看法，从而达到宣传企业品牌的目的。软文营销就是指通过特定的文字或者口头传播方式，以摆事实、讲道理的方式使消费者走进企业设定的“思维圈”。方式包括新闻、评论、访谈等。

软文不同于硬广告的直接植入，它追求的是润物细无声的传播效果，在潜移默化中让

消费者接受企业产品或品牌。软文从消费者或者行业角度出发，通过细腻真实的细节描述，能够快速引起消费者的共鸣和情感认同，实现品牌的软性植入。

【小案例 16-1】

迪拜帆船酒店建在一个人工岛上，外形酷似帆船，一共有 56 层，321 米高。这个酒店在 2007 年重点拓展我国市场时，没有投入一分钱广告费，只是在国内的几家报纸媒体做了几篇系列软文。其中，比较典型的是以下两篇：

《长江商报》2007 年 8 月 20 日的报道"全球唯一七星酒店：24 吨黄金装饰"；《北京青年报》2010 年 8 月 9 日的报道"迪拜七星级酒店六成中国客，消费能力让人吃惊"。

这两篇文章的核心内容被新华网、人民网、搜狐、腾讯等各大门户网站争先转载，被其他平面媒体报道引用。因此，帆船酒店成了国内富商、明星等争相参观的景点以及入住的首选。据统计，帆船酒店的客人至少有 10%来自我国。

随着互联网的发展，软文的扩散途径也逐渐由报纸杂志等纸质媒体转移到了网站、微信、微博等互联网媒体。

在进行软文营销过程中，应注意：软文内容最终为受众服务；抓住受众人群的口味；针对有效受众人群投放信息；选择好发布媒体等。

2. 微博营销

微博营销是指通过微博平台为商家、个人等创造价值的一种营销方式，也是商家或个人通过微博平台发现并满足用户各类需求的商业行为方式。该营销方式注重价值的传递、内容的互动、系统的布局、准确的定位，微博的火热发展也使得其营销效果卓有成效。每一个微博用户都是潜在的营销对象，企业可以通过发布用户感兴趣的话题、每天更新内容、跟用户互动等方式，传播企业及产品信息，树立良好的企业形象和产品形象，达到营销的目的。

【小案例 16-2】

《2015 微博企业运营白皮书》(以下简称《白皮书》) 显示，2015 年企业微博用户数量不断发展壮大，活跃度大幅攀升，有近百万的认证企业用户入驻微博。微博为企业用户提供多种营销运营解决方案，借助微博平台的优势，企业粉丝数量持续增长、运营方式更加灵活，微博已经成为企业社会化营销的首选平台。同时，微博上潜在消费群体增多，企业品牌传播、产品营销在微博上的效果也越来越明显。

1. 2015 年微博入驻企业已近百万

截至 2015 年 11 月，已有 96 万认证企业用户入驻微博，同比增长 30%，如今覆盖粉丝人数已近 6.6 亿。

在这些入驻微博的认证企业中，互联网、房产家居、餐饮美食类的认证企业数量较多，互联网企业增幅最为显著。企业博文阅读量、互动量大幅提升，2015 年认证企业博文互动量达到 20 亿，同比上涨 34%。

2．企业粉丝两大标签：年轻化和高学历

《白皮书》指出，关注企业的微博用户数量持续增长，且用户活跃度不断提高。微博用户对企业账号的持续关注和良性的互动及日趋增长的潜在消费能力，已经成为企业传播与营销的基础。微博上越来越多的“80后”“90后”年轻用户和高学历人群成为关注企业用户的主力人群，这类人群占关注企业账号的微博用户总量的86%，其中大学及以上学历人群数量占比则达到76%。

《白皮书》还指出，手机、旅行成为关注企业微博用户非常爱讨论的热词。从关注认证企业的微博用户兴趣标签来看，娱乐明星、电影和互联网标签占大多数，与此同时，美妆、汽车、教育培训也越发受到用户关注。

3．社交资产成为企业微博营销核心

如今，企业运营与品牌营销日渐依赖企业社交资产。微博平台充分发挥社交媒体平台的优势，以其强大的传播能力和用户数量，将企业发展和粉丝经济深度融合。微博提供粉丝积累、推广传播、粉丝经济和品牌塑造等多种手段，为企业成长架设完整“通路”。其中，粉丝积累是企业社交资产的核心，微博提供了“账号头条”“卡券平台”及“活动平台”等产品工具帮助企业积累原始粉丝。

在品牌塑造方面，微博“Big Day”营销组合深入满足客户新品首发、重大促销、限时抢购、重大联合推广、明星代言等营销需求。例如，洋码头在黑色星期五营销中，双话题阅读量达4.1亿，讨论量38.4万，“Big Day”当天微博总曝光量突破5.5亿，登上App市场购物类第一名，增加了超过5万粉丝，创造出惊人的营销效果。

企业在进行微博营销过程中，要注意把握一些技巧。

（1）注重企业价值的传递。只在内容上传递价值还不够，还必须要讲究一些技巧与方法。

（2）重视微博个性化。虽然是企业微博，但也不能只把它当作一个官方发布消息的冰冷窗口。企业微博要注重打造自己的特点与个性。这样的微博才会具有很高的用户黏性，才可以在竞争中脱颖而出。

（3）注重消息发布的连续性。在保证微博质量的同时，还要定时、定量、定向地发布内容，让用户不断获得该产品品牌的最新资讯，从而让其养成自觉关注该产品品牌信息的习惯。

（4）增强互动性及趣味性。在经营微博时，认真回复留言，与用户有效互动，更能唤起粉丝的情感认同。在一般情况下，包含有广告内容的营销消息，更需要以有趣的方式引导用户评论或转发。

（5）关注目标消费群体。注重粉丝的质量，围绕目标消费群体关注的产品信息进行运营，以吸引目标消费群体的关注。

3. 微信营销

微信营销

腾讯公司于2011年推出微信，它是一个为智能终端提供即时通信服务的免费应用程序，其有聊天、朋友圈、公众号等功能。截至2016年第二季度，微信月活跃用户达到8.06亿，已经覆盖我国94%以上的智能手机。

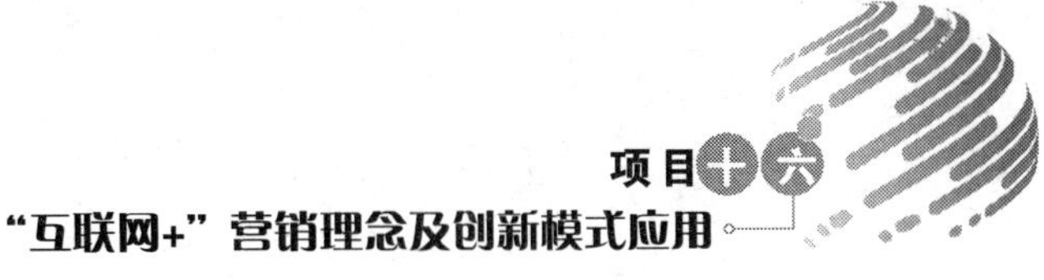

伴随着微信的火热，一种新的网络时代企业或个人营销模式——微信营销兴起了。基于微信庞大的用户基数，商家通过微信公众平台，提供用户需要的信息，推广自身产品，从而实现点对点的营销。微信营销的优点：信息的到达率高、接受率高，可精准到达所需人群，便捷高效。

微信营销有以下几种常见的方式。

（1）微信公众平台。个人和企业都可以打造微信公众号，实现和目标消费者的文字、图片、语音等的全方位沟通与互动，将信息精准地传达给目标群体。

（2）二维码。商家利用二维码图案，将新闻资讯、商家优惠、VIP 折扣等信息传达给消费者。

（3）微信开店。商家申请获得微信支付权限，即可在微信平台上开设店铺。

（4）微信朋友圈。商家利用微信朋友圈发送产品信息，可直接销售产品。

（5）LBS——地理位置推送。企业点击"查看附近的人"后，可根据地理位置查找到附近的微信用户，并将相应的促销信息推送给附近用户，进行精准投放。

企业要合理运用这一互动工具，因为如果企业不顾用户的感受，采用缺乏人性化的沟通方式，强行推送各种重复无效的广告信息，就会大大降低用户体验，从而影响企业口碑。

4. 口碑营销

口碑营销是指企业努力使消费者将产品、品牌的信息及对产品、品牌的评价主动传播给亲朋好友，让人们通过口碑了解产品及品牌形象，最终达到销售产品和提供服务的目的。

菲利普·科特勒将口碑传播定义为：由生产者以外的个人通过明示或暗示的方法，不经过第三方处理、加工，传递关于某一特定或某一种类的产品、品牌、厂商、销售者，以及能够使人联想到上述对象的任何组织或个人信息，从而导致受众获得信息、改变态度，甚至影响购买行为的一种双向互动传播行为。

这种营销方式的特点是成功率高、可信度强、针对性强、宣传费用低。口碑营销成功的基石是好的用户体验，只有好的用户体验才会激发用户评论。因此，企业首先要为消费者提供优质的产品与服务。

企业在进行口碑营销的过程中，要注重把握一些技巧。

（1）注重客户体验。进行口碑传播，要让消费者对产品或服务进行亲身体验。越来越多的企业开始重视体验式消费，通过让消费者直接感知产品，迅速激发消费者的购买欲望。借助消费者体验式消费后的评价，使产品进行口碑传播，从而吸引更多的消费者。

（2）打造品牌故事。品牌故事也是传播声誉的一个有效工具。一个好的品牌故事，可以表达品牌特点和个性，确定其在市场中的差异化地位，并让消费者成为品牌故事的传播者。

（3）注重产品及服务细节。影响消费者口碑的，有时不是产品主体，而是一些小的细节。

（4）寻找意见领袖。意见领袖是一个小圈子内的权威，他的观点能影响用户。例如，汽车制造商可以邀请汽车行业的专业记者来试乘、试驾，通过他们的体验来传播产品信息，以较高的可信度影响消费者。

5. 场景营销

场景营销是基于对消费者需求的洞察、识别和挖掘，并针对他们具体现实场景中的需求和心理进行的营销活动。场景营销在O2O模式中应用非常广泛。商家通过设置贴近用户实际生活的场景，充分结合消费者的兴趣和需求，使消费者的需求被激发出来，欣然接受商家的营销推广信息。

场景营销按人们生活的场景可分为以下两种。

（1）现实生活场景里的场景营销。例如，“王老吉”在熬夜、吃火锅、看球等场景设置之下，推出“怕上火喝王老吉”的广告口号。

（2）互联网使用场景里的场景营销。按互联网的种类，此类又可细分为PC场景营销和移动场景营销。例如，滴滴广告里面设置的下雨天不容易打车、夜班后没有地铁等场景，以此将滴滴打车软件推到有相同需求的广大用户面前。

【小案例16-3】

美团外卖是美团网旗下的网上订餐平台，于2013年11月正式上线，使用电脑、手机App、微信均可下单。2017年，美团外卖总交易额达1710亿元。目前，产品品类也已从单一的外卖扩展到了美食、夜宵、鲜花、商超等多个品类。

外卖消费者的消费受到时间、地点等场景因素影响，需要对消费者在不同的时间、地点下消费行为的差异进行深入了解，归纳不同场景下消费者需求的差异，针对不同场景制定相应的营销策略，从而提升用户活跃度。场景是特定时间、地点和人物组合下的特定的消费意图。不同的时间、地点，不同类型的消费者的消费意图会有差异。例如，白领在写字楼中午的订单一般是工作餐，通常在营养、品质上有一定的要求，且单价不能太高；而周末晚上的订单大多是夜宵，追求口味且价格弹性较大。场景辨识越细致，越能了解消费者的消费意图，运营效果也就越好。

另外，在消费者对一些新品类和新产品缺乏认知的情况下，需要通过技术手段识别消费者的潜在需求，进行精准营销。例如，哪些消费者可能会对小龙虾、鲜花、蛋糕这样的相对低频、高价值的产品产生购买欲望。美团外卖的地铁广告如下图所示。

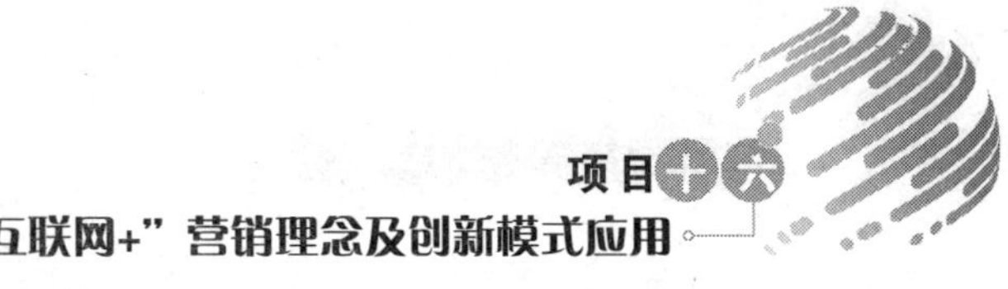

场景营销需要站在消费者的角度来考虑问题，并为消费者提供解决方案，从而产生良好的用户体验。当然，随着互联网、云计算、物联网、大数据的飞速发展，未来的场景营销通过大数据分析，将会更方便地预测消费者的需求和行为，获取更多的市场机会。

6. 网络事件营销

网络事件营销是事件营销的分支，是指企业以网络为传播平台，通过精心策划、实施让公众直接参与并享受乐趣的事件，以吸引或转移公众注意力，改善和增进公众关系，塑造企业良好形象，谋求企业长久持续发展的营销传播活动。随着网络发展，企业正在尝试或者已经利用互联网与消费者进行多种形式的互动，其通过组织和利用具有名人效应、新闻价值及社会影响的事件，以引起媒体和消费者的关注。

企业进行网络事件营销，要有极强的敏锐度，要善于发现话题，规划营销方案，利用人脉资源提高公众的参与度，并即时进行效果监测。当然，企业在进行事件营销的过程中，一定要注意风险控制。例如，不能降低品牌档次、不能破坏品牌美誉度、要符合当地风俗习惯等。

【小案例 16-4】

2017 年 10 月 12 日，麦当劳（中国）已正式变更为“金拱门（中国）有限公司”。此事件立即引起全网热议。“金拱门”作为一个网络梗瞬间走红网络，利用此次事件营销麦当劳又大大增加了曝光率和话题量。

麦当劳官方回应更名是因业务发展需要，那为什么是“金拱门”？我们不难注意到，麦当劳每个餐馆前都有一个明黄色拱形结构的大“M”标志，正是这个标志被称作金色的拱门。

此次改名事件，激发了全民参与的营销狂潮，麦当劳公司注重品牌知名度和美誉度的进一步提升，也看到其在我国本土化策略的进一步加强。因此，麦当劳趁热推出的“金拱门”广告，如下图所示。

案例节选自：搜狐 http://www.sohu.com/a/212774508_99975569
站长之家 https://www.chinaz.com/manage/2017/1103/824214.shtml

7. 饥饿营销

饥饿营销是指商家有意调低产量，以期达到调控供求关系、制造供不应求的假象、维护产品形象并维持产品较高售价和利润率的营销策略。其常常运用于产品或服务的商业推广。饥饿营销的最终目的不仅仅是调高价格售卖产品，更是为了提高品牌附加价值，树立品牌的高价值形象。饥饿营销比较适合单价较高，不容易形成单个产品重复购买的产品。

饥饿营销常见的手法包括：宣传造势引发消费者的购买欲望和消费者的好奇心理；门口排长队，扩大影响；制造销量热销假象，产生紧张气氛；官网定期发售，口碑宣传等。例如，买车要交定金排队等候，买手机要排长队等候及官网的秒杀抢购活动等。

企业在运用饥饿营销方式时，自身的产品质量一定要过硬，还要做好线上线下的宣传。但这种方式也不能过于频繁，不然易让消费者产生反感，转投竞争对手。小米手机的饥饿营销手段运用如下图所示。

抱歉，已全部售罄

在您选择版本时，全部红米手机 已售罄。
您可立即预约8月20日下一轮开放购买。

预约下一轮　返回首页

8. 病毒营销

病毒营销是利用公众的积极性和人际网络，让营销信息像病毒一样传播和扩散的营销方式，这种方式下营销信息被快速复制并传向数以万计、数以百万计的观众。它能够像病毒一样深入人脑，快速复制，迅速传播，将信息在短时间内传向更多的受众。病毒营销是一种常见的网络营销方法，常用于网站推广、品牌推广等。

病毒营销的关键是深入挖掘产品卖点打动消费者，找到既正面宣传企业又符合目标消费者口味的话题，让消费者认识、了解、信任和依赖品牌。病毒营销是网络营销方式中性价比较高的方式之一，如果能够制造适合网络传播的舆论话题，其效果还是非常显著的。

美国电子商务顾问 Ralph F. Wilson 博士将一个有效的病毒营销的基本要素归纳为 6 个方面：提供有价值的产品或服务；提供无需努力向他人传递信息的方式；信息传递范围很容易从小向很大规模扩散；利用公共的积极性和行为；利用现有的通信网络；利用别人的资源进行信息传播。

与口碑营销相比，口碑营销满足的是美誉度，通过推荐和现身说法得到信任认可；病毒营销满足的是知名度，通过高曝光率达成广泛认知，但不代表认可。从营销学来讲，口碑营销+病毒营销的组合是相对较好掌控且比较科学的方案。

【小案例 16-5】

2017 年 3 月 20 日，网易云音乐包下了杭州地铁 1 号线的车厢以及江陵路地铁站，发起了一场名为《看见音乐的力量》的营销活动。

网易公司从网易云音乐应用平台上的 4 亿条评论里，挑出点赞数最高的 5000 条，经人工筛选，最终选定 85 条，将其铺满一号线和江陵路地铁站。这些铺满一号线和江陵路地铁站的“金句”，正是取自点赞较多的网易云音乐评论。没有广告公司的参与，没有大手笔的费用预算，与其说是“音乐的力量”，其实倒不如说是网易用户原生、优质的文字内容，戳中了人们心中的孤独感和表达欲，从而迅速地引爆了社交网络。

下图为地铁里铺的网易云音乐评论：

祝你们幸福是假的，祝你幸福是真的。

——@似是而非或是世事可畏，评论于好妹妹《我到外地去》

你别皱眉，我就走好。

——@hhn 呀，评论于刘若英《很爱很爱你》

我在最没有能力的年纪，
碰见了最想照顾一生的人。
——@有梦才能活，评论于老狼《同桌的你》

该活动经过一层层的晒照、分享和转发，最终成为2017年的经典病毒营销案例。（其微信指数陡然攀增，同期官方微信号阅读量突破10W+，为往日阅读量的5倍）。《看见音乐的力量》的营销活动如下图所示。

随着科技的不断发展，“互联网+”营销模式已越来越受到重视。其基于客户需求的内容创新、形式创新，有利于企业及市场的发展壮大。因此，企业要与时俱进，快速反应，灵活高效地运用“互联网+”营销模式。

技能训练 16-1　分析“互联网+”营销创新模式案例

一、训练目的

通过对“互联网+”营销实践中企业成功案例的分析，提高学生“互联网+”营销认知和运用的能力。

二、训练内容

1. 学生搜集企业成功“互联网+”营销创新模式运用的案例。

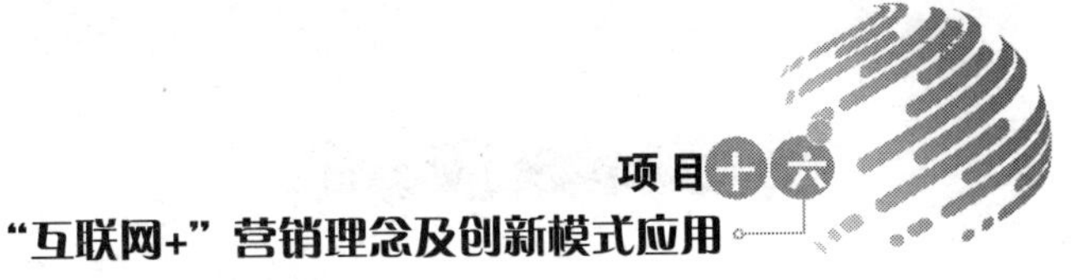

2．对所搜集的案例进行分析、讨论。

3．各小组完成分析报告及 PPT。

三、训练组织

该实践训练项目由指导教师与所指导班级利用实践教学时间组织进行。

1．根据班级成员总人数进行分组，5～6 人为一组。

2．各小组选一个组长负责组内工作，要求组员团结协作。

3．各小组搜集、讨论并分析案例。

四、训练考核

1．各小组完成分析报告，并以 PPT 形式汇报。

2．师生互评，教师总结评分。

任务二 “互联网+”营销创新实践

下面通过一些案例，看看各企业在“互联网+”营销创新方面的实践应用。

【小案例 16-6】

三只松鼠的网络营销术有以下几个方面。

1．在细节上打动消费者

在朋友圈里经常会看到朋友分享自己的消费体验。消费者分享的东西通常都代表了自己的情绪，通过朋友圈的传播，可能就会影响到更多人的购买行为。因此，在这个消费者体验为王的年代里，网络的口碑建设将会在营销中起到重要的作用，而要达到口碑营销的效果就需要在每个细节上都要超越消费者期望，创造让消费者尖叫的服务，这才是核心竞争力。三只松鼠考虑到消费者品尝坚果时可能需要一个垃圾袋，于是就在包裹里加了一个 0.18 元的袋子。这样做虽然增加了额外成本，但是消费者也会被三只松鼠的细心所打动。

2．售卖人文关怀和主流文化

三只松鼠有着自身精准的企业文化定位。三只松鼠成立了松鼠萌工厂动漫文化公司，希望可以创作出互联网动画片、动漫集、儿童图书，为消费者带来快乐。除动漫化战略以外，三只松鼠还生产了各种周边产品，如毛绒玩具、抱枕、手机套、拖鞋、水杯、口罩、卡套等。三只松鼠通过可爱的卡通形象及优质的产品质量，进一步强化了品牌形象。三只松鼠公司的自制动画片如下图所示。

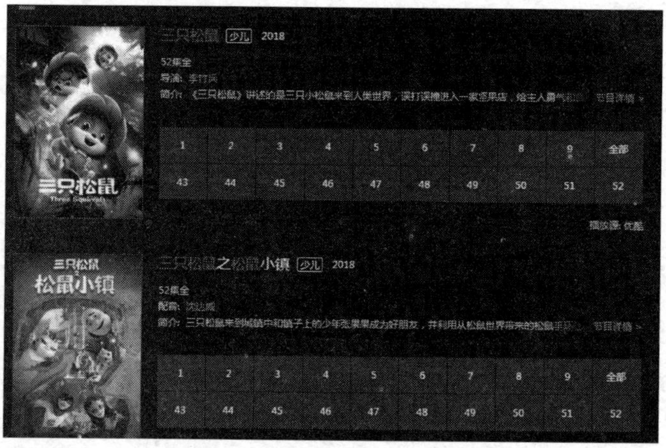

3．人格化品牌形象

三只松鼠中那三只可爱的松鼠：鼠小贱、鼠小酷、鼠小美给消费者留下了深刻的印象。这三只可爱的松鼠被赋予了品牌人格化的形象，让人们感觉这像是主人和宠物之间的关系，这替代了消费者和商家的身份，拉近了消费者和商家的距离。而客服则是以松鼠的口吻和消费者对话，客服可以通过独特的语言特点给消费者留下生动形象的印象，与消费者形成良好的沟通关系。这样的策略让其品牌形象更加亲切、真实，同时也提升了消费者的购物体验。

4．不断开拓消费场景

三只松鼠的团队在尝试思考，还有没有其他的消费场景，如在看动漫的时候，想要吃点零食，这时就可以想起三只松鼠；在出游的时候，也要带上三只松鼠一起去旅游，不然路上饿了怎么办？通过消费场景的挖掘和设置，三个松鼠在各个消费环节不断强化萌系品牌形象。从线上店铺的网页介绍、动漫、广告植入，到线下的包装、赠品、快递盒等全都保持一致的“卖萌”风格，在消费心中不断强化萌系品牌印象，在无形中传递品牌理念，推广产品品牌。

5．植入广告

除自制剧外，三只松鼠还采用广泛植入的方式。在很多影视剧中都能看到三只松鼠的身影，除产品外，三只松鼠的周边抱枕，甚至是台词都可以巧妙出现，且毫无违和感。

6．多种新媒体手段的运用

微博营销：三只松鼠经过智能剖析找准相关粉丝，将微博广告的投进人群定为：电商账号（1 号店、京东、天猫等）、官微自有粉丝三只松鼠相关账号、零食相关账号、吃货相关账号、动漫相关账号等。完成对指定账号的广告精准投进，并经过账号互动继续优化。

口碑营销：三只松鼠推翻了传统，给人带来了不一样的消费体验，营建了许多的口碑传达。核爆发式的口碑传达，让这个品牌快速在消费者心中占据重要位置。

案例节选自：搜狐网 https://www.sohu.com/a/139488005_577141

【小案例 16-7】

小米手机的营销模式是当今互联网时代较为成功的营销模式之一，广受营销人士的称赞。在小米的互联网+营销模式中，包含以下几种模式。

1．事件营销

小米在新浪微博上的首个事件营销案例是“我是手机控”，雷军动员“手机控”发照片亮出自己以前用过的手机，吸引了8万人参加。小米事件营销中非常有影响力的案例是“小米手机青春版”，2012年5月18日，小米发布了小米手机一代低配版本，售价1499元，限量15万部，其目标人群是校园学生，为此小米推出了一个个性的主题——“150克青春”。

150克实际上是小米青春版的净含量，小米青春版在外包装上印刷着“内有150克青春”字样来吸引消费者眼球。另外，小米团队8个联合创始人依据电影《那些年，我们一起追的女孩》的风格拍摄了宣传海报视频，其视频所表达的主题“8个老男人重新感受青春年华”很有噱头。

为了提高微博转发量，小米还发动了一个大招——转发微博抽取手机回馈粉丝，3天一共送出36部小米手机。最终这也让那条关于“小米青春版”的微博转发量达到200多万次，同时其官方账号也增加了4万多的粉丝关注。

2．饥饿营销

每当小米手机发布了限量抢购的日期之后，网友都会格外关注。依据饥饿营销的理论，公司的限量发售并不能提高产品的价值，却可以使抢购到产品的消费者的心理倍感欣慰。俗话说“物以稀为贵”，消费者通常会认为限量发售的产品具备一些特别的意义和附加的价值，再加上“限量”的选择压力，一些潜在消费者也会参与抢购。所以限量抢购更容易激起消费者潜在的购买需求。

“小米”式的饥饿营销除不停提高消费者的心理预期之外，其也在不断降低手机的成本，核心组件的价钱随着时间的推移一个月降价一次，甚至一个月降价数次，这就是小米公司有能力提供高性价比手机的原因之一。

例如，2013年8月小米发布了红米手机、小米手机第三代和小米电视一代，同时极力宣传其超高的性价比。但是，短期内消费者却很难买到它们。依照摩尔定律，电子产品的价钱，每18个月减少一半，因此半年之后，小米公司的产品价格理应下降16.6%。但事实上，半年之后的小米产品价格非但没有下调，同时仍有一些消费者很难买到其产品。

3．微博营销

“0预算”下，小米的第二个发力点是微博，小米最开始也只是期待其能起到客服的作用，小米对客服的服务速度规定是15分钟内快速做出响应。为此，其还专门开发了一个客服平台做专门的处理。但是后来小米发现微博的宣传效果超出想象，它非常幸运地搭上了一个大的顺风车。

从2009年起，小米的新浪微博活跃度稳定持续提升，到2011年和2012年达到高峰，小米迅速抓住这个机会，将微博开辟为主战场。微博非常适用于话题营销，经典的一个案例就是前面提到的“150克青春”微博营销。小米团队在微博预热了“150克青春”的话题，这个话题发酵了约一个半月，同时其也掀起了一阵年轻人怀旧的浪潮。

4. 微信营销

小米不断尝试用不同的社会化媒体来进行营销。如2013年4月9日米粉节发布会当天，小米就在微信上做了一个“大家看发布会直播”的抢答活动。活动的具体规则是每10分钟一轮抢答，每一轮送出一台新品小米手机。活动开始后的两个小时内就有280万条消息的互动量，活动当天小米就增加了18万微信粉丝。2013年8月，小米又进行了一次新的尝试，将低端手机红米手机的独家发布选择在QQ空间进行，并将其作为一个互动的预约活动，这也是QQ空间对社会化营销模式的一次新的探索。

案例节选自：http://blog.sina.com.cn/s/blog_acfb2da30102y671.html
https://baijiahao.baidu.com/s?id=1621007552188438671&wfr=spider&for=pc

【小案例16-8】

江小白案例

近几年，江小白通过颠覆传统营销的方式，实现了产品以低成本快速切入市场的目标。我国的白酒产业一直是传统产业，新零售时代对于传统企业是一个巨大的挑战。江小白可以说是我国第一个步入年轻化市场的白酒品牌，下面我们来解读一下江小白的营销之道。

江小白有一个“产品从优”原则，江小白在消费者洞察方面花40%的时间，做产品上花30%的时间，品牌上花20%的时间。江小白对于产品、消费者投入的时间成本非常多，其通过不断地线上线下调研，基本上洞察了消费者的需求及消费场景。基于对用户的洞察，可以推导出用户想要一种什么样的产品，江小白最大的单品是江小白（表达瓶），这个产品的诞生就是完全基于对消费场景的洞察。而很多传统企业，在用户身上花的时间连5%都不到。江小白专门设计的二两小瓶完美地解决了“打酒架”的痛点，这样的产品设计就是其对用户洞察的结果。

好产品和好的营销是江小白成功的关键，江小白通过强有力的内容营销引起年轻消费者对品牌的主动关注。其中的关键在于内容需要有足够的吸引力，让消费者主动搜索江小白，而不只是单纯地运用媒介曝光。

（1）表达瓶的运用让江小白实现了广泛的朋友圈、社会化媒介的传播，这是目前进行低成本传播的有效方式之一。

通过“表达瓶”能够将每个人的真实情绪传递出去，从而满足了消费者的精准社交需求，让企业与用户之间开始了真正意义上的互动。消费者可以自己在酒瓶上创作文案，这就给了消费者一个输出自己观点的机会，使产品具备了更好地跟消费者沟通的力量。江小白的表达瓶如下图所示。

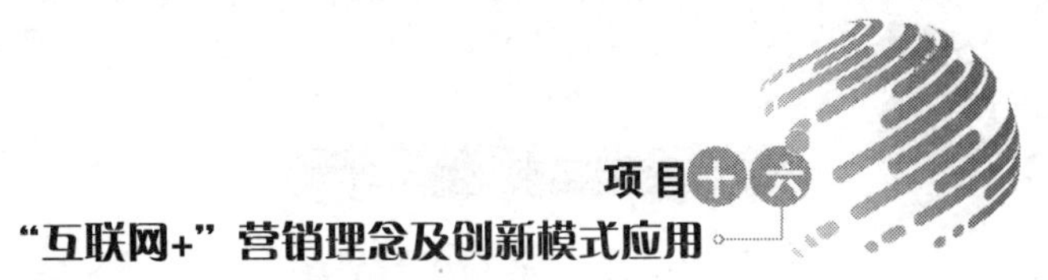

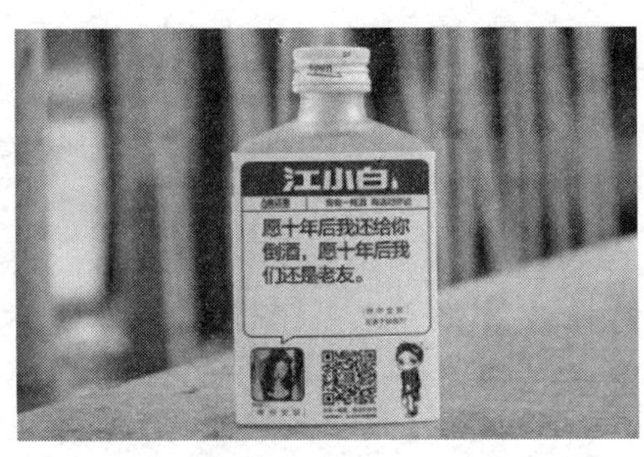

江小白通过社交平台、自媒体增强了与消费者的互动性，消除了消费者与品牌方的隔阂，使消费者不只是一个消费个体，同时也成为产品研发的参与者。

（2）通过社会化媒介的传播、热点的借势让品牌实现了强大的曝光。例如，江小白紧跟社会热点，推出毕业季手写纸套，提倡大家进行有感情的纸质交流，将毕业那年没说的话通过纸套讲出来。多样的回忆，定制的专属寄语，强化了品牌一直以来宣扬表达情绪的初衷。

（3）推出线上线下的联动活动引爆微博及电商平台，配合产品抽奖与赠送回馈粉丝。通过跨界的形式，利用粉丝营销增加品牌黏性，使产品在推陈出新的同时又提升了销量和知名度。

作为传统企业，我们应该从中学到什么？

1．洞察消费者需求、消费场景、情感需求等来研发产品

传统企业在做产品研发的过程中，研发人员都是强调产品的功能性研发，基本不做任何其他的附加，如电视、冰箱等家电数码非常适合功能性研发，而针对化妆品、酒、饮料等消费品，则需要把创意融入产品当中。

一个好的产品需要具备"功能价值、体验价值、情感价值"，功能价值是满足消费者需求，体验价值是让消费者觉得产品用得舒适，情感价值是让产品调动消费者情绪，如思念亲人、爱国、怀旧等各种情绪。

到消费者的生活当中去观察消费者。公司应该走入消费者群体中，有目的地观察消费者，真实地体会消费者的思维。对消费者进行定位后，企业需要邀请一系列不同类型的目标消费者，模拟其消费场景，让这些消费者参与其中，相关人员在暗处进行观察，为企业产品迭代提供各种想法。

2．产品包装、文案包装等需要有"社会化传播属性"

传统企业为了让受众了解品牌和产品并最终购买，一般的方式是品牌推广（广告等）+渠道铺货（地推团队洽谈）+核心消费者拉动，现阶段通过这样的方式营销，营销成本高、转化率低、结果不可预测、消费者"勉强"购买。

其实产品本身就是营销载体，企业可以通过初步简单铺货，通过产品这个载体，实现低成本的营销传播。如果你的产品足够有特点、体验价值足够高、情感调动足够丰富，初步的种子消费者，肯定是愿意将其进行"拍照"等社会化分享的。产品上的一个简单的设计、有情怀的文案、产品独特的形状、产品独特的使用功能等都可能会让消费者愿意对其进行微博、微信等社会化媒体的传播。

3．营销方式需要精细化和有趣化，让消费者参与到你的营销活动中

传统的电视广告等投放，针对人群比较宽泛。新营销时代则需要更加精细化的投放，并从中获取一部分种子用户，只有接触、服务、运营好这部分种子用户才能够让消费者自发传播其产品。

例如，企业生产化妆品可以通过微博、直播、抖音等平台的美妆达人进行广告推荐，还可以通过相应的美妆 App 做开屏、信息流等广告。这样的营销渠道所针对的人群就非常精准。

除了营销渠道需要精准，营销活动还要有趣。这主要是为了让消费者低成本、简单快速、开开心心地参与活动。为了增加粉丝黏性、制造传播话题，营销活动可以线上和线下一起进行。

营销活动要有创意，物料要与众不同、耳目一新。例如，“全城找小黄鸭并分享有礼”活动；服装公司生产一批“请免费拿走”字样的服装，然后投放到店里并让消费者参与的活动；如果是饮料产品，可以邀请微博上的达人意见领袖进行品鉴会。

营销活动多种多样，如事件营销、热点营销、产品营销等，如果有好的创意，只要能够制造出话题传播，增加粉丝黏性即可执行。

4．提高产品、活动、创意等的用户体验

用户体验是所有产品环节的连接点，消费者在整个营销环节有四种身份，分别是受众、购买者、体验者、传播者。如何做好每个营销环节的用户体验，是非常值得推敲的。

受众体验：如果广告轰炸泛滥，造成受众的反感，营销就落入了下层。所以需要在营销活动中分析消费者，让其接收到有趣的广告信息、活动信息，并愉快地来参与活动。

购买体验：从进入购买地址、产品介绍与详情、客服接待与疑问解答、产品发货速度等各方面让消费者更加快速地解决问题。

产品体验：产品的包装可以提高消费者的价值认同，产品的组装、产品的使用等方面要简单且易于操作，不断提高产品的性价比。

传播体验：每个人都会有展示自己、炫耀自己、寻找社会认同的心理，如果掌握消费者的心理并进行相应的传播体验设计，便抓住了营销的一个关键点。

综上，新时代的营销是进入消费场景、洞察消费者心理、研发高性价比产品并通过有趣的营销活动提高用户的参与感。做好产品、活动、销售等用户体验可以让种子用户不断帮其进行口碑传播。只有以这样的方式，才能够使产品以较低的营销成本获取更好的营销效果。

案例节选自：青瓜传媒 http://www.opp2.com/86224.html

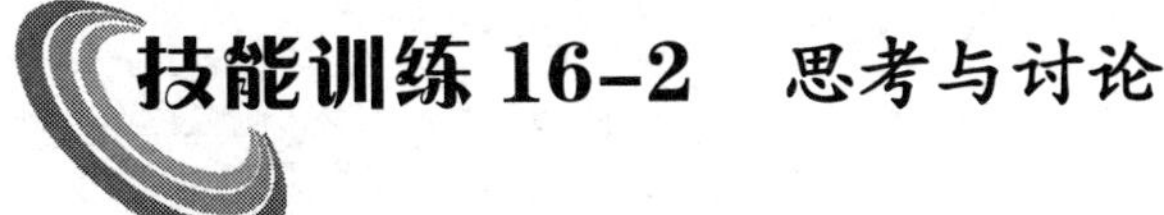

技能训练 16-2　思考与讨论

一、训练目的

通过对实际生活中"互联网+"营销创新模式的思考与讨论，提高学生的认知能力。

二、训练内容

1．学生思考生活中这几种"互联网+"营销创新模式的案例。
2．各组对每种模式的案例进行举例说明。

三、训练组织

该实践训练项目由指导教师与所指导班级利用实践教学时间组织进行。
1．根据班级成员总人数进行分组，5～6 人为一组。
2．各小组选一个组长负责组内工作，要求组员团结协作。
3．各小组搜集、讨论并分析案例。

四、训练考核

1．各小组派一名发言人进行回答。
2．教师讲评。

项目总结

【内容要点】

"互联网+"营销就是以互联网为主要手段开展的营销活动，它可以充分运用互联网技术优势及多种新媒体手段，以内容为主获取较好的营销效果。

"互联网+"营销有覆盖范围广、传播速度快、运营成本低、交互手段丰富、数据反馈及时、目标用户投放精准、互动性强等优点。

常见的几种"互联网+"营销创新模式有软文营销、微博营销、微信营销、口碑营销、场景营销、网络事件营销、饥饿营销、病毒营销等方式。

【实务要点】

"互联网+"营销理念及创新模式运用。

【复习与思考】

1．什么是"互联网+"营销？它的优点是什么？

2．常见的几种“互联网+”营销创新模式有哪几个？

3．微博营销的技巧有哪些？

4．微信营销常见的几种方式有哪些？

5．口碑营销的技巧有哪些？

6．结合实际，谈谈你对“互联网+”营销理念的认识。

项目综合实训

一、实训目的

1．加深对“互联网+”营销理念的认识和掌握。

2．锻炼“互联网+”营销运用于实际的能力。

3．具备结合企业实际确定“互联网+”营销创新模式的能力。

二、实训内容

1．确定产品或品牌，进行前期市场调研。

2．确定几种“互联网+”营销创新模式。

3．综合运用几种创新模式进行营销活动。

4．形成“互联网+”营销报告。

三、实训组织

该实践训练项目由指导教师与所指导班级利用实践教学时间组织进行。

1．根据班级成员总人数进行分组，5～6人为一组。

2．各小组选一个组长负责组内工作，要求组员团结协作。

3．各小组完成实训项目具体任务的实施。

4．汇报分析报告。

四、实训考核

教师根据以下标准给予学生成绩评定：

1．能够按时完成前期市场调研。

2．“互联网+”营销创新模式选取恰当。

3．“互联网+”营销策略运用熟练，有创新性。

参 考 文 献

[1]平文英. 市场营销实务[M]. 北京： 经济管理出版社，2015.

[2]林华瑾. 市场营销实务[M]. 北京：中国经济出版社，2014.

[3]Anne T. Coughlan,Eyin Anderson,Louis W. Stern,et al. 市场营销渠道[M]. 北京： 清华大学出版社，2001.

[4]余爱云，徐威威，田金明，等. 现代市场营销实务[M]. 北京：北京理工大学出版社，2009.

[5]李永前. 市场营销学理论及实务[M]. 成都：西南财经大学出版社，2013.

[6]卢芬，陈维维. 市场营销实务与实训[M]. 北京：北京师范大学出版社，2014.

[7]白云. 市场营销实务[M]. 武汉：华中师范大学出版社，2011.

[8]王艳，王慧梅. 市场营销理论与实务[M]. 南京：南京大学出版社，2016.

[9]王效东，杨雄. 市场营销理论与实务[M]. 北京：北京师范大学出版社，2013.

[10]李俊强. 营销实务技能[M]. 广州：华南理工大学出版社，2015.

[11]彭于寿. 市场营销案例分析教程[M]. 北京：北京大学出版社，2007.

[12]孟祥林. 市场营销学：理论与案例[M]. 北京：机械工业出版社，2013.

[13]孙国亮. 市场营销学案例教程[M]. 北京：北京交通大学出版社，2010.

[14]严宗光. 市场营销学：理论、案例与实务[M]. 北京：科学出版社，2011.

[15]杨群祥. 市场营销概论: 理论、实务、案例、实训[M]. 北京：高等教育出版社，2011.

[16]杜明汉. 市场调查与预测：理论、实务、案例、实训（学生手册）[M]. 大连：东北财经大学出版社，2011.

[17]陆克斌，崔久波. 市场调查与预测[M]. 北京：教育科学出版社，2013.

[18]丁玲，李玉红. 市场调研与预测[M]. 北京：中国铁道出版社，2011.

[19]秋叶，张向南. 媒体营销案例分析：模式、平台与行业应用[M]. 北京：人民邮电出版社，2017

[20]张晋光，黄国辉. 市场营销[M]. 北京：机械工业出版社，2015.

[21]刘昱涛. 市场营销实务[M]. 北京：电子工业出版社，2013.

[22]符莎莉. 市场营销实务：项目导向课程[M].北京：电子工业出版社，2010.

[23]刘延隆. 市场营销理论与实务[M]. 上海：上海交通大学出版社，2012.

[24]斯蒂芬·罗宾斯，玛丽·库欠特. 管理学 [M]. 刘刚，程熙熔，梁晗，等译. 第 13 版. 北京：中国人民大学出版社，2017.

[25]孙元欣，许学国，林英晖. 管理学——原理·方法·案例 [M]. 北京：科学出版社，2006.